ZhongWai XiaoXue KeXue
KeCheng BiaoZhunBiJiao YanJiu

中外小学课程标准比较研究丛书

潘洪建　刘久成　主编

中外小学科学课程标准比较研究

潘洪建等　著

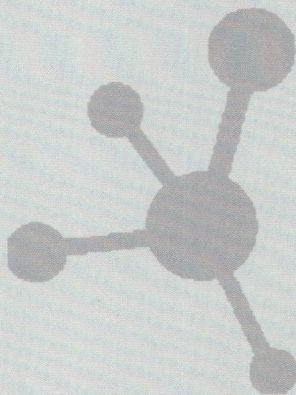

中外小学课程标准比较研究，有助于我们了解不同国家小学课程改革的背景、动态、特点，揭示课程标准研制的内在规律，拓展小学课程设计视野，提高课程编制的科学化水平；有助于我们借鉴国外的成功做法，结合我国小学教育的实际与问题，完善我国小学课程标准文本，推动我国小学课程改革的理论研究和实践探索。

甘肃教育出版社

图书在版编目（CIP）数据

中外小学科学课程标准比较研究 / 潘洪建等著. --
兰州 ：甘肃教育出版社，2017. 6(2020.10重印)
（中外小学科学课程标准比较研究丛书）
ISBN 978-7-5423-4141-9

Ⅰ. ①中… Ⅱ. ①潘… Ⅲ. ①小学－科学知识－课程
标准－对比研究－世界 Ⅳ. ①G623.502

中国版本图书馆 CIP 数据核字(2017)第 165184 号

中外小学科学课程标准比较研究

潘洪建等　著

责任编辑　孙宝岩
封面设计　石　璞

出　　版　甘肃教育出版社
社　　址　兰州市读者大道 568 号　　730030
网　　址　www.gseph.cn　　　E-mail　gseph@duzhe.cn
电　　话　0931-8436105（编辑部）　0931-8435009（发行部）
传　　真　0931-8773056
淘宝官方旗舰店　http://shop111038270.taobao.com

发　　行　甘肃教育出版社　　印　刷　山东龙岳文化传媒有限公司
开　　本　787 毫米×1092 毫米　1/16　印　张 21　插　页 2　字　数 270 千
版　　次　2017 年 7 月第 1 版
印　　次　2020 年 10 月第 2 次印刷
印　　数　100 1~6 000
书　　号　ISBN 978-7-5423-4141-9　　　定　价　65.00 元

总　序

　　随着全球化进程的加快，基础教育课程改革在很大程度上就是借鉴他国改革经验、满足本国发展需要、不断融于国际教育改革大潮的过程。由于各国的社会制度、文化传统和教育政策不同，其课程理念、内容、结构和形式均存在诸多差异，但也存在一些共同趋势。综观已有研究，小学课程改革的比较研究还不够全面、系统。从研究涉及的国别来看，有关美国、加拿大、英国、日本、澳大利亚的课程评介稍多，其他国家的甚少；从研究的内容来看，局限于某一方面(如课程目标、教材内容、教学方法)的比较研究较多，而对课程进行整体比较研究的较少。为此，我们选择了五大洲的一些代表性国家现行的小学课程标准和改革文献进行研究，并与我国小学课程标准进行比较。中外小学课程标准比较研究，有助于我们了解不同国家小学课程改革的背景、动态、特点，拓展小学课程设计视野，揭示课程标准研制的内在规律，提高课程编制的科学化水平，推动我国小学课程改革与发展。

　　该项研究属于国际教育比较研究，它是将国外最新颁布的小学课程标准与我国当前正在实施的小学课程标准进行横向比较。比较研究涉及欧洲、美洲、亚洲、非洲、大洋洲的众多国家，涵盖小学主要学科。每一科目比较研究主要探讨的问题包括：

　　1.课程标准文本的形成和起源。课程标准文本是怎么形成的，什么情境、问题引发了此种课程的开发；该课程标准试图回应的是什么社会、经济、政治、文化和教育问题，哪些因素决定了该课程的开发过程；课程表现的是什么视角或理念，课程设计的基本思路是什么，其理论基础和基本原则有哪些。

2.课程的目标。课程目标的维度与层次是如何划分的；课程目标是如何表述的；课程目标的类型有哪些；课程目标背后所蕴藏的预设是什么。

3.课程的内容。课程内容的构成有哪些；课程内容的选择准则是什么；课程内容是如何组织的；课程内容的广度、深度如何平衡；课程内容是否考虑到多元文化及其教育功能；隐含在课程内容选择与组织背后的理论假设有哪些。

4.课程的实施。课程标准在课程实施方面提出了哪些建议，在政策、法规、时间、物质等方面对课程实施有何要求；教学中应当处理好哪些关系。

5.课程的评价。不同国家课程标准对课程评价理念、评价主体、评价标准、评价方法有哪些建议与要求，这些建议与要求能否判断课程目标的达成程度？

6.课程改革的启示。国外不同课程标准存在的共性、差异有哪些，其基本走向是什么；国外标准能为我国小学课程改革与课程标准完善带来哪些有益启示；我国当下的课程标准应该做哪些调整与改进，相关的政策建议有哪些？

该项研究的主要特色有：

1.比较研究所涉及的国家范围较广。从已有研究涉及的国家来看，有关欧美等发达国家的课程评介与比较较多，研究其他国家的较少。本研究涉及的国家范围有欧洲、美洲、亚洲、非洲、大洋洲五大洲共十六个国家，包括英国、德国、俄罗斯、芬兰、荷兰、爱尔兰、美国、加拿大、日本、韩国、新加坡、印度、泰国、南非、澳大利亚、新西兰。

2.比较研究的学科较为齐全。包括小学五个学科：语文、数学、社会、科学、外语。音乐、美术、体育科目因较为特殊未列入其中。

3.比较研究的内容较为系统、完整。包括课程文本形成背景、课程理念、课程目标、课程内容、课程实施和课程评价等内容；考察不同国家小学课程的诸多异同，探讨这些异同产生的原因，厘清它们之间的复杂关系。

小学课程比较研究是小学课程改革与发展的一项基础性工作，有助于我们借鉴国外的成功做法，结合我国小学教育的实际与问题，完善我国小学课程标准文本,推动我国小学课程改革的理论研究和实践探索。

　　"他山之石,可以攻玉。"丛书作者广泛搜寻研究资料,耗费了大量时间、精力,付出了艰辛的劳动,但囿于资料、学识和视野,研究可能存在不少疏漏与错误,恳请读者批评指正。

　　该套丛书的出版得到扬州大学出版基金的资助,特别致谢!

《中外小学课程标准比较研究丛书》编委会

2017 年 1 月

扬州瘦西湖畔

目　录

前　言

　　小学科学课程是一门重要的基础课程，它的设置与实施直接关系到未来公民的科学素养。2001年教育部颁发了《义务教育科学课程标准(3—6年级)》(实验稿)，时间已过去15年，其他科目已修订完成并于2011年底颁布了新的课程标准，而义务教育科学课程标准(3—6年级)一直处于修订之中，尽管公布了三个"征求意见稿"，但争论未能平息，修改稿仍处于完善之中，正式的课程标准至今尚未颁布，人们翘首以待。本书选择中外小学科学课程标准，试图通过国际比较研究，概括小学科学课程改革的共同特征与差异所在，为我国小学科学课程标准的优化与完善提供合理建议，以此推动小学科学课程改革。

　　本研究翻译、评介国外最新小学科学课程标准及相关文献，展开中外横向比较，比较研究涉及的地域包括欧、美、亚、非、大洋洲五大洲的英国、德国、美国、加拿大、新加坡、日本、韩国、中国、南非和澳大利亚等十多个国家。研究内容涉及课程设计、课程理念、课程目标、课程内容、课程实施建议、课程评价建议等诸多方面的中外比较，较为系统地梳理了国外小学科学课程改革与发展成果，总结了国外小学科学课程改革的经验与共同特点，并在此基础上，参照国际经验与发展趋势，提出了优化我国小学科学课程标准的对策与建议。

　　中外小学科学课程标准比较研究面临诸多困难。首先，国外小学科学课程标准文本的翻译是一个难点。一些国家如德国、韩国、日本的官方语言不是英语，如何做到准确无误地翻译，是摆在研究者面前的一个不小的难题。为此，我们尽可能寻找与课程文本对应的官方英文文本,如果实在找不到英文版本,就寻求小语种专家的帮助,请他们协助翻译。其次,课程比较自身的难度问题。比较研究涉及不同国家历史、传统、文化及其差异,只有结合这些差异才能对不同国家在相关教育方面的不同做法的深层原因进行深入分析。然而,要对这些国家课程文本背后各自的历史、传统、文化进行把握,在短期内似乎很难做到。第三,比较研究还涉及比较的角度与框架问题。选择何种角度与框架较为恰当,又如何一以贯之,难度颇大。针对这些问题,我们组织研究生们阅读相关文献,进行读书交流与问题探讨,经过全体人员数年的共同努力与辛勤工作,终于如期完成研究任务。成果出版前,我们又对其进行了反复的修改与完善。

本书的基本思路与内容为:首先概述不同国家科学教育改革历程;再从小学科学课程的设计思路、课程理念、课程目标、课程内容、课程实施、课程评价等方面进行中外比较,概括异同所在,分析异同存在的原因;最后据此提出国外标准对我国的启示。在多个国别比较研究之后,对国外各个国家的课程标准进行较为系统的梳理,总结国外小学科学课程改革的基本趋势,提出优化与改进我国小学科学课程标准的系列建议。

该书的主要撰写者(研究分工)为:扬州大学的潘洪建(第一章、十二章)、刘腾(第二章)、孙建(第三章)、赵静(第四章)、肖一玫(第五章)、戴婷婷(第六章)、徐菲(第七章)、吴旭(第八章)、戴霞兰(第九章)、赵立(第十章)。另外,首都师范大学的余懿,扬州大学的高翔与虞凌洪,参与了第十章的撰写工作。全书由潘洪建负责设计、统稿。

本书选择国外现行小学科学课程标准进行比较,资料较为丰富,国别较多,也较系统,适合小学科学教师、师范生、研究生阅读以及小学教研人员参考。在写作过程中,我们引用了一些研究者的资料与观点,在此一并致谢。由于时间较紧,作者能力有限,研究存在不少问题与缺陷,真诚地希望读者批评、匡正。

作者

2016 年 12 月 20 日

第一章 中国小学科学课程发展

我国有着悠久的科学教育传统，古代小学科学教育以名物知识为主；19世纪中叶，西方科学课程进入中国；20世纪20年代，国民政府颁布了小学自然课程标准；中华人民共和国成立后，小学自然课程不断变革。

一、中国小学科学教育发展历程

（一）中国古代的科学教育

我国有着悠久的科学教育传统。春秋战国时期，官学衰退，私学日兴，诸子百家纷纷立学设教。孔子整理古代文化典籍，编写了我国第一套比较完整的教科书《诗》《书》《礼》《乐》《易》《春秋》。其中，《易》包含了较多的数学与自然科学的知识。墨子是我国古代伟大的科学家，创立墨家学派，《墨经》是墨家私学教育的教材，包含了丰富的力学与光学等知识。西汉时期的宫廷学校开设有天文、数学等科学教育课程。三国时期的私学，教授一些天文、历法知识。隋唐时期在中央官学中新创立了一些算学、医学等科技专科学校。元代在地方官学中设置了社学、医学、阴阳学，传授科技知识。明代中央官学仍保留医学、阴阳学。清代中央官学建立算学馆，是研究自然的学校。

就教育内容而言，我国古代科学教育内容较多地以名物知识的形式存在于蒙童识字课本中。据学者考证，成书于西汉的《急就篇》是我国现存最早的识字课本，所收单字 2144 个，其中有关工具器物、农作物、虫鱼鸟兽以及六畜等名称就有五六百个之多，几乎成了一本"自然小百科"。后世的蒙学读本如《三字经》《百家姓》《千字文》《千家诗》也大都继承了这一传统，这些读本均包含一些自然常识。此外，古代也有专门介绍自然界各种名物知识的读物，如宋代方逢辰编写的蒙书之一《名物蒙求》就包括了天文、地理、鸟兽、花木、日用品、耕种操作等方面的内容。具有近代意义的科学教育则肇始于 19 世纪末的西学东渐。

（二）中国近现代的科学课程

具有近代意义的中国科学课程，最早在教会学校中得以开设。如 1839 年，美国传教士布朗（S.R.Brown）在广州开设马礼逊学校，开设算术、代数、几何、生理学、化学等课程。1864 年，在北京开设的教会学校——贝满（Bridman）女校，开设有科学初步、生物、生理学等。教会学校客观上开启了我国最早的学科教育。洋务运动时期，洋务派主张引进、学习西方的科技，一些传教士来中国讲学，清政府也开设了实业学堂。学堂除了讲授传统的教学内容外，增加了科学知识内容。如 1862 年创办的京师同文馆，开设了算学、天文、格物、医学、生理等课程。1876 年算学馆报经总理衙门批准的课程设置计划分为 8 年课程表和 5 年课程表。其中，5 年课程表的科学课程共 6 门：数理启蒙、格物、化学、重学测算、地理金石、天文测算。分年课程设置如下：

首年：数理启蒙、九章算术、代数学。

二年：学四元解、几何原本、平三角。

三年：格物入门、兼讲化学、重学测算。

四年：微分积分、航海测算、天文测算、讲求机器。

五年：万国公法、富国策、天文测算、地理金石。

京师同文馆采用的教材由师生合译，先后出版自然科学和应用科技书籍 15 种。这些都为科学教育在我国的发展奠定了基础。

维新运动时期，西学中的"政学"与"艺学"（即西方社会政治学说和自然科学）受到同等重视。如 1876 年，徐寿和英国学者傅兰雅发起成立上海格致书院，课程以自然科学为主，分矿物、测绘、工程、汽机、制造等专科。①

1902 年《钦定小学堂章程》规定，高等小学堂开设理科，包括动植物浅理、器具制造浅理、物理初级。1903 年，随着"废科举、兴学校""废读经、学格物"的盛行，自然科学教育受到重视，中国的科学教育才真正走上现代科学教育的发展之路。②从最初的"格致""博物""理科"到 1922 年学制改革正式将科学课程更名为"自然"，一直到新中国成立，其间主要以模仿其他国家科学教育为主，并没有结合我国实际，形成有我国特色的科学课程。1904 年初，清政府颁布了《奏定初等小学堂章程》，其中规定：完全科初等小学设修身、历史、地理、格致③等课程。简易科小学将后三门合为"史地格致科"。高等小学堂有修身、中国历史、地理、格致。"格致"大致涵盖动物、植物、矿物、物理、化学、生理卫生等内容。至此，作为一门相对独立的科目，科学课正式成为中国小学的课程，改变了学校教育中儒家经典占统治地位的局面。1910 年，初等小学不再分完全科与简易科，历史、地理、格致全部被并入文学课本内讲授，高等小学不变。此后，"格致"科曾易名为"理科""博物"，或"理化""博物"。1912 年《小学校教则及课程表》第七条提出"理科要旨"："使儿童略知天然物及自然现象，领悟其中相互关系及对于人生之关系，兼使练习观察，养成爱自然之心。""理科宜授习见之植物、动物、矿物及自然现象，使知重要之名称、形状、效用、发育及其相互关系，与对于人生之关系；讲授物理化学上之重要现象、元素与化合物之性质，简易器械之构造作用，人身生理卫生之大要。""理科务授以适切于农工、水产、家计等事项，在教授动植物时，尤宜使知该物制造品之制法及其效用。教授理科务须实地观察，或示以标本模型图画等，并施简易实验。"袁世凯称

---

①余自强《科学课程论》，北京：教育科学出版社，2002 年，第 18 页。

②周新奎《小学科学课程标准研究与实施》，济南：山东教育出版社，2004 年，第 43 页。

③"格致"二字出自《礼记·大学》："致知在格物。物格而后知至……""格物"就是推究事物的道理。"格致"即作为物理、化学等自然科学的总称。

帝时取消了格致科，改为尊孔读经。1923 年《新学制课程纲要总说明》指出，小学为四二制，初小的课程分为：国语、算术、卫生、社会（包括卫生、公民、历史、地理）、自然、园艺、工用艺术、形象艺术、音乐、体育。"自然"之名由此成为中国小学科学课程的通用名称。高小设国语（含语言、读文、作文、写字）卫生、公民、历史、地理、自然、园艺、工用艺术、形象艺术、音乐、体育。当时的政府文件规定，"乡村学校无力单独设科的，可将社会、自然合并为常识科"，"常识"由此成为由"社会"与"自然"综合而成的一门新课的名称。1923 年，教育部制定了新学制课程标准纲要，其中包括《小学自然（包括自然园艺）课程纲要》，自然的内容为动物、植物和矿物及自然现象，园艺的内容为普通简易的田间作业。

国民政府时期，科学课程几经变化。1928 年，《小学暂行条例》规定设历史、地理、卫生、自然、三民主义等课程。1929 年，教育部颁布了小学课程暂行标准《小学自然》，内容包括自然现象、生活需要、卫生知能等部分，这是中国第一个小学科学课程标准。1932 年，教育部正式颁布了小学课程标准《自然》，内容包括自然现象、生活需要两部分，删去了卫生知识。1936 年，小学低、中年级开设了常识课，高年级开设自然、社会课。其中小学自然内容与 1929 年基本相同。1942 年，教育部颁布了小学高年级自然科课程标准，其内容与 1936 年基本相同，项目较详细。

（三）中华人民共和国小学科学课程设置

中华人民共和国成立后，我国开始探索有中国特色的科学课程，借鉴苏联和欧美的经验，重视知识与技能的学习，先后颁布过几个全国通用的教学大纲。1951 年，全国初小都取消了常识，高小都设历史、地理、自然。自然课每周三课时。1956 年制定了新中国第一个自然教学大纲。大纲规定：初小阶段的自然课内容在语文课中进行教学，高小每周设两节"自然专课"。1963 年，教育部颁布的自然教学大纲只规定高小自然教学的任务，对初小自然课未作规定。1966 年—1977 年，"文化大革命"期间，全国的教育机构和学校普遍陷于半瘫痪状态，此前制定的教学计划、大纲及教材都被否定，各地自编教材，导致科学教育质量大幅度下降。"文革"前期自然课程被取消，自然教学活动几乎停止，1970 年后陆续恢复。20 世纪 70 年代初，部分省市在小学开设农业常识课，教材由各地自编。1977 年颁布的《小学自然教学大纲》规定小学在最后两年开设自然常识课，每周两课时。1982 年修订的《小学自然教学大纲》决定将小学自然课的学习提前至三年级。1992 年国家教委颁发的《九年义务教育全日制小学自然教学大纲》（试用），将小学自然课的开始时间修订为低、中、高三个阶段，并明确规定了课时和内容[①]，初步建立了一套适合我国国情的小学自然科学课程结构体系。但课程内容以学术知识为主，追求学科本位的思想，没有考虑学生的实际需求。随着素质教育的推进，科学课程需要进一步的改革，20 世纪 90 年代末，中国教育开始真正走上探索改革之路。可是，由于传统文化和观念的影响，科学课程在我国长期处于边缘地带，课程师资力量薄弱；课程实施方面，虽然有教学大纲作为指导，但不够详尽完善，总体上仍然缺乏较好的理论指导。

2001 年，在《基础教育课程改革纲要》的指导下，教育部审定通过《全日制义务教育科学（3—6 年级）课程标准（实验稿)》和《科学》实验教材。原来的"教学大纲"被"课程标准"取代，沿用已久的"自然"也正式改名为"科学"。新的课程标准和实验教材以科学素养为科学教育的目标，紧跟国际课程改革的趋势，于 2001 年秋在 38 个国家课程改革实验区试用，小学科学课程开始了一个新的发展历程。

表 1-1　中国科学教育主要事件梳理

时　间	主　要　事　件
1903 年	废科举，兴学校，我国现代学制建立
1904 年	《奏定学堂章程》颁布，"格物"（科学）课正式进入中国小学学制
1923 年	教育部制定新学制课程标准纲要——《小学自然（包括自然园艺）课程纲要》

---

① 李华《中国小学科学课程改革历史简析》，《科学课（小学版）》2003 年第 7 期。

续表 1-1

时 间	主 要 事 件
1929 年	中国第一个小学科学课程标准问世,高小将个人卫生部分并入自然科,初小将社会、自然合并为常识科
1956 年	制定新中国第一个自然教学大纲
1963 年	颁布第二个自然教学大纲
1981 年	教育部修订小学教学计划,将自然常识改为自然课
1982 年	原国家教委修改小学自然教学计划,出版配套教材和教师用书
1988 年	起草《九年制义务教育全日制小学自然教学大纲(初审稿)》
1992 年	原国家教委颁布《九年义务教育全日制小学自然教学大纲(试用)》,初步建立适合我国国情的小学自然课程结构体系
2001 年	启动新一轮基础教育课程改革,教育部制定并颁布 3—6 年级和 7—9 年级的科学课程标准(实验稿),开发实验教材,将小学科学定位于"科学启蒙课程"

二、中华人民共和国小学科学课程的演进

(一) 关于自然/科学课程的性质

课程性质是对课程的宏观把握,明确课程的性质有助于界定课程在整个课程体系中的位置。有关小学自然/科学课程性质与地位的说明始见于 1977 年《大纲》。

1977 年《大纲》指出:"自然常识是小学阶段学生学习自然科学知识的一门主要学科,它对于全面贯彻党的教育方针,从小使学生爱科学、学科学、用科学,培养又红又专的人才,为在本世纪内把我国建设成为伟大的社会主义的现代化强国具有重要意义。"

1986 年《大纲》写道:"自然课是对小学儿童进行科学启蒙教育的一门重要基础学科。""小学时期是人一生中长知识、长智慧、养成良好的心理品质和行为习惯的重要时期。在这个时期中,对儿童进行自然科学启蒙教育,使他们获得生动具体的自然知识,发展他们爱科学、学科学、用科学的志趣和能力,将对他们未来的成长产生深远的影响。"

1988 年《大纲》写道："小学自然是对学生进行科学启蒙教育的一门主要学科，它对于贯彻德、智、体、美全面发展的教育方针，培养有理想、有道德、有文化、有纪律的社会主义公民，提高全民族的科学文化素质，有着十分重要的意义。"

1992 年《大纲》写道："自然是义务教育小学阶段的一门重要基础学科，担负着向学生进行科学启蒙教育的任务。它对于全面贯彻国家教育方针，使学生在德、智、体等方面全面发展，提高全民族的科学文化素质，培养有理想、有道德、有文化、有纪律的社会主义建设人才，有着十分重要的意义。"

2001 年《标准》写道："小学科学课程是以培养科学素养为宗旨的科学启蒙课程。"

1977 年《大纲》规定小学自然是小学生学习自然知识的一门"主要学科"。1986 年《大纲》恢复了"自然"学科的名称，规定自然是对小学儿童进行科学启蒙教育的一门"重要基础学科"，把学科的性质从"知识性"学科改为"教育性"学科，这样小学自然的地位与语文、数学一样，同属于"重要基础学科"。1988《大纲》将 1986 年《大纲》的"重要基础学科"改为"主要学科"。1992 年将 1988 年《大纲》的"主要学科"又改为"重要基础学科"，回到了 1986 年的表述，但又不是简单地回归，而是开始接近"培养科学素养"的学科目标。2001 年《标准》则明确指出："小学科学课程是以培养科学素养为宗旨的科学启蒙课程。"正式将小学科学定位为"科学启蒙课程"，并将培养科学素养作为小学科学教育的宗旨，这是对原教学大纲表述的继承和超越，充分体现了新的时代精神。

将小学科学课程作为"以培养科学素养为宗旨的科学启蒙课程"，意义重大。首先，将小学科学课程定位于"科学启蒙"，有利于小学生形成科学的认知方式和科学的自然观，并将丰富他们的童年生活，发展他们的个性，开发他们的创造潜能。其次，科学素养比科学知识的内涵更加丰富，以培养学生的科学素养为宗旨，有助于呵护儿童与生俱来的好奇心，培养他们对科学的兴趣和求知欲，引领他们学习与周围世界有关的科学知识，帮助他们体验科学活动的过程和方法；有助于他们了解科学、技术与社会的关系，乐于与人合作，与环境和谐相处，从而为他们的终身学习和全面发展打下基础。

总之，经过 60 年的不断探索，小学自然课程的定位从"知识性"到"教育性"；课程的性质从"主要学科""重要基础学科"及其徘徊往复，到最后确定为"科学启蒙课程"；课程设置的意义也从以知识教育为主，兼顾全面发展，到以培养科学素养为宗旨，自然/科学课程设置的意义得到了极大拓展与丰富。

（二）关于课程目标

关于小学自然/科学的教学目标（课程目标），在不同时期有着不同的表述。

1956 年《大纲》指出："小学讲授自然的目的，在于教给儿童初步的自然科学知识，促进儿童的全面发展。"《大纲》将该教学任务分解为包括初步自然知识、劳动教育、卫生保健教育、能力发展、唯物主义基础与爱国主义教育等教学任务。

1963 年《大纲》将小学自然教学目的表述为："教给儿童初步的自然常识，指导儿童初步认识自然界和人对自然的利用改造，扩大儿童的知识领域，培养儿童爱科学的品德，为儿童进一步学习和将来参加劳动准备必需的基础。"

1977 年《大纲》指出：小学自然教学要"教给学生一些浅近的自然科学知识，指导学生初步认识自然界和人对自然界的利用改造，扩大学生的知识领域，同时通过自然常识教学对学生进行政治思想教育，逐步培养学生的辩证唯物主义观点，为学生进一步学习和将来参加三大革命运动打下初步的基础"。

1982 年《大纲（二稿）》对小学自然的教学目的又进行了重新表述："指导儿童初步认识自然界和人类对自然界的探索、利用、改造、保护，从而使他们获得基本的自然科学常识，发展爱科学、学科学、用科学的志趣和能力，受到正确的自然观、科学态度、爱家乡爱社会主义祖国等思想熏陶，促进他们的身心健康发展。"

1986 年《大纲》指出：小学自然教学的目的是"指导儿童初步了解人类对自然界的探索、利用、改造和保护，从而使他们获得基本的自然科学常识，发展爱科学、学科学、用科学的志趣和能力，受到科学自然观、科学态度、爱家乡爱社会主义祖国的思想熏陶，促进他们的身心健康发展"。具体的教学要求包括：认识周围自然，了解生理卫生常识，培养科学兴趣、科学能力、科学态度，进行爱家乡爱祖国教育、美的教育，等等。

1988 年《大纲》规定："小学自然的教学目的是：使学生获得一些具体的自然知识，培养他们热爱科学，以及学科学、用科学的能力，发展他们良好的心理品质，同时使他们受到科学自然观、爱家乡爱祖国等思想教育。"其教学要求包括：认识自然，了解卫生常识，培养学科学用科学的能力、科学兴趣爱好、科学态度，进行自然观教育、思想品德教育、审美教育等。

1992 年《大纲》对于教学目的与教学要求的表述与 1988 年《大纲》的表述大致相同。

2001 年《标准》描述了科学课程的总目标，接着在科学探究、情感态度与价值观和科学知识三个领域提出了不同维度的分目标。其中，科学课程总目标为："通过科学课程的学习，知道与周围常见事物有关的浅显的科学知识，并能应用于日常生活，逐渐养成科学的行为习惯和生活习惯；了解科学探究的过程和方法，尝试应用于科学探究活动，逐步学会科学地看问题、想问题；保持和发展对周围世界的好奇心与求知欲，形成大胆想象、尊重证据、敢于创新的科学态度和爱科学、爱家乡、爱祖国的情感；亲近自然、欣赏自然、珍爱生命，积极参与资源和环境的保护，关心科技的新发展。"该目标分解为科学探究目标、情感态度与价值观目标、科学知识目标。

由此可见，1956 年《大纲》十分重视自然知识的教学，强调思想政治教育，同时提出能力发展的目标。1963 年《大纲》中的教学目的表述涉及基本知识、能力发展以及品德教育等内容，比较具体、实际，切合儿童特点。1988 年与 1992 年《大纲》对教学目的的表述全面、简洁，且条目化，十分清晰。2001 年《标准》描述了科学课程的总目标与领域目标，更加突出科学探究在科学教学中的地位和作用，把科学探究的重要性提升到前所未有的高度。分目标均用具体的、可测的、可评价的行为动词进行表述。同时，还突出了科学素养与人文素养的有机结合，体现了时代要求。

综观 60 年小学自然、科学课程，可以看出，小学科学课程目标具体表述虽有细微差异，但均大致包括知识、能力、道德目标三大方面。课程目标的制定和表述的基本走向为：从笼统走向具体，即从教学目的、教学任务走向教学活动目标（总目标+分目标），并采用行为动词进行表述，具体明确；从重结果走向重过程，关注知识的形成过程，强调探究能力的培养，从目标取向转向过程取向。课程目标经历了一个愈益明确、全面、科学化的过程。这一过程符合新时代人才培养的基本要求，也反映了世界小学科学教育发展的基本趋势。

（三）关于课程内容

1956 年《大纲》指出，要"从一年级开始进行系统的自然教学。在一至四年级，结合语文科进行教学。到五、六年级单独设立自然科，在规定的时间内进行教学。一至四年级主要是学习生物界自然，五、六年级主要是学习无生物界自然"。

1963 年《大纲》指出，小学自然教学的内容包括生物常识和无生物常识两大部分。大纲列举了四个方面的内容：（1）有关粮食植物、工业原料植物、蔬菜、果树、造林树木、观赏植物、常见野草、不开花的植物、细菌等植物的初步常识。（2）有关家畜、家禽、野兽、野鸟、龟、蛇、蛙、鱼、益虫、害虫、原生动物等动物的初步常识。（3）有关人体保健（人体各系统的卫生）的初步常识。（4）有关水、空气、土壤、岩石、重要矿物、金属、机械、电、宇宙的初步常识。

1986 年《大纲》将小学自然课程的教学提前到小学三年级。

表 1-2 中国小学科学教育内容（1956—1986）

	1956 年《大纲》	1963 年《大纲》	1978 年《大纲》	1986 年《大纲》
一年级	秋、冬、春、夏、人体和保健；实习作业、自然专题			
二年级	树林、菜园、保健；实习作业、自然专题			
三年级	果园、动物、保健；实习作业、自然专课			三上：水、空气、植物、动物、热、宇宙 三下：空气和水、环境保护、土壤、植物、动物、自然日记
四年级	重要农作物、人体和保健；实习作业、自然专题		四上：水、空气方面的常识 四下：动物、植物方面的常识	四上：自然日记、动物、生理卫生、力、宇宙、能源、环境保护 四下：空气、金属、机械、生理卫生、植物、环境保护、宇宙
五年级	水、空气、土壤；实习作业	五上：水、空气、土壤 五下：动物、植物	五上：人体保健、机械、声热光方面的常识 五下：地壳、矿物、电、宇宙方面的常识	五上：环境保护、声和光、宇宙、岩石、能源 五下：生理卫生、电和磁、信息、植物、动物、生物的进化、宇宙
六年级	矿物、电、机械、保健；实习作业	六上：人体保健、矿物 六下：机械、电、宇宙		

1988 年《大纲》教学内容的安排，不再按学年（或学期）进行叙述，而是将教学内容分为低年级、中年级、高年级三段。对高低不同年级分别提出不同层次的教学要求。

1992 年《大纲》比 1988 年《大纲》更加详细，它不仅将基本教学内容分为理论和实践两大部分，而且将每一部分的要求层次化，更加具体、明确。知识部分的教学要求分为三个层次：了解、知道、理解。观察、实验、操作部分的教学要求分为两个层次：初步学会、学会。

2001 年《标准》的"内容标准"从科学探究、情感态度与价值观、生命世界、物质世界、地球与宇宙五个方面介绍各项教学内容及要求，通过框图与简要表格列出各领域的具体内容标准及其活动建议。其领域与主题分别为：（1）科学探究：认识科学探究，提出问题，猜想与假设，制订计划，观察、实验、制作，搜集整理信息，思考与结论，表达与交流。（2）情感态度与价值观：正确对待科学学习，对待科学，对待自然，对待科学、技术和社会的关系。（3）生命世界领域的一级主题为：生命的共同特征、生命与环境、健康生活，下设二级主题。（4）物质世界领域的一级主题为：物体与物质、运动与力、能量的表现形式，下设二级主题。（5）地球与宇宙领域的一级主题为：地球的概貌与地球的物质、地球运动与所引起的变化、天空中的星体，下设二级主题。其中的"科学探究"与"情感态度与价值观"不具有独立性，渗透在生命世界、物质世界、地球与宇宙领域。

表 1-3 中国小学科学教育内容（1988—2001）

	1988 年《大纲》	1992 年《大纲》	2001 年《标准》
1~2 年级	植物,动物,人体,水和空气,力和机械,声,光,热现象,电磁现象,地球和地壳变动,宇宙	生物,人体,水、空气,力、机械,声,光,热,电、磁,地球,宇宙	科学探究(八大主题) 情感态度与价值观(四大主题) 物质世界(四大主题)
3~4 年级	植物,动物,人体,水和空气,力和机械,声,光,热现象,电磁现象,地球和地壳变动,宇宙	生物，人体，水、空气，力、机械，声、光、热，电、磁，地球，宇宙	物质世界(三大主题) 地球与宇宙(三大主题)
5~6 年级	植物,动物,人体,生物和环境,水和空气,力和机械,声,光,热现象,电磁现象,地球和地壳变动,宇宙	生物,人体,水、空气,力、机械,声,光,热,电、磁,地球,宇宙	

总体上看，60 年来，小学自然/科学课程的内容选择，尽管在多少、详略、增减问题上有一些变化，但都不是很大，内容主要选择基础性的自然科

学常识。教学内容的呈现大多采取主题形式，以主题统整教材，设计活动，但在教学内容的组织方式上则变动频繁。

在教学内容的选择方面，1963年、1978年《大纲》均提出教学内容要"符合儿童的认识规律、照顾到知识的内在联系、适当照顾季节性"。1988年《大纲》提出教学内容确定的五条原则：是学生周围常见的自然事物，以及人类与自然关系方面最基本的科学知识，应能起到举一反三，帮助学生学习新知识的作用，适当介绍一些学生能够接受的先进科学成果和科学发展前景；能反映自然的本来面目，是一些正确可靠的素材；便于学生接触自然，亲自参加观察、实验活动；能引起学生的学习兴趣和求知欲；符合学生的年龄特征，是学生能够接受的。1992年《大纲》在1988年《大纲》基础上增加了两条：教学内容应有利于向学生进行思想品德教育；教学内容应注意联系学生周围的生活、生产实际。这些原则在今天仍具有积极意义。

在课程内容的组织方面，1956年《大纲》规定的课程内容大多数采取的是螺旋式排列方式。1963年的《大纲》采取直线式排列方式，课程内容从低到高，前后内容基本不重复。1978年《大纲》对教学内容的先后顺序做了一定的调整。1986年《大纲》中的课程内容有的采取直线式，没有重复，如土壤、力、金属、机械、声和光、岩石、电和磁、信息、热，等等；有的则采取螺旋式，循环较多的有：宇宙（渗透在五个学期），植物、动物（渗透在四个学期），生理卫生、环境保护、空气等（渗透在三个学期）。教学内容的要求一般分为三个层次，即知识、能力、思想教育。1988年《大纲》对不同学段的教学内容均做了较大幅度的调整。2001年《标准》关于课程内容的选择与组织,在《标准》中的"教材编写建议"中提出了一些原则性的建议。总之，1956年《大纲》采取螺旋式，1963年与1978年《大纲》采取直线式，1986年《大纲》螺旋式与直线式并重，1988年《大纲》不再按学期而是分学段作教学内容安排，1992年《大纲》内容与目标结合，2001年《标准》采取综合式。课程内容组织也从以纵向组织为主走向以横向组织为主，不断降低难度，增加广度，注重加强自然、科学知识与生产、生活的联系。另外，从逻辑顺序与心理顺序的处理关系看，从突出逻辑顺序到突出心理顺序，不断突破学科本位、知识中心，强调激发儿童的学习欲望，调动儿童学习的积极性与主动性。

第二章 中国与英国小学科学课程
标准比较

英国，全称为"大不列颠及北爱尔兰联合王国"（The United Kingdom of Great Britain and Northern Ireland），是由大不列颠岛上的英格兰、威尔士和苏格兰，爱尔兰岛东北部的北爱尔兰以及一系列附属岛屿共同组成的一个西欧岛国，面积约为 24 万平方公里，6451 万人（2014 年统计）。英国实行"君主立宪制"，是一个高度发达的资本主义国家。其历史悠久，是世界上第一个完成工业化的西方国家，有许多科学发现和发明，教育水平世界一流，实行 5—16 岁义务教育制度，高等教育发达。

一、英国小学科学课程改革背景

（一）改革背景

英国政府在 20 世纪 80 年代初期，为了增强经济竞争实力，对社会生活的许多领域进行了全面的改革，教育更是大受重视。英国政府和有关社会各界针对"二战后"英国教育改革中所出现的问题，展开了持续多年的调研和讨论，在此基础上启动课程改革。[①]1988 年 7 月，英国议会通过了《教育改革法案》，《英国国家课程》是其中一个重要内容，它采用法令的形式设立了英

---

①熊艳《中英小学科学课程标准比较研究》，北京：首都师范大学（硕士学位论文），2006年。

国公立中小学的必修课程及国家标准，结束了英国长期以来在中小学中没有统一课程设置和课程标准的状况。其中，科学首次与英语和数学一起被列为英国中小学的3门核心课程。[1]1989年，英国历史上首部国家科学教育课程标准——《国家科学教育课程标准》正式颁布，此后，这一课程标准经历了多次修订和完善。20世纪90年代初期的几次修订侧重各有不同，1991年标准主要对科学课程的目标进行了调整；1994年9月，英国政府实施的新的中小学课程改革方案，压缩了科学课程的内容，简化了成绩评估的项目。这些改革措施弥补了国家课程中的不足，缓解了课程实施中的矛盾和压力。[2]1997年5月，英国工党开始执政，政府极为关注如何改革基础教育体制，提高中小学生科学素质，增强综合国力。根据当时的教育状况，政府开始调整科学课程，于2000年颁布了面向新世纪的《国家科学教育课程标准》，对以往的课程标准进行了改进，更新科学教育理念，把培养所有学生的"科学素养"作为科学教育的总目标，把"科学探究"作为科学教学的核心，更加强调学科内容与社会发展之间的联系，强调课程的包容性、连贯性与一致性。另外，这次的课程改革也特别强调课程的精神价值，着眼于为学生的未来生存做准备，迎接新世纪的挑战。[3]

（二）改革历程

英国的小学科学教育经历了几个阶段的发展：第一阶段是以"自然学习"为特征，强调向学生展现自然的奇特；第二阶段从强调"自然学习"转变为强调科学探究的过程，这一时期的小学科学课程强调学生在做中学，通过学生自己的动手操作来探究周围的科学现象，建构关于科学世界的新观念，这种强调科学探究过程的科学课程观，至今仍然盛行。20世纪90年代以来，英国小学科学课程的设置一直注重科学过程和学科知识之间的平衡，经过几次

---

[1]王承绪、徐辉主编《战后英国教育研究》，南昌：江西教育出版社，1992年。

[2]胡献忠《新版英国〈国家科学教育课程标准〉及其启示》，《全球教育展望》2001年第3期。

[3]钟启泉、张华主编《世界课程改革趋势研究》，北京：北京师范大学出版社，2001年。

改革，英国在这方面已经取得了一定的成就。

二、课程理念比较

（一）中英小学科学课程性质比较

1.英国小学科学课程性质

作为科学教育发祥地的英国，1988 年颁布了《教育改革法》，明确提出在 11 年基础义务教育中，作为和英语、数学并列的 3 门国家核心课程之一的科学，必须从小学一年级起开设。1989 年，英国正式颁布了英国历史上首部国家科学教育课程标准，即《国家科学教育课程标准》（Science in the National Curriculum），它的颁布标志着英国中小学科学教育有了统一的课程设置和课程标准。此后，英国对此课程标准陆续进行了多次修订和完善，1999 年进行了重大修改，并于 2000 年颁布了新的《国家科学教育课程标准》。进入 21 世纪以后，英国政府进行了面向 21 世纪的基础教育改革，2007 年 1 月 4 日发布了改革英国基础教育的重要报告《2020 愿景》。2012 年英国颁布了全新的《国家科学课程标准》（以下简称"英国《标准》"），充分体现了英国对科学教育的高度重视。该标准强调科学教育要与时俱进，关注科学课程的连贯性与统一性。英国《标准》将科学课程融入整个小学课程体系，它指出，小学生应该通过学习科学课程来促进精神、品德、社会和文化的发展，提高解决问题的能力。该标准并未明确地表述科学课程的性质，没有把"科学素养"单独列出给予解释，而是基于培养小学生的全面素养，对科学素养的作用加以阐述，将科学素养作为学校整体培养目标的一部分加以分析，强调了学校教育的连贯性和一致性，并着眼于为学生未来生存和迎接未来全面挑战做充足准备。

2.中国小学科学课程性质

我国 1977 年《小学自然教学大纲》指出："自然常识是小学阶段学生学习自然科学知识的一门主要学科。"1986 年《大纲》写道："自然课是对小学儿童进行科学启蒙教育的一门重要基础学科。"1988 年《大纲》规定："小学自然是对学生进行科学启蒙教育的一门主要学科。"1992 年《大纲》写道："自然是义务教育小学阶段的一门重要基础学科。"2001 年《标准》则指出"小学科学课程是以培养科学素养为宗旨的科学启蒙课程",将小学科学定位为"科学启蒙课程",并把培养科学素养作为小学科学教育的宗旨,这是对原教学大纲表述的继承和超越,体现了新的时代精神。这意味着,"主要""基础""系统"不再成为重点,而经历、体验、理解开始备受关注。①小学科学是一门以培养学生的科学素养为目标的,具有综合性、实践性、时代性、社会性,学生喜爱的科学教育课程。它帮助学生掌握最基础、最必要的科学知识、技能和方法,保持学生的好奇心,激发学生科学探究、与人合作的热情,经历合作探索的科学知识形成过程,形成正确的情感、态度和价值观。我国将科学课程作为"以培养科学素养为宗旨的科学启蒙课程",有利于小学生形成科学的认知方式和科学的自然观。该课程根据小学生的自身经验,从他们熟悉的日常生活中选取有关的内容,通过看一看、做一做、玩一玩、想一想等实际操作活动,使小学生学到知识,培养他们的兴趣,丰富童年生活,发展他们的个性,开发他们的创造思维,为儿童的终身学习和全面发展打下基础。

(二) 中英小学科学课程理念比较

1.英国小学科学课程基本理念

英国 2012 年颁布的《国家科学课程标准》,没有单列一部分来直接、明确地阐述小学科学课程标准的基本思想和基本理念,而是融入整个科学课程标准之中,因此,想要了解和把握英国科学课程标准的基本理念,就必须从整体上研读英国小学课程标准。通过分析和研读,可以看出,英国小学国家课程标准关注培养小学生的基本素养和能力,重视激发小学生学习科学的兴趣与积极性,注重为每个小学生提供平等的学习机会,保障学生的学习权利,

---

①潘洪建《小学自然·科学课程 60 年(1949—2009)》,长春:吉林出版集团有限责任公司,2012 年,第 255—260 页。

发展学生的个性。因此，英国小学科学教育既关注学生精神、道德、思维、能力、社会和文化等方面的全面发展，又不忽视每个学生独特的个性，密切科学教育与社会生活之间联系，帮助学生向终身学习的方向发展。

2.中国小学科学课程理念

中国 2001 年《全日制义务教育科学（3—6 年级）课程标准（实验稿）》（以下简称"中国《标准》"）指出：科学课程的核心理念即全面提高每一位学生的科学素质，具体来说，就是科学课程要为实现义务教育阶段的培养目标服务，体现义务教育的基础性、普及性和发展性；必须面向全体学生，致力于发展学生的个性，旨在为每一位学生的科学潜能发展提供公平的学习机会，最终使人人都能接受良好的科学教育。

关于科学课程的内容应该从科学知识、科学思想、科学方法和科学精神这四个层面进行综合考虑。以学生日常生活中的科学知识为起点，从学生的心理、认知特点和生活经验出发，在熟悉的生活情景中让学生体会到科学的重要性，了解科学与日常生活的密切关系，逐步学会分析和解决与科学相关的一些简单的实际问题，体验科学的魅力和乐趣，培养学生终身的探索乐趣、良好的思维习惯和初步的科学实践能力。其次，科学教育应该把科学探究作为最为重要的学习方法，教师作为学生学习的引导者，要引导学生对科学知识进行主动探究，经历科学探究的过程，帮助保护学生的好奇心，激发学生学习科学的积极性，当然，学习方式多种多样，教师应该根据学生和教学内容的不同，灵活选用各种教学方式，以获得最佳的教学效果。最后，科学课程应具有开放性，在知识内容、教学方式、教学评价等方面，教师和学生应有选择的机会和创造的空间，从而使得科学课程最大限度地满足不同地区、不同经验背景的学生学习科学的需要，使学生既获得基本的科学知识，掌握科学探究的技能和方法，又培养合作交流、语言表达的能力和善于思考、勇于开拓、实事求是的科学态度。

由上可知，中英两国都关注科学素养的培养，相比之下，英国较中国更重视儿童个性的发展与完善。

(三) 中英小学科学课程设计思路比较

中英两国对科学教育的侧重点的异同在两国科学标准的体系结构上也有所体现。

1.英国小学科学课程设计思路

英国 2012 年《标准》包括四大部分：科学课程的概述、教学目标、学习计划和建议指导。概述部分简要说明了科学课程在学校教育中的地位，以及学习目的；第二部分是教学目标，从整体上叙述了科学课程所应达成的目标；学习计划和建议指导是标准的主体部分，《标准》采用表格的形式清晰地规定了各个年级阶段主要的学习内容和学习范畴，随后就小学科学教学提出了一系列建议和指导，这两部分相当于我国的内容标准和实施建议，但英国的学习计划及建议指导更详细、更具体，便于教师的掌握、实施，也使得评价更具有操作性。

2.中国小学科学课程设计思路

中国《标准》由五个部分组成，即前言、课程目标、内容标准、实施建议及附录。前言部分，主要介绍了科学课程改革背景、课程性质和基本理念；课程目标部分，叙述了科学课程的总体目标，科学探究、情感态度与价值观和科学知识三个分目标，以及各部分目标之间的相互关系；内容标准部分，依次说明了科学探究、情感态度与价值观、生命世界、物质世界、地球与宇宙这五个方面的内容标准；实施建议部分，由教学建议、评价建议、课程资源的开发与利用、教材编写建议、教师队伍建设建议、关于科学教学设备和教室的配置等六个部分组成；附录部分，包括具体目标中行为动词的定义、教学活动的类型与设计、案例三个部分。其中，内容标准是整个科学课程标准的核心部分，也是对总目标和分目标的进一步阐述和说明。科学探究、情感态度与价值观、科学知识这三个领域的内容从科学探究、情感态度与价值观、生命世界、物质世界、地球与宇宙这五个方面展开，把 3—6 年级的科学课程作为一个相对完整的整体，不再区分年级或学段。科学课程标准中的内容标准表述的是绝大多数学生在 6 年级结束时应该达到的学习结果，这样的编排方式给编写教材者和科学教师提供了更大的创造余地和弹性空间。

3. 中英小学科学课程设计思路的比较

中英两国小学科学课程标准都有着比较明确、清晰的设计思路。

表 2-1 中英小学科学课程标准体系结构

中英小学科学课程标准体系结构	
中国	英国
前言	概况
课程目标	教学目标
内容标准	学习计划
实施建议	指导说明
附录	

由表 2-1 可以看出，中英两国的科学课程标准体系结构较为相似，但从整体上看，两国在中小学科学课程的衔接上还是存在一定的差异。英国 2012 年《标准》中，把关键阶段 1 到关键阶段 4 作为一个连贯的整体和体系（英国的关键阶段 1 到关键阶段 4 相当于我国的小学一年级到高中二年级），这样有利于培养学生整体的科学素养，有利于整体把握科学知识。而在我国 2001 年《标准》中，3—6 年级和 7—9 年级以相同的体系结构设置科学，但 7—9 年级的科学课程在实施上有了更大的弹性，已将我国科学教育发展的不均衡性列入考虑之中。教师在讲授方式上既可以选择综合课程的形式，也可以选择分科的形式，并可根据各地区的实际情况进行适当调整，具有一定的弹性和灵活性。

此外，中英两国科学教育的起始阶段不同。英国科学教育从小学一年级就开始了，把科学课程作为一门核心课程，具有系统性和连贯性；而我国的科学课程从小学三年级才开始设置，强调科学启蒙教育。我国在小学一、二年级并未开设科学课程，忽视了一、二年级学生的年龄特征和心理发展特点，人为地制造了一个科学教育的断层。忽略了幼儿时期与小学阶段科学教育的衔接，这是我国科学课程标准的一个缺陷。[①] 事实上，一、二年级的学生对周围世界充满好奇，渴望探究身边的世界。

（四）分析与讨论

1.中英科学《标准》在课程理念上趋于一致

中英两国都关注科学课程的开发，有着一致的科学课程的基本思想和基本理念，即以培养科学素养为宗旨，突显科学素养在小学科学课程中的重要地位；面向全体小学生，为每个学生提供平等、有效的学习机会；关注每个人的成长，重视为小学生的终身发展奠定基础；关注科学教育的可持续发展。在科学学习的基本理念上，两国都以探究为核心，关注学生的主体地位，统整学生的生活世界和科学世界，强调评价的具体性和可操作性。我国 2001 年颁布的科学课程标准明确提出培养小学生的科学素养，而英国 2012 年颁布的国家科学课程标准则将科学素养这一理念隐含在课程目标之中。

其次，两国科学课程都体现了人本化的科学教育理念。在科学学习中关注人类与整个生存环境关系的意义，注重道德、价值观的培养，将学生学习科学建立在个人兴趣之上，并置于相应的资源和文化环境之中。把人类关注的问题融入学科知识之中，在一定程度上扩展并丰富了科学课程的内容。通过分析，可以发现两国都忽视科学教师在科学教育中的作用与影响力。教师在课程的发展和规划中处于主导地位，教师个人对科学教学的理解与认识、对科学素材的选择与应用决定着科学教育的发展，也是影响科学课程目标实现程度的重要因素。此外，学校课程的设置既要考虑自身学术研究力量，又要考虑学生以后的职业倾向，关注两者的平衡。随着知识经济时代的到来，信息更新加速，经济结构不断重组，这些因素必然影响教育系统的变化。因此，小学阶段的科学教育也必须顺应这种趋势，将学校教育与职业教育联系

---

①熊艳《中英小学科学课程标准比较研究》，北京：首都师范大学（硕士学位论文），2006 年。

起来，通过职业来进行教育，而非为了职业而教育。为了职业而教育会使得教育变得更加狭隘，培养的只是年轻的工作者，而抹杀了他们的兴趣与积极性。

2.中国《标准》更重视科学教育对学生情感、态度和价值观的培养

中国的小学科学课程标准特别关注在科学教育中培养学生的情感、态度和价值观，把情感教育作为科学教育内容的一个重要方面，详细说明并提出了明确的情感教育要求。此外，中国将小学科学课程定位为以培养科学素养为宗旨的科学启蒙课程，这表明我国科学教育并未把知识放在首位，而是注重保护学生的好奇心和求知欲，不仅强调科学知识的掌握，也注重科学精神的培养，符合我国科学教育发展趋势。我国小学科学课程标准还存在着一些不足之处，例如较少关注小学科学课程的整体性，也没有提出详细、具体、有针对性的指导意见。所以，只有全面理解、清晰把握我国小学科学教育的各方面，不断探讨小学科学教育的基本思想和基本理念，才能加快我国科学教育事业的发展，全面提升我国的国民素质。

3.英国《标准》更加强调学生的个性发展和终身发展

发展小学生的个性，尊重学生的个体差异，充分发挥每个学生的科学潜能，注重满足每个小学生的学习需要，重视教育的个人价值，立足于学生发展，一切为了学生的成长，是英国2012年《标准》的核心理念。在英国，配合科学课程，小学阶段设置了专门的科技课，关注学生的全面发展，不仅帮助小学生掌握知识，而且培养小学生的科学技能，而我国的小学科学课程中却忽视了这一方面，英国的做法值得我们借鉴与学习。同时，英国小学科学课程标准关注小学各学科间的综合，强调小学科学课程与学校其他课程之间的均衡与融合，体现了知识的综合性。英国注重能力的培养，注重小学生在科学教育中使用信息技术的能力，关注小学生科学学习的可持续发展，有助于学生整体把握知识。同时英国课程标准也考虑到了学生的后继学习以及终身学习，体现出科学教育的连贯性和整体性，将学生科学素养的培养与以后的学习、工作紧密联系起来，为小学生的后续科学学习奠定基础。英国课程

标准与人们的生活联系密切，紧跟时代的步伐，注意整合各学科之间的知识内容，强调课程的时代性与完整性。

三、课程目标比较

小学科学课程目标指导着小学科学课程的设置、实施和评价，体现着小学科学课程的基本性质和核心理念，决定着小学科学课程教材的编订、小学科学课程内容的选择，引导着课程发展的方向，更是评价小学科学教学质量的重要标准。个体、社会需求以及学科的基本性质等众多因素影响着科学教育的实践。当今社会，个性化与多元化并重，具备一定的科学素养，才能满足社会对人才的全面要求。培养未来公民具有较高的科学素养是 21 世纪科学教育课程改革的根本性目标。[①]

（一）中英小学科学教育总目标比较

1.小学科学教育总目标解读与分析

我国小学科学教育的总目标有着相对明确的阐述，而英国对科学教育的总目标阐述比较笼统。

表 2-2　中英两国小学科学教育总目标

国家	科学教育总目标
中国	通过小学科学课程的学习,使学生掌握关键的基础科学知识和技能,培养科学兴趣和思维习惯;了解科学探究的基本过程和方法,并应用于力所能及的科学探究活动;了解科学和日常生活以及社会可持续发展的关系;理解求真务实、开拓创新是科学精神的核心。
英国	国家科学课程旨在确保所有学生:通过的生物、化学和物理这些特定学科,掌握科学知识和概念;通过实践活动,理解科学性质、过程和方法;具备科学知识,理解其用途及对今天和未来的影响;通过科学课程的学习促进其他课程的学习。

我国《标准》对绝大多数学生在 6 年级学习结束时在科学素养方面应该

---

①李淑淑《国内外小学科学课程标准目标和内容的比较研究》，重庆:西南大学（硕士学位论文），2013 年。

达到的水平作出了概括性描述和明确规定。从内容上来看，这些目标是与小学生周围的常见事物有关的；从难度上来讲，这些目标是浅显的、易于小学生掌握的，符合小学生的认知特点和发展水平；从结构上来说，科学课程目标主要围绕科学知识与技能，科学探究的过程与方法，与科学有关的情感、态度、价值观这三大维度展开表述，最终服务于小学科学课程的定位——培养小学生科学素养的启蒙课程。

英国《标准》从口语、学校课程、包容、成就目标四个方面对小学科学课程所要达到的整体目标进行了叙述，希望通过小学科学教育，促进小学生语言、认知和社会的发展，提高小学生实际解决问题的能力，增强学校课程之间的融合，为小学生以后的工作、成就做好准备。欲达到这些目标，需要保证科学素养培养的核心地位，科学课程设置合理。因此，英国科学教育目标最基本的亦是科学素养培养。

2.小学科学教育总目标比较分析

由表2-2不难看出，中英两国小学科学课程总目标中，或多或少都包含了一些科学素养的成分，可以说，两国都把小学科学课程定义为以培养小学生的科学素养为宗旨的启蒙课程。有学者认为，科学素养有着丰富的内涵，其主要维度包含对科学知识的积累和应用，对科学探究过程与方法的了解和实践，对与科学相关的积极向上的情感、态度、价值观的培养。[①]

通过对两国科学课程标准的研读，可以发现，英国科学课程总目标中涉及的科学素养的成分较少，且没有明确提出科学素养这一概念。在进一步对两国科学教育总目标分析、比较后发现，在科学知识的内涵上，两国基本是相同的，但在能力和情感、态度、价值观的内涵方面，两国相差较大。[②]

[①]郝京华《全日制义务教育科学（3—6年级）课程标准解读》，武汉：湖北教育出版社，2002年。

[②]李婉婷《综合科学课程标准的国际比较研究》，上海：上海师范大学（硕士学位论文），2005年。

表 2-3　中英两国科学素养的比较

	中国	英国
能力	提高每位学生的科学素养,增进学生对科学探究的理解,初步养成科学探究的习惯并培养创新意识和实践技能	应用数据和信息技术,通过交流、与人合作进行科学调查,发展评价和解决问题的能力,培养事业心和企业家的经营技能,进行实践
情感态度价值观	崇尚科学、反对迷信,养成以科学的知识和态度解决个人问题的意识,了解科学技术是第一生产力的观念,关注科学、技术与社会的相互影响,增强社会责任感	尊重社会道德,关注社会发展,形成个人的道德、价值观,能够自信、健康并独立地生活,形成可持续发展的观念

从表 2-3 可以看出，英国《标准》详细、具体地阐述了能力目标，注重从小培养学生应用信息技术的能力，帮助小学生解决日常生活中的实际问题，为小学生以后的科学调查奠定基础。我国《基础教育课程改革纲要（试行）》，虽然正式将信息技术教育作为课程实施的重要手段，强调信息技术与课程教学的整合，但是在 2001 年《标准》中这一点并没有得到很好的体现，仅在进行科学探究所需要的实验技能中提到"查阅信息资料的技术，主要包括查阅图书报刊资料、利用网络收集信息等"。

（二）中英小学科学课程目标比较

1.中国小学科学课程目标解读与分析

我国的小学科学课程总目标分为三个分目标，即科学探究、科学知识、情感态度价值观，分目标则是对小学生科学学习在科学素养发明的发展作出了明确的界定，两者共同勾画出了小学生科学素养的大致轮廓。

我国《标准》对科学探究、科学知识、情感态度价值观这三个分目标进进行了详细的说明（见表 2-4）。

表 2-4 我国小学科学课程分目标

科学探究目标	情感态度与价值观目标	科学知识目标
1.知道科学探究涉及的主要活动,理解科学探究的基本特征 2.能通过对身边自然事物的观察,发现和提出问题 3.能运用已有知识作出自己对问题的假想答案 4.能根据假想答案,制订简单的科学探究活动计划 5.能通过观察、实验、制作等活动进行探究 6.会查阅、整理从书刊及其他途径获得的科学资料 7.能在已有知识、经验和现有信息的基础上,通过简单的思维加工,作出自己的解释或结论,并知道这个结果应该是可以重复验证的 8.能用自己擅长的方式表达探究结果,进行交流,并参与评议,知道对别人研究的结论提出质疑也是科学探究的一部分	1.保持与发展想要了解世界、喜欢尝试新的经验、乐于探究与发现周围事物奥秘的欲望 2.珍爱并善待周围环境中的自然事物,初步形成人与自然和谐相处的意识 3.知道科学已经能解释世界上的许多奥秘,但还有许多领域等待我们去探索,科学不迷信权威 4.形成用科学提高生活质量的意识,愿意参与和科学有关的社会问题的讨论与活动 5.在科学学习中能注重事实,克服困难,善始善终,尊重他人意见,敢于提出不同见解,乐于合作与交流 6.意识到科学技术对人类与社会的发展既有促进作用,也有消极影响	1.学习生命世界、物质世界、地球与宇宙三大领域中浅显的、与日常生活密切相关的知识与研究方法,并能尝试用于解决身边的实际问题 2.通过对物质世界有关知识的学习,了解物质的常见性质、用途和变化,对物体的运动、力和简单机械,以及能量的不同表现形式具有感性认识 3.通过对生命科学有关知识的学习,了解生命世界的轮廓,形成一些对生命活动和生命现象的基本认识,对人体和健康形成初步的认识 4.通过对地球与宇宙有关知识的学习,了解地球、太阳系的概况及运动变化的一般规律,认识人类与地球环境的相互作用,懂得地球是人类唯一家园的道理

仔细分析表 2-4 可见,我国小学科学课程分目标是围绕着总目标来展开说明的,服务科学课程总目标中培养小学生良好科学素养这一宗旨,并对应着科学素养、科学探究,情感态度价值观和科学知识这三个维度;旨在帮助学生经历科学探究的过程,掌握科学探究的方法,积累科学知识,培养与科学相关的积极向上的情感态度价值观。

2.英国小学科学课程目标解读与分析

英国的科学课程目标分为四个部分:口语、学校课程、包容、成就目标(Spoken language; School curriculum; Inclusion; Attainment targets),每个部分都阐述了各自的达成目标,即学习科学课程之后所应具备的知识、技能和理解力的预期标准,并以此作为评价学生科学课程学习情况的主要依据。英国小学科学课程四个部分的目标为：

口语。国家科学课程反映了口语在学生的发展中的重要性——语言、认知和社会——贯穿于整个课程。学生语言的听说能力是掌握科学词汇和清晰、准确地阐明科学概念的关键因素。他们的表达不仅要使自己明白，也要使他人明白。同时教师应通过讨论找出并纠正学生们的误解，从而给他们打下扎实的基础。

学校课程。每个项目的研究是在每年科学地制定的。所有学校只需要在每个关键阶段结束时教授研究计划的内容。在每一个关键阶段，学校灵活设定学习计划。此外，如果适当的话，学校可以在关键阶段的早些时候介绍关键阶段的有关内容。所有的学校每年也需要科学制定学校课程，使其在线可用。

包容。老师应该对所有的学生设置很高的期望，也应该意识到平等立法机会的要求，涵盖了性别、种族和残疾。由于特殊教育需要、残疾或英语口语的出现，少数的学生会有特殊的需求来作为一个额外的语言。教师必须考虑这些要求，做好准备，在必要时向形形色色的学生提供支持。在关键阶段评估的最后，教师应当记住，特殊安排以考虑到学生个人。

成就目标。到每一个关键阶段结束的时候，学生应该拥有知识、技能和理解与学习计划相关的问题。

可以看出，英国国家科学课程目标对学生在学习科学课程之后，在口语、国家课程、包容、成就目标这四个方面所应达到的水平或程度，作出了概括的描述和整体的要求。

中英两国在各自新的科学课程标准中都对目标提出了一些总体性、指导性的原则，也对目标达成情况进行了简要的说明，这有利于教师在整体上把握科学教育的基本宗旨和目标，有助于教学活动的顺利开展；而如果两国标准能够更加具体地阐述课程目标，将有助于教师科学施教，具体、准确地评价学生学习情况，从而提高科学教育质量。

3.分析讨论

（1）中英两国小学科学课程目标有着共同的组成要素

中英两国科学课程目标均把科学课程目标分为三个维度，其具体组成要素如下：

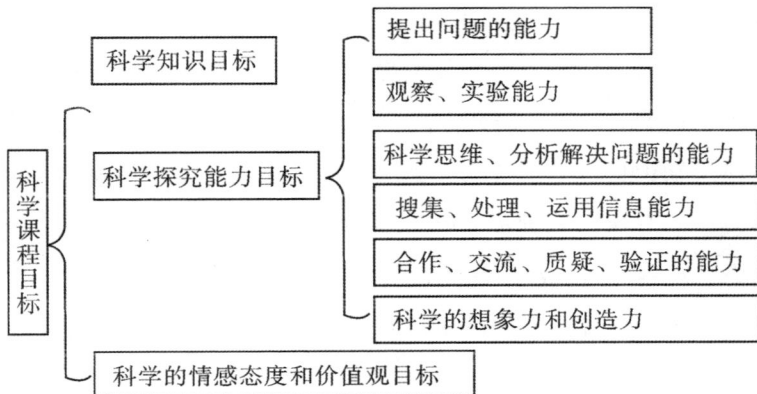

图 2-1 科学课程目标维度

科学知识，即人类在改造世界的过程中所获得的认识和经验。自然科学知识内容丰富，包括了物理、化学、生物、地理等方面的内容，既包括了事实性、规律性的知识，还包括技能性知识，例如观察、收集资料、测量与统计、分类和使用各种实验工具与仪器等。但是就小学阶段来说，主要以事实性和规律性知识为主，如认识和理解所处环境和周围事物，运用有关科学知识来解释一些自然现象、解决某些日常生活中的简单问题。科学探究能力包括科学学习中的观察能力，实验操作能力，抽象思维能力，分析和解决问题的能力，搜集、处理和运用信息的能力，想象力和创造能力等。每一种能力都不是独立存在的，而是与其他能力相互交织、互相联系而综合存在的。有学者将科学能力细分为：提问能力；观察、实验能力；科学思维、分析解决问题的能力；搜集、处理、运用信息能力；合作、交流、质疑和验证的能力；科学的想象力和创造力。而科学课程的情感态度价值观目标，关键在于培养学生对科学的积极态度和情感，培养对科学的好奇心、热情和学习科学的信心，有探索、创新精神，不迷信，热爱大自然，增强环保意识。

（2）中英《标准》都将思维过程和内容知识作为科学知识的主要部分，都重视对科学探究所需基本技能的培养比较中英两国的《标准》可以发现，思维过程和内容知识在科学知识中占据了主要位置，两国都对科学知识目标作出了详细的阐述。我国将小学科学教育中的科学知识分为生命世界、物质世界、地球和宇宙这三个版块，希望小学生"学习生命世界、物质世界、地球与宇宙三大领域中浅显的、与日常生活密切相关的知识与研究方法，并能尝试用于解决身边的实际问题"。英国也对科学知识目标做了较为详细的描述，且与日常生活息息相关，涉及的范围比较广。其次，两国都非常重视对进行科学探究所必备的基本技能——提问能力、观察能力以及制订计划和实验能力的培养。

（3）中国《标准》更加注重培养学生的观察和实验动手能力，关注学生情感、态度和价值观的发展

提高新一代公民的素质，培养科学素养，帮助学生更好地把握和应用科学知识来解决简单的实际问题是中国小学科学教育的使命。因此，中国小学科学课程标准非常重视对科学探究所需基本技能的培养，更加注重学生的观察能力和实验动手能力的培养，希望小学生通过观察周围自然事物，发现并提出问题，能通过一系列操作活动进行探究。另外，我国的科学课程标准更加关注学生情感、态度和价值观的发展，对情感、态度、价值观目标作了明确而细致的表述，如"保持与发展想要了解世界、喜欢尝试新的经验、乐于探究与发现周围事物奥秘的欲望；珍爱并善待周围环境中的自然事物，初步形成人与自然和谐相处的意识"。不过上述目标并未落实到科学教育的具体内容与实施中，比较笼统。

（4）英国《标准》更加注重科学的想象力和创造力的培养

英国《标准》也十分重视对进行科学探究所需基本技能的培养，但与中国科学教育相比，英国对培养科学的想象力和创造力更为重视。此外，英国并没有对科学教育的情感态度价值观目标给出详细而具体的要求和说明，但在课程目标中隐含地涉及科学情感态度及价值观的培养。

总之，中国对小学科学课程标准总目标和分目标的阐述较为烦琐，内容不够精练，缺乏具体性和可操作性，但是将科学探究、科学知识和情感态度

价值观这三个分目标置于同等重要的地位，重视科学教育中的情感教育，有利于完整把握课程目标体系。而英国小学科学课程标准对小学科学课程的整体阐述较少，但在每个关键阶段的具体内容和评价标准中，对学生学习和教师教学都提出了较为详细的建议和要求，更易于理解和把握，有利于教师教学活动的开展。我国的科学课程标准仅对目标提出一些指导性的原则，英国则对目标的达成要求作出了详细的阐述，值得我们学习、借鉴。

四、课程内容比较

课程内容是课程标准的主体与核心部分，也是课程目标的体现和细化。现今小学科学教育的目标是培养学生的科学素养，包括对主要科学概念的理解、经历科学探究的过程和把握科学与文化之间的关系。随着时代的进步、社会的发展，以及科学教育理论和实践的不断更新，小学科学课程内容涵盖了科学知识与技能，科学方法，科学与技术、社会的相互关系，科学探究的过程等方面。关于科学教育的具体内容，我国2001年《标准》没有以年级为单位，详细具体地规定每个年级科学教育的具体学科内容，而是从整体上阐述了科学探究、情感态度与价值观、生命世界、物质世界、地球与宇宙这几个模块的内容标准，给教材编写者和教师更大的创造空间，增加了科学课程的弹性，但也忽略了科学课程标准对一线科学教师的具体指导。而英国2012年《标准》以关键阶段为单位，提出了每个关键阶段的学科内容，进行了比较详细和具体的规定和说明，为一线科学教师的教学提供了明确的指导意见。由于两国的学制不同，科学课程标准针对的年级跨度也不尽相同。[①]英国的内容模块划分：科学探究、生命过程和生物世界、物质及物质介质、物理过程、学习的广度（相关学科间的联系、健康安全和交流的知识）。中国的内容模块划分：科学探究、情感态度与价值观、生命世界、物质世界、地球与宇宙。

---

①李淑淑《国内外小学科学课程标准目标和内容的比较研究》，重庆：西南大学（硕士学位论文），2013年。

（一）中英科学探究内容的比较

科学教育不仅包括科学知识的教育，而且包括科学方法的教育。科学探究是科学教育的一个重要组成部分，也是一种科学学习的方式，更是科学学习的主要中心环节。科学知识反映了科学研究成果和科学认识的水平，是科学学习重要的内容。而科学探究———一种开拓科学视野的求知方式，将科学思维方法和科学探索精神融合在一起，通过科学探究，科学家们才得以构建起今天完整的科学体系。①

1.英国科学探究内容的解读与分析

英国科学课程内容标准中科学探究部分包括了科学思想、科学证据的本质与重要性以及调查研究的主要技能，比如制订计划、获得并总结证据、思考和评估等。科学探究贯穿整个学习计划始终。英国《标准》强调"教学应确保科学探究是通过来自生活中的生物和其他材料及所创设的情境来进行教授"，高度重视将科学探究内容渗透到其他内容的学习之中，强调对科学探究过程的理解与掌握，并倡导通过解决实际问题发展学生的科学探究能力。

2.中国科学探究内容的解读与分析

我国小学阶段科学探究的内容标准包含了提出问题、猜想、制订计划、观察、实验、搜集证据、进行解释、表达与交流等活动，并且还涉及对科学探究的认识，如科学探究的特征等。科学探究是科学课程三大内容之一，被置于内容标准的第一部分，充分体现了它的重要地位。科学课程标准要求小学生运用他们已经掌握的关于生活世界的有关科学知识与经验，通过观察，对现象产生的原因作出合理的解释；展开研究，关注知识的探究过程，在探究过程中加深理解并增长自身的科学知识，在头脑中建立科学知识体系。

---

①郝敬云、郝京华《科学探究如何编入小学科学课程标准》，《当代教育科学》2009 年第 1 期。

3.中英科学探究内容的比较

关于科学内容的选择和编排，中英两国都从小学生的年龄特点和身心发展规律出发，选择小学生日常生活中的事物，让小学生经历科学探究的过程，掌握基本的科学知识。科学探究涉及的知识领域较广阔，涵盖了天文、地理、生命科学、地球与宇宙等多个方面，既强调科学知识学习，又在内容的设计上渗透人文精神，关注小学生的全面发展。

中英两国都将科学探究作为小学科学教育的重中之重、科学学习的中心环节，使小学生在科学学习中体验到科学探究的乐趣，形成科学的思维方式，帮助他们识别科学与非科学。[①]

总之，科学探究能力的形成依赖小学生的学习和探究活动，必须在小学生掌握一定科学知识的前提下，通过动手动脑，在感知、体验的基础上形成，而不能简单、机械地通过讲授教给学生。小学阶段的科学探究内容必须符合小学生的年龄和身心特点。探究既是目标，也是重要的科学学习方式，它要求教师在科学课程教学中开展有意义、有目的的科学探究活动；学生积极参与，自主开展探究活动。这样才能使学生既学会知识与技能，又培养对科学的积极的情感态度与价值观，促进学生科学素养的形成。

（二）中英小学科学知识内容的比较

学科基本知识是科学课程标准内容的主体部分之一，是对科学课程目标的细化和扩展。中英两国科学课程标准所涉及的基本学科知识内容大体相同，具有很大的相似性，但由于对学科领域、学段和年级的划分存在差异，生命科学、物质科学、地球与空间科学几个模块中的知识内容亦存在差异。

1.生命科学知识内容的比较

在小学科学课程中，有关生命科学的内容占据着较为重要的地位，因为小学生在正式学习之前，对自然界有生命的事物和无生命的事物接触最多。关于生命体、人的出生、自然界生物等内容，小学生有着强烈的好奇心和求

[①]蔡其勇《中英小学科学课程标准中的科学探究比较》，《重庆教育学院学报》2009年第5期。

知欲，且学习生命科学知识也有助于小学生了解自己的身体结构以及自然界的有生命和无生命的事物。

中国小学科学标准中"生命世界"内容按照"个体—类—群落—生命"这样的思路来整理相关内容。而英国的 KS1 和 KS2 学段（相当于我国的小学阶段）中的生命科学内容包含生命过程、人类与其他动物、绿色植物、差异与分类、环境中的一些东西等，学段不同，所涉及的内容层次及难度也不同。

生命科学这一主题向学生展现了生物的基本需求和基本的生命过程。中英两国都从小学生的认知和思维发展水平出发，充分考虑小学生的年龄和身心发展规律，考虑生命世界具有生动性、直观性的特点，知识的选择与编排具有系统性、逻辑性和探究性，多采取观察、实验的方法，帮助小学生获得鲜明和具体的感性认识。但英国在课程的衔接、课程的整合上，注重为小学生后续的科学学习做好铺垫，注重与其他知识、其他课程及信息技术间的整合，值得我国借鉴与学习。

2.物质科学知识内容的比较

"物质世界"部分主要研究自然界中物质的基本性质及运动规律，是科学知识模块必不可少的组成部分，它将引领学生走进一个神奇而又充满奥秘的世界。

中国的科学课程标准把"物质世界"内容分为"物体与物质""运动与力""能量的表现形式"三个部分，分别包括了物质的一些基本性质与变化过程、位置与运动的概念、力与运动变化的关系、不同表现形式的能量等内容。英国科学课程标准的"物质科学"部分内容包含了"材料及其性质"和"物理过程"这两大部分，具体包括了材料分类、变化中的物质、电力、力和运动、光和声音、制造和检测声音这些内容，不同学段要求不同。

物质科学知识内容是小学生最常见、最易接触到的内容，对它的学习有助于小学生深化对周围物质世界的认识和理解。中英两国在此部分的设计大体相同，但是英国对能量的学习内容较少，要求并不高；而我国则把有关能量的知识融合在各个年级的科学知识中，以不同的水平层次呈现，让小学生学习。

3.地球与空间科学知识内容的比较

地球和宇宙星辰充满着奥秘，能引起小学生强烈的好奇心和探索欲望，小学科学课程有责任帮助小学生普及这方面的知识，激发小学生的求知欲，培养他们崇尚科学、热爱科学的情感。

中国科学课程标准对地球与宇宙这部分内容有着详细的安排，本部分的内容分为地球的概貌与地球的物质、地球运动与所引起的变化和天空中的星体，每一部分又有其具体的子内容，并给出了相应的具体的教学建议。英国的科学课程标准对地球与空间科学内容要求较少，只在相当于我国四年级阶段的学习计划中，叙述了地球和空间这部分内容，要求学生了解太阳是在太阳系的中心，太阳、地球和月球是近球形的，理解在银河系中太阳是众多伟大的恒星之一，在宇宙中银河系是庞大的星系中的一个。英国的标准还就围绕遥远恒星的其他行星，被人类所观察到并命名的一些星座等等，提出了系统的具体学习计划。

地球与空间科学这部分知识在小学科学课程内容中具有重要的地位，对此两国都十分重视，其目的就在于激起学生学习科学知识的兴趣，提高其探索世界的欲望。

（三）情感、态度与价值观内容的比较

情感、态度、价值观是科学素养的一个重要组成部分，是现代科学教育目标与传统科学教育目标的最大区别。传统的科学教育主要关注培养学生的知识与技能、方法和能力，较少关注他们情感、态度、价值观的发展，而现代科学教育重视小学生对待科学的情感、态度与价值观，把兴趣作为他们最好的老师。如果学生对科学没有兴趣，学习态度冷漠、不积极，出现错误的价值判断，那么纵使掌握了良好的科学知识、技能、方法，也会在某些时候对个人、对国家产生负面作用。因此，情感、态度、价值观的培养对于提高学生科学素养有着非常重要的作用。

1.英国《标准》情感、态度与价值观内容的解读与分析

英国科学课程标准没有直接、明确地提出情感、态度、价值观的培养要求，而是隐含在其他内容之中，它包括：尊重社会道德，关注社会发展，养

成个人的道德观和价值观，自信、健康和独立地生活，形成科学教育可持续发展的理念。英国具体的学科内容标准及总体教学要求中对情感、态度的培养有所提及，如在关键阶段 1 的学科内容"人与其他动物"一项中，提出了要"细心、无微不至地对待小动物"；在"环境中的生物"中，要求学生学会"关怀环境"，在教学范围中要求了解"科学对生活的作用"。在关键阶段 2 中，要求学生理解"生物与环境都需要多种方式加以保护"等等。英国的科学课程标准虽然没有将情感、态度与价值观内容单独列出来，但是在整个科学教育中都贯穿着培养情感、态度、价值观的理念。

2.中国《标准》情感、态度与价值观内容的解读与分析

中国在小学科学课程标准中，把情感、态度与价值观单独作为一部分列出来，贯穿于小学科学教育的始终，充分体现了我国基础教育对科学精神和科学价值观的培养。《标准》从对待科学学习，对待科学，对待自然，对待科学、技术和社会的关系这几个方面，提出了情感、态度与价值观的具体要求。

表 2-5　中国小学科学标准中对情感态度价值观的描述

二级主题	具体内容标准
对待科学学习	想知道，爱提问；喜欢大胆想象；尊重证据；能参与中长期科学探究活动；愿意合作与交流；尊重他人劳动成果
对待科学	认识到科学是不断发展的；不迷信权威
对待自然	意识到人与自然要和谐相处；珍爱生命；能从自然中获得美的体验，并用一定的方式赞美自然美
对待科学、技术和社会的关系	乐于用学到的科学知识改善生活；关心日常生活中的科技新产品、新事物，关注与科学有关的社会问题；意识到科学技术会给人类与社会发展带来好处，也可能产生负面影响

由表 2-5 可以看出，中国的小学科学课程特别关注科学教育中的情感、态度和价值观的培养，将其作为科学教育内容的一个重要方面，详细说明并提出了明确的要求。将小学科学课程定位为以培养科学素养为宗旨的科学启蒙课程，这表明我国科学教育没有把知识放在首位，更注重保护学生的好奇心和求知欲，不仅强调科学知识的掌握，也注重科学精神的培养。

总之，由于中英两国在历史、文化和社会文明程度上存在的差异，致使两国对科学教育的情感、态度与价值观的要求也有所不同。中国自古以来就有着伟大的科技发明和创造，但近代中国科学技术发展落后，与经历了三次科学革命并且科技实力相当雄厚的英国相比，中国公民的科学素养和精神十分欠缺。情感、态度与价值观的教育作为小学科学教育的一个重要方面，其养成过程是一个潜移默化、多学科协同运作的漫长过程[①]，需要在科学知识和方法的学习过程中逐渐渗透。

五、实施建议比较

课程的实施过程是实现预定目的、达成课程理想的重要途径。因此，在设计课程标准时必须要考虑到课程的实施，这样才能保证实现课程的目标。

（一）英国小学科学课程标准中的实施指导说明

英国2012年《标准》对于课程实施的说明和指导，与我国的有所不同。我国把小学科学课程标准实施建议作为一个单独的部分列出来，而英国科学课标是在每个学段下的具体学习计划之后，提出该部分内容具体的、明确的、详细的指导和说明，没有单独的课程实施建议。

表2-6 英国小学二年级学习计划及说明指导

二年级的学习计划	说明和指导
一切有生命的东西 应教给学生： 解释有生命的事物和没有生命的事物之间的差异。	一切有生命的东西 确保向学生引入所有的生物都有一定特点的概念，让他们健康地活着是必不可少的。学生应该熟悉有机体和常见生物的生命过程。 学生可以运用他们的知识： 讨论常见的植物和动物包括人类的生命过程，记录他们之间的相似性和差异，例如用科学的标签确定这些东西是活的、死的还是无生命的。 可以向学生引入所有的生物都是由细胞组成的。但是在这个阶段不应期许他们了解细胞的结构和功能。

①亓英丽、毕华林《论科学教育中情感态度与价值观的培养》，《当代教育科学》2012年第18期。

从表2-6可以看出,英国2012年《标准》中并没有单独将课程标准实施建议这一部分列出来。但是这并不意味英国对课程实施的忽视,相反,英国科学课程标准在每个关键阶段的具体学习计划之后,均提出了该部分内容的具体的、明确的、详细的指导和说明,这些指导和说明更具可取性。因为,这些指导和说明是与每个教学内容息息相关的,可以帮助教师更好地把握科学教育的内容和重难点,提高科学教学的质量,也有助于学生更好地掌握科学知识。其次,英国在新课程标准颁布后,几乎每一年都会有新课程实施的调查报告,分析课程实施中出现的问题及不足,为下一次的课程改革提供借鉴。

(二) 中国小学科学课程标准中的实施建议

中英课程实施的内容十分丰富,包括教材的编写与审核、教师的培养、课程资源的开发利用等重要环节。为了保证科学课程的具体落实,提高科学教育质量,我国科学课程标准从教学建议、课程资源的开发与利用、教材编写建议这三个方面,对科学教育实施提出了建议。

表2-7　我国小学科学课程标准实施建议部分

教学建议	注重科学探究的教学 注重多种形式教学的有机结合 注重学生的积极参与和相互间的交流合作 科学课程的教学应具有一定的灵活性 注重课堂教学与课外活动紧密结合
课程资源的开发与利用	校内资源 校外资源
教材编写建议	教材编写应符合课程标准的要求 教材编写应体现整体性 教材内容的呈现应体现过程性 呈现内容的素材应贴近学生现实 教学内容设计要有一定的弹性 教材编写要体现可读性

从表2-7可以看出,我国科学小学课程标准要求教师对新课程有全新的把

握,强调"用教材教"而不是"教教材",既要看到知识本身的价值,更应该看到知识中间所蕴含的其他价值,如提升人类的认识能力,培养学生的情感、态度、价值观等。因此,充分挖掘课程潜能,就不能只是关注一些知识点。同时,标准也要求教师善于开发和利用校内和校外各种资源,开阔学生的眼界,促进学生的全面发展。

（三）分析与讨论

关于科学课程的实施,中英两国的科学课程标准都体现了指导性与灵活性的统一,即在实施科学教学活动的具体过程中,可以针对不同情况灵活实施。但两国科学课程标准实施建议部分在侧重点上还是有所不同的。

1.中国《标准》中的实施建议更侧重整体上的阐述

对于小学科学课程实施建议,我国是从教学建议、课程资源的开发与利用、教材编写建议这三个方面比较粗略地对整个科学课程进行了阐述,所提出的实施建议是概括性的建议,没有针对性,不利于教师对科学教育内容具体、细致的理解与把握。

2.英国《标准》中的实施指导说明更加具体、明确

英国《标准》是在每个学段下的具体学习计划之后,提出了该部分内容的具体的、明确的、详细的指导和说明,是就某一具体内容提出指导和说明,有助于教师把握科学教育的重难点、实施教学,也有利于学生对科学知识的理解。另外,英国每年都要开展课程实施的调查,提出问题和不足,优化课程实施,这些都值得我国学习与借鉴。

六、英国《标准》对我国的启示

中英两国科学课程标准,存在着共同之处,但是由于两国的国情不同,在政治、经济、民族、文化、地域、历史等诸多方面存在差异,两国的小学科学课程标准也存在着一定的差异,有着各自的特点和侧重点。英国 2012 年颁布的新课程标准有很多地方值得我们借鉴,对我国科学课程标准的修订具有一定的启发价值。

（一）低年级起实施科学教育，保持科学教育的连贯性

我国 2001 年《标准》把小学科学课程定位于科学的启蒙课程，那么从低年级开始就应进行科学教育，但我国从三年级才开始设置科学课程，与作为启蒙课程的定位要求不够一致，因此相关部门应尽快制定小学一、二年级的科学课程标准，使整个小学科学课程形成连贯性，同时注重与其他各门课程之间的连贯性，最终达成培养学生科学素养的总目标。

（二）科学探究贴近小学生的日常生活、社会生活

科学教育中的科学探究要贴近学生的日常生活，与学生的实际生活联系，注重引导学生主动参与、自主探究。结合具体的教学情况，既要发挥教师在科学教学中的主导地位，适当引导学生，又要保证小学生在科学学习中的主体地位，发挥小学生的主观能动性，培养其探索精神和创新能力。其次，科学探究也应该结合我国具体的国情，教师在科学教学中应设置有意义的科学探究活动，引导学生关注社会生活与科技发展，重视培养学生理解和运用科学知识的能力，鼓励学生积极参与科学实践活动，亲历科学发现的过程，在与他人的合作中体会和领悟到科学的本质与内涵，掌握科学知识与技能，培养科学创新精神和探索精神，达到养成科学素养的目的。

（三）设置更加具体、详细的科学课程目标

英国科学课程目标分解到各个学段、年级、单元，具体而详细，值得借鉴。我国小学科学课程的目标设置应该更加具体、详细。我国 2001 年《标准》将科学教育的目标分为总目标和分目标，两者相结合，以整体性的方式来呈现课程目标，描绘出了具备科学素养的小学科学教育的大致蓝图。但是这样的课程目标过于宽泛、笼统，操作性不强，不利于一线科学教师对科学教学目标的把握，针对性略显不足。应该对每一个年级、主题给出具体的学习目标，帮助教师在教学过程中做到心中有数，使其能够根据每个年级的课程内容和学生的身心特点进行充分的准备而展开有效的教学。

（四）设置更有针对性的小学科学教育内容

小学科学教育内容的设置应该更具针对性。我国 2001 年《标准》将科学内容划分为科学探究、学科知识和情感态度与价值观这三大部分，其中每一部分都包含了从小学三年级到六年级所有的知识内容，虽然体现了较强的整体性，有利于师生对科学知识有一个总体的把握，但是没有明确详细地规定各个年级的科学内容，过于笼统、泛化，针对性不强。我国地域宽广，民族众多，南北方、东西部差异较大，不同地区学生的差异比较明显，而现行的统一模式的科学教育并不能够兼顾到这些差异，不利于学生的学习和潜能开发。所以应针对不同地区和不同年龄阶段的学生，结合现实国情，将科学素养培养细化到具体的教学目标当中。总之，将科学素养具体化，用适合我国国情和学生特点的方式进行教育，这对提高我国国民的科学素养，具有非常重大的意义。

第三章 中国与美国小学科学课程标准比较

美国（United States of America），面积963万平方公里，人口3.2亿，行政区划为50个州和哥伦比亚特区。美国是一个多民族、多种族的国家，是一个经济、文化、教育高度发达的资本主义国家，实行联邦制，联邦和各州均按宪法实行分权，各州拥有相当大的权利。马萨诸塞州有着优先发展教育的传统，美国殖民时期的第一个教育法案是由马萨诸塞州殖民地行政机构于1647年通过的。马萨诸塞州的科学技术在美国处于领先地位，但20世纪90年代初，随着冷战的结束，马萨诸塞州经济开始萎缩，教育经费不足，教育改革已势在必行。

一、美国小学科学教育发展历程

（一）美国小学科学教育概况

1. 美国小学科学教育发展历程

美国的教育体制是地方分权，具体教育权利归美国地方各州，各州根据地方实际制定相关教育政策与法律，实施具体教育行为。在科学教育方面，美国于1996年颁布的《美国国家科学教育标准》对各州教育部门制定科学课程标准起到了指导性的作用。从科学教育改革与发展历程来看，美国科学课程改革经历了以下四个阶段。

第一个阶段（20 世纪 50 年代末期），科学课程改革的启动阶段。在此阶段，科学课程在小学教育中的地位仍没有得到确认，开设还较为随意，科学课程大多是作为选修课程而开设的，学生接受科学教育还很不系统。但在美国的科学教育史中，这是一个重要的转型期。美国尝试对科学教育进行改革，人们对于科学学习的目的已开始从单纯的个人发展向兼顾社会发展转型，并且以掌握科学知识和重视科学方法为目标的现代科学课程的雏形已经显现。

第二个阶段（20 世纪 60 年代至 70 年代），现代小学科学课程的确立阶段。从 20 世纪 60 年代开始，小学科学课程模式逐渐取代了自然学习模式，"做个科学家"（Being a Scientist）成为这次课程改革的口号。在这次改革中，研究者出版了大量课程和教学资料。小学科学的必修课地位在这次科学教育改革中得以确立，并明确提出了以科学概念和科学方法作为科学教育事业的核心，而不是以零碎的事实性知识或情感态度教育作为小学科学课程的目标。这是小学科学教育发展史上的一个重要里程碑。但这次课程改革过于强调概念结构的形成和过程技能的掌握，忽略了儿童的经验和兴趣以及科学内容与社会生活的联系，致使大部分课程难以被儿童接受，从而招致多方的批评。

第三个阶段（20 世纪 80 年代至 90 年代中期），基于"建构主义"的小学科学课程改革阶段。在对 20 世纪 60 年代的经验教训进行总结之后，美国学者基于建构主义理论进一步丰富"探究"和"过程"的教学意义，提出了全新的科学教育的目标：发展全体民众的科学素养。美国 1985 年启动了"2061 计划"，陆续出版了《面向全体美国人的科学》《科学教育的改革蓝本》《科学素养的基准》等著作。这些著作的出版对推动美国科学教育的发展影响很大。该计划认为，科学、数学和技术的飞速发展将会给未来带来巨大冲击，为了使美国下一代能够适应明日的世界，必须重视和加强科学、数学和技术教育。该计划提出了美国新一代的儿童和青少年从小学到高中应掌握的科学、数学和技术领域的基础知识框架，它对于美国后来的科学教育起到了关键性的指导作用，确定了将来科学教育的发展方向和发展目标。

第四个阶段（20 世纪 90 年代中期至今），小学科学课程趋向成熟阶段。

经过 20 世纪 60 年代的初步尝试和失败、70 年代的反思、80 年代的多元探索和对科学教育质量的重新审视，到 90 年代改革进入了新的成熟阶段。其中 1996 年颁布的《国家科学教育标准》是美国科学教育改革进入成熟阶段的最显著的标志。这是美国第一次推出全国统一的科学教育标准，此标准分学前到四年级，五年级到八年级，九年级到十二年级三个阶段叙述科学教育的内容，并为科学教师素养和科学教育中的评价等制定了标准。此标准的出台，促进了美国科学教育的体系化和系统化。美国科学教育改革开始关注科学、技术、社会之间的联系。①

2.马萨诸塞州小学科学教育概况

马萨诸塞州教育委员会颁布的公立学校的教育宗旨是：为所有学生提供他们必要的知识、技能和价值观，为学生能够在以后的生活和职业生涯中发挥最大的潜能创造条件，并为多元化和日益变化的民主社会的公民事业和经济生活作出积极的贡献。根据这个宗旨，教育委员会于 1994 年制定了学习共同核心（Common Core of Learning），该核心是此次马萨诸塞州教育改革法案的目标和主纲。在共同核心中，学习的过程被分为下列三大相互联系的部分：思考和交流（Thinking and Communicating）、获取和运用知识（Gaining and Applying Knowledge）、工作和贡献（Working and Contributing）。②根据这个共同核心的指导思想，经过大量调研之后，马萨诸塞州教育厅在 1995—1997 年三年间陆续颁布了八门学科领域的课程标准，其中包括 1995 年颁布的科学和技术/工程学课程标准。这些课程标准颁布后，通过实施，州教育厅根据学校实施状况的反馈又进行了不间断的修订，不断完善各个领域的课程标准。本章以马萨诸塞州为例对中国与美国小学科学课程标准的异同进行一些比较研究。

现行马萨诸塞州小学科学课程标准是于 2006 年 10 月修订颁布的《马萨诸塞州科学和技术/工程学课程标准》（以下简称"马萨诸塞州《标准》"）。该

---

①梁志喜《美国小学科学课程改革的历史回顾与启示》，《中国科技信息》2009 年第 20 期。
②杨轶、沈安平《美国马萨诸塞州综合评估体系探讨》，《外国中小学教育》2012 年第 1 期。

标准是适用于幼儿园到高中（K—12）阶段而统一编排的科学课程标准，但其学习标准则分为四个学段，分别为：学前—2 年级、3—5 年级、6—8 年级和高中。其中与中国小学对应的是学前—2 年级、3—5 年级这两个学段。

（二）课程标准制定背景

现行的《马萨诸塞州科学和技术/工程学课程标准》（Massachusetts Science and Technology /Engineering Curriculum Framework）是由马萨诸塞州教育厅（Massachusetts Department of Education）在 2006 年 10 月颁布实施的。马萨诸塞州科学和技术/工程学课程标准是由科学教师，大学中的课程论教授，各种领域的科学家、工程师以及教育部门的工作人员共同制定出来的。

从 1995 年到 2006 年，马萨诸塞州的科学课程标准经历了三次较大的修订。马萨诸塞州在 1995 年制定的第一个科学课程标准源自马萨诸塞州的两项改革倡议：《1993 年教育改革法案（the Education Reform Act of 1993）和《推进数学和科学学习的契约书》（ PALMS，全称为 Partnerships Advancing the Learning of Mathematics and Science）。这两项倡议的中心目标在于贯彻数学、科学技术课程标准，提高该州教育质量。教育法案有对标准的实施效果进行定期检查并在检查效果的基础上进行修订的要求。1998 年夏，由教育专员和委员会组建的修订小组对原科学和技术课程标准进行了测评，目的在于使各个年级层次的概念和技能更加连贯和系统。在此次修订过程中，美国颁布的几个具有指导性意义的标准、计划和研究对修订的影响很大。如国家研究理事会（the National Research Council)的《国家科学教育标准》(National Science Education Standards)、《全美国人的技术计划》(the Technology for All Americans Project)、《科学素养基准——2061 计划》(the Benchmarks for science Literacy—Project 2061）和《第三次国际数学和科学研究》(the Third International Mathematics and Science Study)。修订小组最终在 1998 年 8 月制定了草案。根据任课教师和其他教育者的意见，该草案在 2001 年进行了再次修订，尤其是对高中阶段。这次修订第一次在高中阶段把地球和空间科学、生物学、化学、基础物理学、技术/工程学统合为一个整体。该版标准于 2001 年 5 月得到批准并贯彻实施。最近一次修订的版本也就是现行的标准即 2006 年标准，此次修订主要是升级完善了高中阶段的标准，并对部分内容进行了细化，如安全实践和法律规章等。经过三次修订，该州的科学课程标准体系更加完善，内容不断丰富，越来越贴近实际生活，知识结构更加系统，为今后科学课程的改革与发展奠定了坚实的基础。

（三）课程设计的理念

小学科学课程的基本理念是小学科学课程改革的总的思想和原则。随着社会的进步、科学技术的发展，人们对小学科学教育也提出了较高的要求，研究者们从不同的角度为本国科学教育的发展出谋划策。不同时期各国的教育理念也有着不同程度的更新，这些理念指导着小学科学课程的变革与发展。

马萨诸塞州小学科学课程标准设计理念如下：

①综合科学和技术/工程学教育方案要针对全体学生。

②确保科学和技术/工程学教育方案的有效性，以增强学生对每个科学领域的基本概念、各领域关系及科学和技术/工程学基础概念的理解。

③不能将科学和技术/工程学与数学分割。

④科学和技术/工程学教育方案应有效改进原有知识，避免误解。

⑤调查、实验和解决问题是科学和技术/工程学的核心。

⑥提高和发展学生的技能和知识素养。

⑦在对学术期望高的学习环境中学习，促进学生取得最好的学习效果。

⑧科学和技术/工程学的课程评估用来指导学生学习，指导教师和评价学习的进程。

⑨科学和技术/工程学教育方案在于给予学生机会融合科学和技术成果并交流思想。

⑩要有周密筹划和实际执行，以对科学和技术/工程学教育方案的连贯和一致性进行保障。

马萨诸塞州小学科学课程标准组织框架包括：前言、鸣谢、组织结构、哲学和视角、科学和技术/工程学学习标准、附录、参考。

二、课程目标比较

(一) 中美小学科学课程目标

课程目标是指我们对于课程与教学结果的预期，是对学生一门课程完成后的素质要求（包括质量和数量两方面的要求）。课程目标即学生课程学习应达到的结果及其程度要求，是关于学生学习活动结束之后行为变化的描述。课程目标是指导课程设置、编排、实施和评价的准则，也是课程自身性质和理念的具体体现。[1]中国《标准》前言强调培养学生的科学素养，表述了中国小学科学课程的性质：以培养科学素养为宗旨的科学启蒙课程。可见，培养学生良好的科学素养是中国小学科学课程的总目标。同样，马萨诸塞州《标准》也以培养科学素养为目标。在中国《标准》的总目标中，培养科学素养的总目标被分解为知识与技能、过程与方法、情感态度与价值观的三位一体的具体目标。马萨诸塞州的科学课程标准尽管没有单独把小学部分的总目标单独列出来，但从其整体目标中我们仍能推演其具体目标。为方便起见，现将中国与马萨诸塞州小学科学课程标准的总目标列表对照如下：

表 3-1 中国与马萨诸塞州小学科学课程目标比较

		中国《标准》	马萨诸塞州《标准》
科学素养	知识与技能	通过科学课程的学习，知道与周围常见事物有关的浅显的科学知识，并能应用于日常生活，逐渐养成科学的行为和生活习惯	掌握技能、培养思维习惯和吸收学科知识。科学和技术/工程学的调查包括技术、人的思维习惯和主题知识
	过程与方法	了解科学探究的过程和方法，尝试应用于科学探究活动，逐步学会科学地看问题、想问题	能够顺利和有效果地参与到美国社会文化和国民生活领域中，为在将来所选的专业领域接受进一步教育打下基础
	情感态度与价值观	保持和发展对周围世界的好奇心与求知欲，形成大胆想象、尊重证据、敢于创新的科学态度和爱科学、爱家乡、爱祖国的情感；亲近自然、欣赏自然、珍爱生命，积极参与资源和环境的保护，关心科技的新发展	

---

[1]潘洪建、刘华、蔡澄《课程与教学论基础》，镇江：江苏大学出版社，2012 年第 75 页。

（二）比较与分析

1.课程目标侧重不同，凸显不同的科学精神

中国《标准》是从知识与技能、过程和方法、情感态度和价值观三个维度来呈现课程目标的。而马萨诸塞州《标准》对这三个维度的区分并不明显，甚至情感态度与价值观目标在其总目标中都没有明显体现。中国《标准》采取三位一体的目标模式与中国新一轮基础教育课程改革中提出实现课程功能的转变、改善学生的学习方式有很大关系。

中国《标准》提出了情感态度与价值观方面的目标，而马萨诸塞州《标准》并没有明显提及该方面的目标。究其原因，可能是科学精神已深入美国国民内心，也可能是该项目标散见于其他教育法规之中。而中国由于国民科学精神的缺乏，在中国《标准》中才会强调情感态度与价值观方面的目标。

2.中国《标准》目标更加细化，利于总目标的落实

中国《标准》课程目标为了使总目标能落实到科学课程的教学组织、教材编写、教师培训及课程资源配置之中，将总目标分解为科学探究、情感态度与价值观和科学知识三个领域的分目标。而马萨诸塞州《标准》没有在总目标的底下单独设置分目标。

三、课程内容比较

中国的小学科学课程内容包括科学探究、情感态度与价值观、生命世界、物质世界、地球与宇宙。马萨诸塞州的小学科学课程是按地球和空间科学、生命科学（生物学）、自然科学（化学和物理）、技术/工程学四条主线进行内容编排的。

中国的内容标准将科学探究和情感态度与价值观两个模块单独进行设置安排，而马萨诸塞州的内容标准中则没有这两部分的内容。马萨诸塞州《标准》将科学探究的内容主要放在"哲学与视角"那章之中，没有直接列出关于情感态度与价值观的内容，而是在其他具体内容中使其得以体现。

1.马萨诸塞州《标准》进行学段划分，重视学段间的衔接

对于内容标准，马萨诸塞州《标准》进行了学段划分，从幼儿园就开设科学课，小学部分被划分成学前—2 年级，3—5 年级两个学段。这体现了马萨诸塞州《标准》重视学段间的衔接，保持内容的连贯性和一致性，同时也体现出马萨诸塞州重视从小培养学生的科学素养。而中国《标准》对开设小学科学课程的 3—6 年级，没有再进行学段划分。

2.中美科学知识内容大体相当

中国《标准》中科学知识的三部分内容大体与马萨诸塞州《标准》中的生命科学、自然科学、地球和空间科学相当。这体现出中国与马萨诸塞州在科学知识内容的安排上是基本相同的，对于要让学生获得哪些科学知识，掌握哪些科学技术要求大体是一致的。除了科学知识，马萨诸塞州《标准》还包含了技术/工程学的内容，体现出对于科学技术运用的重视，加强了课程内容与现实生活的联系；而中国《标准》暂时还没有包含这部分内容。

四、课程实施比较

课程目标如何落实，实施建议显得尤为重要。课程标准的实施建议包含多方面的内容。中国《标准》实施建议的主要内容包括：教学建议、评价建议、课程资源的开发与利用、教材编写建议、教师队伍建设建议、关于科学教学设备和教室的配置。马萨诸塞州作为美国的一个州，是以《国家科学教育课程标准》和《科学素养的基准》（Science's Bench-marks for Science Literacy）这两套全国性科学教育标准为蓝本而制定课程标准的。[1]在美国《国家科学教育课程标准》的第三章"科学教育标准"、第四章"科学教师的专业发展标准"、第五章"科学教育中的评价"中均有与中国《标准》相对应的内容。[2]马萨诸塞州《标准》没有将实施建议单列章节，而是将教学建议、评价

---

①柯森、张敏婕《美国基础教育科学课程标准实施环节若干要素分析》，《全球教育展望》2004 年第 9 期。

②美国国家研究理事会《美国国家科学教育标准》，戢守志等译，北京：科学技术文献出版社，1996 年。

建议、教师队伍建设等分列到相关章节。

（一）教学建议

教学过程是课程实施的核心环节。马萨诸塞州《标准》对于教师教学的要求相对于中国《标准》没有那么详细和系统，略显零散。但美国形成了一套科学教育的准则，这些准则对美国科学教育发挥了重要的指导作用。1996年，美国颁布了对全国科学教育具有指导意义的《国家科学教育标准》。马萨诸塞州作为美国的一个州，也是依据这部标准来制定该州的科学课程标准的。在《国家科学教育标准》第三章中的"科学教育标准"，明确了科学教师应该具备什么能力和该做什么。针对科学课程的特点和学生的身心特点，该标准提出了教学建议，进一步对教师如何指导学生进行科学探究等作出了说明并提供范例，这就给教师如何教授科学课程提供了依据。这里要特别说明的是，马萨诸塞州《标准》在"课堂中的探究、实验和设计"部分是有相应的教学建议的，认为"提问和追寻答案是学习所有学术学科的关键"，阐述了"调查""工程学设计过程"的要求和如何执行。这部分内容独立成章，较为详细，并且对"技能"标准分学段进行了论述。

中国《标准》中的教学要求或建议指出了科学教师进行科学课程的教学时所必须遵循的一系列准则。概括起来，主要有七点内容：

①把科学课程的总目标落实到每一节课。

②把握小学生科学学习特点，因势利导。

③用丰富多彩的亲历活动充实教学过程。

④让探究成为科学学习的主要方式。

⑤树立开放的教学观念。

⑥悉心地引导学生的科学学习活动。

⑦充分运用现代教育技术。

完成科学课程的总目标不是一朝一夕的事情，科学教师要从将总目标落实到每一节课开始做起，一步一个脚印地完成科学教学。小学教师要认识和掌握小学科学学习的性质与特点，在此基础上因势利导，这样才能使教学收到事半功倍的效果。小学科学课程实施应特别关注：

亲历活动。亲历活动是指学生亲身经历科学活动，包括科学考察活动、科学测量活动、科学实验活动、科学探究活动、科学制作乃至科学创新活动等等。学生积极参与、亲身经历各种各样的科学活动的时候，他们的眼、耳、鼻、舌、身多种感官协同活动，是真正的动手动脑学科学。亲历活动可以丰富科学学习过程，学生在亲历活动中能够体验科学学习的情趣，产生学习科学的热情和兴趣，深化对科学知识的理解。以探究活动为核心的科学教学过程，不再是教师照本宣读教科书和刻板地执行教案的过程，教师需要具备有效推动学生进行探究活动的能力。

学会探究。在科技日新月异的时代，信息爆炸，知识激增，学生只有学会学习，才能适应当今社会的发展与变化。学生必须学会探究，这样才能积极主动地去捕捉科学信息，获得科学知识，提高科学素养。我们以往对科学探究的重要意义认识不足，对科学探究活动在科学学习中的重要地位强调不够。今天中国《标准》提出要"让探究成为科学学习的主要方式"。

树立开放的教学观念。教师要充分认识到小学生是科学课程学习的主体，教师应以开放的观念和心态为小学生提供一个宽松、和谐、民主、融洽的学习环境。教师所应具备的开放的教学观念，关键有三点：其一，教师不是权威，不是传授知识的工具，而是学生学习的伙伴，他可以帮助学生更好地去探究知识宝库；其二，课堂是学习知识的一个场所，但不是唯一的场所；其三，科学结论不一定非要从课堂上获得，换言之，科学教师不一定非要在课堂上把科学结论硬性灌输给学生。[1]教师的作用是什么？教师应是学生学习的向导。

（二）教材编写建议

美国是一个联邦制国家，其教育行政体制特色鲜明。美国教育管理权主

---

[1]郝京华《全日制义务教育科学(3—6年级)课程标准解读》，武汉：湖北教育出版社，2002年。

要属于各州。美国公立学校课程设置由州和地方教育当局决定，法律规定联邦政府无权过问。因此，美国小学的教学内容比较灵活，约有一半的州由州教育官员为小学选择教材，其余的州可以使用本州规定的教科书，也可以由学校自行选择教材或由教师自己设计教学内容与练习题。但是无论哪一级选择，一般都是由州或地方教育当局授权专业教育工作者和社区代表所组成的教材委员会作出选择和决定。在大多数情况下，教材委员会批准一门课可以有几种教材和教学资料，供地方当局从中选择。美国没有政府方面的专门的教材委员会。大部分教材内容的选择与安排，实际上掌握在私营出版公司手中。出版公司付给教育专家或其他专家稿酬，请他们编写教材，然后出版后供学校、教师选用。①在众多美国小学科学课程的主流教材中，《SCIENCE》的编排颇具特色。《SCIENCE》是由美国最大的教育书籍出版集团麦格劳—希尔的分公司麦克米兰于 2005 年出版的一套小学科学教科书。该教材图文并茂，通俗易懂，符合儿童的身心和思维特点及发展需求；以问题和故事的方式呈现，具有很强的可读性；以科学为中心将生物、地球与物理学等相关学科的知识和谐地融为一体，使之系统化，因而亦有很强的科学性。②

课程标准是编写教材的依据，我国鼓励和支持有条件的单位、团体和个人编写符合课程标准基本思想和基本理念的高质量和有特色的教材，从而实现教材的多元化，促进教材的繁荣。为了保证不同风格的小学科学教材能够在基本理念上与课程标准保持一致，切实体现提高学生的科学素养的课程目标，中国《标准》对于小学科学教材的核心问题作出了建议和说明。中国《标准》对教材内容提出了六个方面的建议：强调学生亲身经历学习内容的参与性，拥有亲历科学探究的机会；从学生已有的知识经验出发，贴切小学生的实际生活；必要的科学基础知识、基本技能；有利于培养学生的情感态度与价值观；内容紧跟时代需求，与社会紧密联系；内容体现综合性。对于教

---

①杨慧敏《美国基础教育》，广州：广东教育出版社，2004 年，第 21—22 页。
②谢利民、钱扑主编《中小学教材比较研究》，北京：中国人民大学出版社，2009 年，第 147 页。

材的组织，中国《标准》提出了五条基本原则：体现小学生以探究为核心的科学学习过程；符合小学生认识事物的特点和规律；有机地整合科学课程的各项目标；为小学生自由地展开学习过程提供适当的条件；教材要具有科学而合理的逻辑结构。

中国《标准》规定教材呈现方式应多种多样，为此提出了小学科学课程编写的要求和建议。教材呈现方式的选择，首先要从小学生的认知发展特点出发，要采取学生喜闻乐见的表现形式，满足小学生的兴趣和爱好，激发小学生学习科学的学习动机。教材的呈现方式要体现以学习者为中心的理念，教材编写者要以小学生观察世界的角度去设计教材的呈现方式，这样才能利于教材被小学生所接受。要运用多样化的载体去呈现教材内容，如童话、诗歌、谜语等，引起学生的兴趣和关注。教材内容的表述要利于学生进行自主学习和科学学习活动，突出学生参与、体验和探究的需要。中国《标准》提出小学科学教材应具有以下特征：①具有明确的以培养科学素养为目标的导向。②能够引起教师教学方式和学生学习方式的变革。③在教学中师生享有更多的选择权利和更大的空间。④体现科学和人文精神的结合，拉近学生与社会生活的距离。①

（三）教师队伍建设建议

小学科学教师承担着小学科学课程教学的任务，对于小学科学课程的实施发挥着至关重要的作用，因此小学科学教师队伍建设的重要性是不言而喻的。中美两国都极其重视小学科学教师队伍建设，对于小学科学教师的职前和职后培训都有着严格的要求。

《美国国家科学教育标准》是美国科学教育的纲领性文件，其中第四章"科学教师专业进修标准"对科学教师的职前与职后培训，科学教师进修所涉及的内容和所要达到的目标均有明确的规定。美国在国家层面上建立起了职

---

①郝京华《全日制义务教育科学（3—6年级）课程标准解读》，武汉：湖北教育出版社，2002年。

前、入职、职后三位一体的教师专业标准体系。美国有着专门的科学教师专业标准，由于美国的教育分权，其教师专业标准多种多样，大体可分为国家层面的标准和州层面的标准。在国家层面，全美科学教师协会（NSTA）于 2003 年修订的《国家科学教师专业标准》，既是基于学科又是基于教师专业发展阶段的科学教师准入标准。该标准围绕科学教师的专业知识、专业技能、专业态度这三方面加以展开，其主干内容包括学科内容、科学的本质、探究式教学、议题、教学的一般技能、课程、社区中的科学和教师专业成长十个维度。①

在某种程度上讲，现代科学教育科目是首先在美国建立与发展起来的。目前，美国开设科学教育本科专业的大学有 94 所，培养科学教育专业硕士研究生的大学有 36 所，招收科学教育专业博士的大学有 25 所，②形成了本硕博三个层次的科学教育人才培养制度。美国有着严格的教师资格证书制度，在美国，教师证书是一个人具备从事教师工作资格的证明。要想成为一名美国中小学教师，必须拥有教师证书；具备了教师证书，才有可能被学区教育局聘用。证书的获得有两种渠道：一种由获得资格认证的高等院校颁发；另一种由州政府教育行政部分颁发。③

中国《标准》将教师队伍建设的建议分为加强科学教师的职前与职后培训、理解和支持科学教师的工作两个方面的内容。我国小学科学课程开设的时间不久（以往称为自然或自然常识），相较于其他学科的教师队伍，小学科学教师队伍建设还较为薄弱。科学课程承担着培养小学生科学素养的重任，在整个小学教育中的地位越来越重要，因此提高科学教师的素质与水平就显得非常紧迫，必须逐步建设一支专职的小学科学教师队伍。

中国《标准》中对于教师队伍建设的建议是系统而详细的。首先，要在

---

①National Science Teachers Association. *Standards for Science Teacher Preparation* [EB/OL] . [2007–04–26] .*http://www.nsta.org/pdfs/NSTA Standards 2003.pdf.*

② 张志艳《美国的国家科学教师专业标准解析及启示》，重庆：西南大学（硕士学位论文），2011 年。

③杨慧敏《美国基础教育》，广州：广东教育出版社，2004 年，第 197 页。

师范类院校中开设与科学教育有关的课程，以保证新进入小学科学教师队伍的教师是经过科学学科专业系统培养的；其次，规范小学科学教师队伍，建立科学教师资格证制度，小学科学教师持证上岗；第三，参照中国《标准》中的科学素养，加强现任小学科学教师的培训工作，制定专门的上岗培训计划，使小学科学教师的综合素质能够迅速地得到提升，以胜任小学科学教育的需要；最后，要解决小学科学教师的后顾之忧，各级教育行政部门要重视小学科学教育的重要性，保证小学科学教师的待遇。

（四）比较与分析

1.中美两国均注重创设开放的学习氛围，鼓励学生进行科学探究

中美两国《标准》均注重为学生创设开放的学习氛围，让小学生在宽松、和谐、民主、融洽的环境中学习科学。中美两国均认识到学生是科学学习的主体，教师是学生学习的伙伴。中国与马萨诸塞州都鼓励学生在科学学习中进行科学探究，这是世界教育发展的一个趋势。调动学生的主观能动性，放手让学生进行自主学习，有利于培养学生的创新精神和动手实践操作能力。

2.中美两国均注重评价主体的多元化、评价方法的多样化

教学评价的最终目的是为了促进课程教学的优化。评价主体的多元化可以改变以往评价主体仅由教师担当的局面，让家长、同学等参与到评价中来，能使评价更为民主、更加全面，进而促进教学质量的提高。中国与马萨诸塞州的小学科学教育评价主体多元化都得到了重视。在中美两国《标准》中，评价方法的多样化体现得更为明显，教师评价、面试、纸笔测验等都成为评价方法，这样能够确保评价结果更加真实和公正。

3.马萨诸塞州科学教育的配套设施和教师教育体系更加完善

相对于中国"科学教育"刚刚起步，马萨诸塞州的科学教育已经有了一段很长的发展历史，积累了一定的科学教育的经验。马萨诸塞州强大的经济实力为科学教育提供了保障，科学教育的配套设施相当完善，学生的科学学习环境优越。马萨诸塞州已经拥有了一支精良的小学科学教师队伍，建立起了相对完善的小学科学教师教育体系，这为其小学科学教育提供了坚实的保

障。而我国小学科学教师体系正在逐步建立中。

五、课程评价比较

(一) 中美课程评价建议

教学评价是教学活动不可缺少的一个基本环节，它在教学过程中发挥着导向作用，从整体上调节、控制着教学活动的进行，保证教学活动指向预定的教学目标。科学课程的评价，目的是了解学生实际的学习和发展状况，以利于改进教学、促进学习，并最终实现课程宗旨，提高每个学生的科学素养。

马萨诸塞州标准中没有单独涉及评价内容，没有单独的评价部分，但这并不意味着美国科学教育不重视教学评价。事实上，除了马萨诸塞州的各科的课程标准，马萨诸塞州还有一个综合评估体系（Massachusetts Comprehensive Assessment System，以下简称为 "MCAS"）。MCAS 是基于1993 年的马萨诸塞州教育改革法案而制定的，科学课程就是 MCAS 的测试科目之一。MCAS 一般都是在春季学期进行，每项考试不限时间，但必须在同一天内完成。MCAS 成绩被划分为四个档次：先进（Advanced）；精通（Proficient）；需要改进（Need Improvement）；警告/不及格（Warning/Failing）。考试的分数从 200 分到 280 分，这些分数是标准分数（scaled score），而不是原始分数（raw score），因而对于不同年份的考试成绩也是可以进行相互比较的。提供给家长的学生成绩报告单还能反映出学生所考科目的成绩在与同学校、同学区以及全州同年级学生整体平均表现中的位次与水平。马萨诸塞州教育改革法强调学校和教师要根据学生、学校和学区的考试结果，深入检查和研讨学校的课程设置和教学过程，并提出改善计划和方案，特别是要根据各科目的学习标准来提高教学质量和学生的成绩。同时马萨诸塞州教育厅也会利用这些考试成绩来评估各学校、学区的教学效果和进展。为确保 MCAS 的有效性，MCAS 对出题、阅卷、成绩汇报与分析有严格的规范。试卷内容贴近日常生活，题型丰富，注重考查学生的各方面的科学知识与技能。[①]除了通过 MCAS 这样一个方式来进行评价，马萨诸塞州也注重评价方式的多样化，如通过教师观察、面试、作业评定等多种方式作出综合评价。

中国《标准》将学生的发展、教师的发展与课程的发展融为一体，淡化了终结性评价和评价的筛选评判功能，强化了过程评价和评价的发展功能。在新的评价理念指导下，小学科学教学评价更加关注人的发展，追求评价内容的全面化、评价方法的多样化、评价时机的全程化、评价主体的多元化。教学评价日趋多样化，过程性评价与总结性评价，相对评价与绝对评价，诊断性评价与形成性评价，定性评价与定量评价，自我评价与同伴评价，探究活动评价与知识学习评价，最佳表现评价与典型表现评价，多种方式有机结合。《标准》特别提倡档案袋评价。档案袋评价包括收录作业的样本、自我小结、活动的设计方案与活动过程的记录、活动成果、研究报告、自我反思、自编故事、手工制作、摄影作品，以及他人评价结论、自我评价结果等。这种评价方式丰富了科学教学评价活动，使评价成为促进学生多方面发展的过程。

表 3-2 中国与马萨诸塞州小学科学课程评价方法

	中国《标准》	马萨诸塞州《标准》
评价方法	教师观察	纸笔测试
	与学生谈话	操作测试
	杰出表现记录	面试
	测验与考试	业务责任
	活动产品分析	常规观察
	学生成长记录袋	
	评定量表	
	长、短期作业法	
	评议法	

---

①杨轶、沈安平《美国马萨诸塞州综合评估体系探讨》，《外国中小学教育》2012年第1期。

分析中国《标准》和马萨诸塞州《标准》的评价建议可以发现：两国《标准》的评价方法都很丰富，都注重形成性评价和诊断性评价。其中，中国《标准》中的评价方法更加具体和细化，注重评价过程的体系化和全程化。对于情感态度与价值观的评价也有所涉及，而马萨诸塞州《标准》则较少关注。这与美国的科学精神有很大关系，美国有着鼓励学生"try to do"（试着去做）的科学教育文化。马萨诸塞州《标准》的评价更侧重于操作性评价。

（二）比较与分析

有别于中国，马萨诸塞州有独立于课程标准的评价体系。不同于我国评价建议是课程标准实施建议中的一部分内容，在马萨诸塞州《标准》中没有直接涉及评价建议方面的内容，但有独立于课程标准、与课程标准配套的评价体系（马萨诸塞州综合评估体系），这体现了马萨诸塞州对于教学评价的重视。统一的评价体系使得马萨诸塞州课程标准的教学评价更加专业，更加具体。

六、美国马萨诸塞州《标准》对我国的启示

中国小学科学课程标准正在进行修订，借鉴其他国家小学科学课程标准的成功经验必不可少。美国马萨诸塞州小学科学课程标准对我国小学科学课程标准修订的启示有：

1.重视小学科学教育，提升小学科学课程地位

美国科学教育的发展历史，是一个不断颁布各项教育改革法案，推动科学教育发展的过程。他们强调科学教育的意义，逐步完善其小学科学教育，不断提升小学科学课程在美国小学教育中的核心地位。在澳大利亚，科学也被列为八门核心课程之一。因为，科学教育的发展影响一个国家的综合国力，进而关系到一个国家科学技术水平的发展。西方国家经济发达、国力昌盛，跟发展本国的科学技术水平是息息相关的，而提升科学技术水平，需要提高本国科学教育质量。提高科学教育质量是一个系统工程，也是一个长期的过程。一个国家想要发展好本国的科学教育，就必须从基础教育抓起，从重视小

学科学教育抓起。

尽管"自然""常识"在我国的开设已有八十多年的历史，但新的小学科学课程的设置则是 20 世纪初的事，课程的发展还不完善，在小学教育中的地位还远远低于语文、数学和英语课程。在目前阶段，我国对于小学科学教育的重视程度还远远不够，学校领导以及教师仍旧将科学作为一门"副科"看待。在小学，专职的科学教师很少，大多仍由其他学科的教师兼任，导致我国小学科学教育的质量无法得到保障。我们应该借鉴美国特别是马萨诸塞州发展小学科学教育的经验，从国家到学校，再到教师都应重视小学科学教育，提升科学课程在小学教育中的地位。

2.重视小学低年级科学教育，实现科学教育的连贯性

如前所述，马萨诸塞州和美国其他各州，以及西方国家的英国、澳大利亚等国都是从幼儿园阶段就开始开设科学课程，注重科学教育的连贯性。而中国现行小学科学课程是从小学三年级才开设的。中国《标准》指出，小学科学课程是以培养科学素养为宗旨的科学启蒙课程。既然是科学启蒙课程，就应当重视小学低年级的科学教育。事实上，科学素养的形成是长期的，早期的科学教育对一个人科学素养的形成具有决定性的作用。中国的科学课程从小学三年级才开始开设，忽视了幼儿时期和小学阶段科学教育的连贯性，导致了科学教育出现断层。

中国有无必要像马萨诸塞州那样，将基础教育的科学教育延伸到小学低年级呢？似有讨论的必要。西方国家在小学低年级就已经开设科学课程。因为，在小学低年级，学生对周围事物都有强烈的好奇心和探索欲望，形象思维发展较快，乐于动手操作。可以说，小学低年级是儿童培养科学学习兴趣，体验科学过程，发展科学精神的一个关键期。西方国家国民的科学素养明显高于我国，这与西方国家从小学低年级就重视科学教育有很大关联。学生科学素养的形成是一个长期的，也应该是一个连贯的、系统的过程。所以，我国要培养国民的科学素养，就应当从小学的低年级阶段开设科学课程，而不是从现行标准规定的三年级才开始。

3.建立小学科学教师教育体系，着力提高小学科学教育质量

从前文比较可以发现，美国有专门的科学教师组织，有专门的科学教师教育标准，有科学教师资格证考试制度，全美很多综合性大学均开设科学教育专业和与科学教育相关的课程，相关教育部门也会对科学教师进行职后培训。美国各州如马萨诸塞州成立了科学教师协会，制定了专门的科学教师考核制度，有地方的科学教师培养体系。由此可以看出，美国的科学教师培养体系是相当完善的，已建立起了从国家到地方的一套完整的科学教师教育体系。

我国的科学教师教育体系还处在逐步建立和完善阶段。中国高校开设科学教育专业的还不多，目前担任科学教师的大多数并不是学科学教育专业出身的。我国要发展科学教育，就必须拥有一支水平较高的科学教师队伍。在建设科学教师教育体系的过程中，应该有更多的大学开设科学教育专业，师范类高校应普遍开设科学教育相关课程，保证小学科学教师的培养质量；要完善现行的教师资格证考试体系，将科学学科纳入其中；要规范小学科学教师准入制度，小学科学教师持证上岗；要组织对现任科学教师进行职后培训，提高这些教师的相关知识与技能，保证小学科学教师的专业水平。只有这样，我国科学教育质量的提高才能早日变为现实。

4.渗透科学技术与工程学内容，加强与社会生活的联系

马萨诸塞州在小学阶段就已经开始渗透科学技术和工程学的内容，其科学课程标准实际上就是科学和技术/工程学课程标准，该标准加强了科学知识与技能同社会生活的联系，学生在学习科学课程的同时，能够将所学的知识与技能运用到生活实践中去，更好地体现了科学教育的价值。美国的整体科学技术水平在世界上处于领先地位，与其注重科学技术的实践运用是有很大关系的。

当今社会的发展与科学技术和工程学方面的联系日益紧密，在小学科学课程中，渗透科学技术与工程学方面的知识内容，可以加强科学课程与社会生活之间的联系，适应时代的发展。通过对科学技术和工程学方面知识和技

能的学习，小学生掌握一定的科学技能，并运用到实际生活中去，可以使小学生认识到科学技术和工程学的应用价值，进而促成小学生去进一步探索科学知识，掌握更高的科学技能。当然，科学技术和工程学方面的内容相对于小学生的知识面和心智发展程度和社会生活经验而言较难，小学生接受起来有较大难度，需要选择适合小学生的科学技术内容。

中国的小学科学课程，可以在小学生获得一定的科学技术知识，具有一定的社会生活实践经验的基础上，安排一些浅显易懂的科学技术与工程学方面的内容供其学习。换言之，在小学低年级学生打下一定的科学知识的基础上，在小学的高年级适当渗透一定的科学技术和工程学方面的内容，是完全可以做到的，这将有利于全面提高学生的科学素养。我国在修订科学课程标准时应该考虑将科学技术与工程学的内容添加进去，丰富小学科学课程内容。

第四章 中国与加拿大小学科学课程
标准比较

加拿大 (Canada)，为北美洲经济发达国家，领土面积为 998 万平方千米，位居世界第二，人口 3500 万人。加拿大自然资源丰富，科技发达，属于多元文化社会。加拿大教育管理权归省级政府，各省教育经费基本自筹。加拿大十分重视基础教育，高等教育发达。

一、加拿大小学科学教育改革的背景

斯宾塞在 19 世纪后期，提出了"什么知识最有价值"这一经典问题，论证了科学知识的价值，揭开了近代科学教育的序幕，但其后很长一段时间，科学在学校教育中并没有得到应有的重视。直到 19 世纪末 20 世纪初，科学教育才逐渐被纳入西方国家义务教育体系之中。科学技术革命的爆发，尤其是 1957 年苏联人造卫星的成功发射，促进了基础教育科学课程改革与发展。其间，学科结构理论、建构主义、人本主义、改造主义、后现代主义等观点在不同时期不同程度地影响着课程改革。科学课程的发展大致经历了从"作为学科知识的科学""作为相关知识的科学"到"作为不完美知识的科学"的改革阶段[①]，科学课程从探索、反思不断走向成熟、完善——关注学生对科

[①]郭裕茂、叶晨等《加拿大安大略省 9—12 年级新科学课程标准解读》，《化学教育》2012 年第 3 期。

学与技术的理解、应用与操作，注重科技发展对环境、社会的影响，关注科学教育与个人发展、社会环境的联系，科学教育内容丰富多样并能够与相关学科更好地融合，科学教育与社会的联系更加紧密。在此背景下，加拿大安大略省不断修订科学课程标准。

表 4-1　加拿大（安大略省）科学教育主要事件梳理

时　间	主　要　事　件
1966 年	加拿大联邦政府成立科学委员会(Science Council of Canada)
1975 年	科学作为正式教授科目(并未引起重视)
1978 年	颁布科学课程大纲(并未真正实行)
1984 年	科学委员会发表《面向每个学生的科学：为明日世界培养加拿大公民》(Science for Every Student：Education Canadians for Tomorrow's Word)(里程碑作用)
1986 年	安大略省发表《科学发生在这里》报告(参考性文件)
1995 年	安大略省开始科学课程改革,开展"科学与技术成绩评价项目",包括： 共同构建 1—8 年级科学技术教育课程框架 制定评价指导 向教师提供科学技术课程和评价方面的在职培训
1997 年	加拿大教育部长委员会出台第一个国家科学教育纲要《K-12 科学学习目标共同框架》(the Common Framework of Science Learning Outcomes)(统领协调加拿大理科课程改革的纲领性文件)
1998 年	安大略省正式实施科学与技术教育课程,颁布科学与技术课程纲要(同年 9 月正式实施)
2006 年	安大略省科学协调与咨询委员会和科学教师协会共同颁布 "Position Paper：The Nature of Science"
2008 年	对旧的课程标准进行修订,颁布最新一版科学与技术课标(2007 修订版)

相对于中国的科学教育，加拿大的科学教育较为成熟与完备。20 世纪 80 年代，加拿大就将 STS（科学-技术-社会）作为科学教育的重要目标，开发 "Science Plus" 的 STS 课程，带动了世界范围内的科学教育改革。STS 教育的基本思想在于将科学教育与科技发展、工农业生产、社会化生活紧密结合，促进科学知识的掌握与应用，将学生培养成具有良好科学素养的人才。STS 课程后来进一步发展为 STSE（科学-技术-社会-环境）教育，重视四者的联系

及正确处理科学对社会和环境的影响。①作为联邦制国家，加拿大实行教育分权，各省自行制定教育政策，颁布课程标准。安大略省是加拿大经济政治中心，在国家纲要的指引下，其科学教育起步较早，20世纪60年代开始设置科学课程，但对科学课程重视不够。在第三次国际数学和科学研究（TIMSS）测验中，安大略省学生的成绩甚至处于国际下游水平，该事件给加拿大政府敲响了警钟，科学教育改革已刻不容缓。为此，政府相继出台相关政策，经过安大略省学区教师和专家、约克大学科学技术成绩评价项目科学教育课程组的共同努力，如今安大略省科学教育已形成体系，科学课程走向正轨，在1—8年级开设"科学与技术"，1—12年级增设"技术教育"，颁布相对成熟的科学课程标准。

首先，加拿大国家层面给予了地方课程标准研发自主权，以国家大纲为蓝本，指导制定有各省特色的课程标准，不强制执行统一大纲，调动了地方参与课程改革的积极性与主动性。其次，开展广泛的调研，收集教学一线的真实数据，使课程标准的制定不流于纸上谈兵，用事实说话；同时出台相关文件、报告，有的放矢，以便对课程进行后续跟进与调控。另外，重视对课程评价的研究。如安大略省通过课程评价，既完善了科学课程实施的最终利益取向，又使课程实施具备可操作性。

二、课程设计框架比较

（一）课程标题框架比较

加拿大安大略省《1—8年级科学与技术课程标准》（以下简称"安大略省《标准》"）与中国课程标准的框架基本类似。

---

①陆真、林菲菲《加拿大科学教育中STSE理念及在化学教材中的体现》，《外国中小学教育》2007年第1期。

表 4-2 中国和安大略省课程标准框架（一级、二级标题）

中国《标准》		安大略省《标准》	
一级标题	二级标题	一级标题	二级标题
前 言	课程性质 基本理念 设计思路	引 言	科学与技术课程目标
			科学与技术本质
			科学与技术课程中角色与职责
课 程 目 标	总目标 分目标 各部分目标之间的相互关系	科学与技术 大纲	课程期望
			科学与技术的框架
			科学探究和技术问题解决技巧
内 容 标 准	科学态度 情感态度与价值观 生命世界 物质世界 地球与宇宙		科学与技术主题
		学生成就评 价评估	基础考虑/注意事项
			科学技术成就表/成果图
实施建议	教学建议 评价建议 课程资源的开发和利用 教材编写建议 教师队伍建设建议 关于科学教学设备和教室的配置	科学与技术 大纲计划的 一些考虑	教学方法 科学与技术教育中的健康和安全 跨学科和综合学习 服务于特殊教育需求学生的科学与技术大纲计划 英语语言学习者的注意事项 环境教育 科学与技术中的反歧视教育 科学与技术中的批判性思维和能力 科学与技术中的读写能力和计算能力/识字和算术 信息和通讯技术在科学与技术教育中的角色 学校图书馆在科学与技术大纲中的角色 科学与技术指导
附 录	关于具体目标中行为动词的定义 教学活动类型与设计案例		
		课程期望	1—8 年级
		专业术语表	

由表 4-2 可知，构成中国和安大略省《标准》框架的一级标题虽然用词表达上不尽相同，但都包括了前言（引言）、课程理念、课程目标、课程内容、课程评价、课程建议（考虑）、附录等。其中，安大略省的"学生成就评价和评估"单独成章，有 7 个页面，内容丰富；而中国的"评价建议"包括在"实施建议"中，仅有 2~3 个页面，内容单薄。可见安大略省十分重视课程评价，这体现了"科学与技术成绩评价项目"研究成果的价值。两国的整

体框架构成主体部分差异不大，但具体部分及其结构、编排均存在差异。

1.中国《标准》框架涉及主体对象较多

为了落实课程理念，中国《标准》提出了"设计思路"，以帮助读者理解，这种做法对教师和相关人员均具有较强的指导意义。此外，中国课程标准在附录部分单独说明行为动词的定义，列举活动设计案例，这是安大略省标准所没有的。可见，中国课程标准比较具体，具有较强的操作性。二级标题（如"实施建议"）中，中国《标准》对实施环节从教学建议、课程资源开发利用、教材编写、教师队伍建设、科学教学设备和教室的配置等方面提出要求，事无巨细，有助于对教师教学、教育管理部门、教材编写、家长、社区人员进行指导，课程标准实施主体较为广泛。

2. 安大略省《标准》框架主体明确，重视学生差异教育和对科技本质理解

安大略省《标准》的"考虑"部分，主要涉及教育的一些特殊方面，如健康与安全、特殊教育需要、反歧视教育等。制订个别教育计划，服务特殊群体，满足不同学生的需要，折射出安大略省教育的人文关怀与公平原则。这种设计不再流于高深的理念和空洞的文字，而是具体地阐述如何对特殊学生进行学习指导，切实可行。同时，二级标题中列有专门的"角色与职责"，明确了学生、家长、教师、校长、社区活动伙伴等多方职责，有利于形成教育合力，共同为学生学习与成长营造良好的环境，提供必要的支持。标准还就"科学与技术的本质"进行了专门阐述。

相对而言，中国《标准》更多地将"科学"作为课程本身，专门阐述课程的性质与理念。仅在"课程资源的开发与利用"部分，提及家庭所包含的诸如家长阅历、家庭背景、家庭饲养与种植的植物等所蕴含的教育资源，及其社区包含的科技工作者、工厂等社区课程资源。可见，中国的教育仍然以学校、教师等为主体，将其他相关人员作为课程的"资源"，而不是作为实践参与者。这可能与中国严格的社会分工有关，教育一定程度上被学校"垄断"，其他人员没有实际的教育教学职责与义务；而在西方国家，一些家长或社区成员组成的学校董事会可以干预学校的相关决定，他们有一定的权利，

承担着相应的职责与义务。

3.两者均提及信息技术和现代教育技术的运用

两国《标准》均突出信息技术在科学教育中的运用，强调充分利用新技术手段，开拓探索新时期的科学教育。不过，在这部分内容的阐述中，中国主要考虑教师教学运用，实现课程与信息技术一体化；安大略省主要鼓励学生利用现代信息技术进行交流，支持学生的学习。

（二）课程编排比较

1.中国《标准》分学段独立编排，按目标+内容领域呈现

编排方式上，中国科学课程在小学（3—6年级）与初中（7—9年级）两个学段拥有各自的课程标准，独立编排。同时，两个学段按目标、内容领域进行阐述，分别列出学段结束时绝大多数学生应该达到的程度，这样既有基础目标的规定，又为灵活实施留有余地，有利于教师在整体把握的基础上，拥有更大的创造空间。但不同年级缺乏具体清晰的内容，容易给教师造成不便。另外，从两个《标准》文本的页数或字数上不难发现，安大略省明显多于中国，这从一个侧面反映出《标准》所涵盖的内容上，中国不如安大略省细致。相较于中国的语文、数学等学科课程标准的篇幅，中国科学课程标准显得较为单薄。这可能与两国课程标准的设计思路的不同有关，中国将3—6年级的科学课程作为一个相对完整的阶段，没有划分年级或学段，这样的考虑无可厚非，但仍需要进一步完善。

2. 安大略省《标准》从一年级开始，各年级分列课程目标和内容

安大略省《标准》是统一编排，涵盖1—12年级，除了课程期望部分分年级阐述，其余部分适用于所有年级，有利于对不同学段进行课程的统筹规划。安大略省科学课程从一年级就开设，而中国从三年级开始，一、二年级并未设置科学课程，可见安大略省更重视科学素养"从娃娃抓起"。中国这样的安排是否符合学生认知特点，是否有利于学段的连贯，值得商榷。另外，安大略省在阐述课程期望时是按年级分别列出目标和内容，这样可以将目标具体到每个年级，方便教师参考，针对不同年级进行教育教学；但这样的结

构安排容易出现重复与赘述，且逻辑不够清晰。

三、课程理念比较

中加小学科学课程标准均出现了一个重要的关键词"科学素养"（"科学与技术素养"），并且都开宗明义地肯定了科学素养的重要性，把培养学生科学素养作为核心。这与两国对科学素养的理解是分不开的。提高科学素养对个人和国家，都具有十分重要的意义：一方面，科学素养的提高可以增加公民的就业机会，可以使他们面对快速发展的技术所提出的新要求充满信心；使他们识破形形色色的迷信和伪科学现象，并给予有力抵制；使他们对某些影响个人生活或经济的问题作出更合理的决定，如饮食、医疗、安全、能源使用、环境保护等问题。另一方面，科学素养对于公民政治参与、国家经济提升、社会环境问题的缓和等具有促进作用，有利于提高国家竞争力。

中国义务教育科学课程标准（3—6 年级）对"科学素养"的阐述为：每一个生活在科学技术高速发展时代的人，从小就明显地感受到了科学技术所带来的种种影响。因此，从小就必须注重培养学生良好的科学素养，通过科学教育使学生逐步领会科学的本质，乐于探究，热爱科学，并树立社会责任感；学会用科学的思维方式解决自身学习、日常生活中遇到的问题。科学素养的形成是一个长期的过程，早期的科学教育对一个人科学素养的形成将具有决定性作用。

安大略省《1—8 年级科学与技术课程标准》对"科学素养"的表述为：一个受过科学和技术素养教育的人，是一个可以阅读和理解有关科学和技术媒体报道，批判性地评估所提供的信息，并自信地参与关于科学和技术的讨论和决策活动的人。在 20 世纪，科学技术在所有加拿大人的生活中发挥着越来越重要的作用。科技支撑着许多我们习以为常的东西，包括干净的水、我们生活和工作的地方，以及我们与他人沟通的方式。科学技术对我们生活的影响将继续增长。因此，科学和技术素养已成为科学技术教育在全世界的总体目标。

表 4-3 中加课程理念的比较[1]

	核心理念	理念
中国科学（3—6 年级）课程标准	全面提高每一个学生的科学素养	1.面向全体学生 2.立足学生发展 3.体现科学本质 4.突出科学探究 5.反映当代科学成果
安大略省 1—8 年级科学与技术课程标准	STS 科学素养	1.培养学生一定的科技知识和技能 2.科学、技术、社会与可持续发展 3.培养学生学习科学的态度 4.通过动手掌握探究和设计能力

（一）两国《标准》均重视科学素养，强调教育公平，关注科学实践

两国科学教育均与国际科学教育发展趋势一致，反映了当代科学发展的特点。在对科学素养的理解上和科学课程思想方面，两国基本相似。

1.重视科学的丰富性及其与生活的联系

科学教育的内涵不局限于一般意义上单一的、理论化、枯燥的科学知识，而是逐渐由"掌握科学"向"理解科学"转变，包含了科学态度、思维方式、科学方法、科学精神、科学技能等，涵盖了情感态度、知识技能等多个方面。此外，随着社会的发展，科学社会化与社会科学化的趋势越来越明显，科学课程更加强调科学与社会生产、日常生活的联系，更加重视提供多种机会和情境，组织多样化的学习活动，让学生亲历科学，使科学更有意义，从而赋予课程更多的生活意义与社会价值。

2.强调科学探究、问题解决等能力的发展

中国《标准》在"基本理念"部分明确指出"科学学习要以探究为核心"，"亲身经历以探究为主的学习活动是学生学习科学的主要途径"。"科

① 资料来源于李婉婷《综合科学课程课标的国际比较研究》，上海:上海师范大学（硕士学位论文），2005 年.

学探究"概念的提出，符合学生的认知特点，在探究中学习科学技能、思维和策略，这是对以往以教师为中心、知识为中心教育的革新。

3.强调科学教育的公平性和实践性

中加课程标准均强调给每个学生提供公平的学习机会和活动指导，体现了科学教育追求教育公平的原则；强调以学生为中心，引导学生在科学学习过程中获得多方面的发展，体现出教育的人文关怀。此外，科学教育开始由"精英教育"走向"大众教育"，科学教育关注所有儿童的发展。

科学课程的学习不再是被动地接受科学知识，也不再是消极地适应现实，而是利用科学，更加积极主动地参与社会活动。同时，科学教育关注科学实践，关注培养学生的社会责任感，引导学生面对现实问题进行科学决策，科学教育由学术型向实用型转变。

（二）安大略省更重视批判性思维的培养，深入阐述科学技术的本质

安大略省《标准》开篇引用《立场文件：科学的本质》中对科学与技术素养表现的描述，特别提到"批判性地评估所提供的信息"，并且在"考虑"一章中对"批判性思维与批判式读写"进行了专门的阐述，可见其对于批判性思维的重视。而中国《标准》相对保守，对批判性思维提及甚少。批判性思维是一种逻辑性思维能力，它可以评估和评价科技对社会环境的影响，形成对某事的意见和看法；它要求超越传统的公平、公正，超越一般文本对世界的看法，批判地接受既有的观点，从而使公民理性地参与社会生活，思考问题更具独立性。

同时，安大略省《标准》将"科学与技术的本质"单独列出，用了较大篇幅对其内涵进行了深入、明确的阐释，对整个课程具有提纲挈领的作用。安大略省《标准》尤其重视"技术"，"技术"几乎与"科学"相提并论，其课程名称即贯以"科学与技术"（Science and Technology）。科学与技术虽然存在一定差异，但自20世纪中叶以来，两者相互联系、相互促进，并且在科学发展中，技术越来越显示出其重要地位。而中国《标准》中技术内容明显

欠缺，对培养学生科学意识谈论很少，尽管出现了"技术"（"科技"）一词，但只是作为辅助词语，并未对其进行详细阐释与说明。安大略省《标准》将"技术"阐述为：技术是一种方法，也是探索和实验的过程。技术是一种获取知识的方式，包括从其他学科（包括科学）获取概念和技能来满足一个特定的需求，或使用材料、能源和工具（包括计算机）来解决特定的问题。技术方法包括发明或修改设备、结构、系统和/或进程。

技术的本质：

（1）在最广泛的意义上，技术是什么（不仅仅指涉及计算机及其应用的知识和技能）；

（2）科学和技术是如何相互关联的；

（3）怎么理解技术的好处、成本和风险，以便更明智地使用它。

如前所述，加拿大是较早开展 STS 教育、STSE 教育的国家之一。随着知识经济的到来，纯粹科学知识的教育已经不合时宜，科学与技术的联系日益密切，科学与技术将进一步融合并存，共同作为基础教育的基本内容。一方面，要重视相对独立的技术教育；另一方面，要在科学教育中加强技术教育。要辩证地看待科学与技术对社会的影响，认识到科技是一把"双刃剑"，运用得当，会促进社会发展；运用不当，则会带来一系列负面效应。在科技迅速发展的背景下，要正确理解科学与技术，利用技术改进生产、服务生活；同时知道科学与技术是人类共同努力的结果，学会正确处理科学技术与社会、环境之间的关系。

四、课程目标比较

（一）课程总目标的比较

两国《标准》在阐述总目标时，尽管没有再使用"科学素养"一词，但均是围绕科学素养展开的。拜比（Rodger W . Bybee）强调科学素养的全面性与多维性，他将科学素养划分为四个维度：①功能性科学素养，即学习者能恰当运用科学术语或技术术语；②观念性及程序性科学素养，即了解基本概念，学习科学方法；③多维科学素养，即理解科学的情境，认识其产生与发展，理解科学与技术的性质及其对个人生活的影响；④名义科学素养，即教师和学生视野中的科学。① 拜比认为各维度应保持平衡。

根据拜比对科学素养维度的划分，我们将科学课程的总目标分解比较如下。

表4-4　中国与安大略省《标准》中总目标比较

	中国《标准》	安大略省《标准》
功能性科学素养	通过科学课程的学习，知道与周围常见事物有关的浅显的科学知识，并能应用于日常生活，逐渐养成科学的行为习惯和生活习惯	3.理解科学与技术的基本概念
观念性科学素养	了解科学探究的过程和方法，尝试应用于科学探究活动	2.1 开发技能、策略
多维科学素养	逐步学会科学地看问题、想问题	2.2 开发科学探究和以技术解决问题所需要的思维习惯
名义科学素养	保持和发展对周围世界的好奇心与求知欲，形成大胆想象、尊重证据、敢于创新的科学态度和爱科学、爱家乡、爱祖国的情感；亲近自然、欣赏自然、珍爱生命，积极参与资源和环境的保护，关心科技的新发展	1.科学和技术与社会和环境的联系

由表4-4可知，两者的总目标对科学素养的四个维度均有涉及，相似点有：①功能性科学素养方面，均重视科学知识的学习与积累，重视基本概念的掌握；②观念性科学素养中，重视程序性知识、各种技能和方法，重视科学探究的过程；③多维科学素养中，注重培养学生的思维能力，关注科学地看待问题、分析问题能力的养成；④名义科学素养，强调科学与社会、生活的联系，将科学教育置于真实的情境与背景之中，而不再是孤立地传授知识点。

不同点有：①中国《标准》中的总目标突出情感态度价值观，如热爱科学、热爱家乡、珍爱生命的情感，注重科学探索背后的情感与价值，延续了中国教育渗透道德教育的传统，而安大略省并未提及情感教育；②安大略省也有着自身的特色，在总目标科学素养各个维度均强调科学与技术，重视以技术解决问题的思维、方法，重视技术对社会、环境的影响，符合 STSE 的教

---

①陈超《上海与美国马萨诸塞州小学科学课程标准比较研究》，上海：上海师范大学（硕士学位论文），2009年。

育理念。

在总目标的表述上，中国标准的表述一般以主题句开头，然后进行较为细致地阐述说明，但有些表述显得空洞，口号化明显，如"爱家乡、爱科学、爱祖国的情感"等，似乎放之四海而皆准，未能突出科学教育的特色，在实践中也难以操作。同时，目标表述条理性差，逻辑不够清晰，给人以各种目标杂糅、堆砌的感觉。

相比之下，安大略省《标准》中的总目标语言简洁凝练，重点突出。在安大略省1998年版的科学课程目标中，"科学与技术和社会与环境相联系"被置于首位，其重要性更加凸显，这与《加拿大科学教育共同框架》中的相关表述是一致的。该框架强调"STSE教育是科学课程标准框架的基础，是科学课程的驱动力"，[①]强调科技和环境素养对学生的重要性，注重培养学生在真实情景中解决问题的技能，倡导学生学会批判性地看待与科技发展相关的社会热点问题，体现了国际科学教育的发展趋势和价值取向。不过，安大略省课程目标未涉及"情感态度价值观"，科学素养的人文性维度欠缺。

（二）课程分目标的比较

1.安大略省《标准》中的分目标

安大略省科学课程标准中的分目标特色鲜明，列表如下：

表4-5 安大略省科学标准中的目标框架

目标1	目标2	目标3
将科学和技术与社会和环境联系	发展科学探究和以技术解决问题所需的技能、策略和思维习惯	了解科学技术的基本概念
总体展望1	总体展望2	总体展望3
具体期望	具体期望	具体期望
有关科学技术	发展调查与沟通技巧	了解基本概念

① Council of Ministers of Education, *Common Framework of Science Learning Outcomes*. Canada, 1997.

加拿大课程目标的显著特点是整体设计。根据《K-12科学学习目标共同框架》中的规定，加拿大所有理科课程目标横向上被分为四个维度：科学-技术-社会-环境（STSE）、技能（Skills）、知识（Knowledge）和态度（Attitude）。

纵向上，加拿大科学课程将目标融于主题内容之中，按照不同年级、不同主题分别进行阐述，学习水平要求随年级递增。目标以双层结构呈现，每个主题的课程目标又分为总体期望和具体期望。总体期望规定了学生这一年级结束时应该完成的任务，具体期望包括三个子目标，分别为"基本概念的理解""探究、设计和交流技能的培养""科学技术与社会的联系"。总目标与总体期望一一对应，总体期望又细分为具体期望，如将科学技术和社会环境及其具体期望放在第一集群，发展科学和技术素养所必需的技能放在第二集群并在具体期望的"探究和沟通技巧"中加以突显，概念性知识在第三集群的整体期望和理解基本概念的具体期望中列出。从表4-5中可以看出，总目标与分目标相互关联，科学技术不仅仅被视为学习对象，作为一个主题，它要求学生运用恰当的方法，学会批判性思维，掌握现代科技环境背景下所需的知识和技能。

2.中国《标准》中的分目标

科学探究目标：①知道科学探究涉及的主要活动，理解科学探究的基本特征。②能通过对身边自然事物的观察，发现和提出问题。③能运用已有知识作出自己对问题的假想答案。④能根据假想答案，制订简单的科学探究活动计划。⑤能通过观察、实验、制作等活动进行探究。⑥会查阅、整理从书刊及其他途径获得的科学资料。⑦能在已有知识、经验和现有信息的基础上，通过简单的思维加工，作出自己的解释或结论，并知道这个结果应该是可以被重复验证的。⑧能用自己擅长的方式表达探究结果，进行交流，并参与评议，知道对别人研究的结论提出质疑也是科学探究的一部分。

情感态度目标：①保持与发展想要了解世界、喜欢尝试新的经验、乐于探究与发现周围事物奥秘的欲望。②珍爱并善待周围环境中的自然事物，初步形成人与自然和谐相处的意识。③知道科学已经能解释世界上的许多奥秘，但还有许多领域等待我们去探索，科学不迷信权威。④形成用科学提高生活质量的意识，愿意参与和科学有关的社会问题的讨论与活动。⑤在科学学习中能注重事实，克服困难，善始善终，尊重他人意见，敢于提出不同见解，乐于合作与交流。⑥意识到科学技术对人类与社会的发展既有促进作用，也有消极影响。

科学知识目标：①学习生命世界、物质世界、地球与宇宙三大领域中浅显的、与日常生活密切相关的知识与研究方法，并能尝试用于解决身边的实际问题。②通过对物质世界有关知识的学习，了解物质的常见性质、用途和变化，对物体的运动、力和简单机械，以及能量的不同表现形式具有感性认识。③通过对生命科学有关知识的学习，了解生命世界的轮廓，形成一些对生命活动和生命现象的基本认识，对人体和健康形成初步的认识。④通过对地球与宇宙有关知识的学习，了解地球、太阳系的概况及运动变化的一般规律，认识人类与地球环境的相互作用，懂得地球是人类唯一家园的道理。

中国科学课程分目标根据布卢姆目标分类学原理，采用横向分类表达的方式，从科学探究、情感态度价值观、科学知识三个领域展开，且在顺序上，将科学探究目标与情感态度目标放在知识目标之前，一改往日以科学知识传授为主的状况，强调知识的形成过程，以适应"动手动脑做科学"（Hands in & Minds on Science）的国际趋势。当然，这并不意味着三维目标的分裂，课程标准就三者之间的关系进行了专门的阐述，以便教师更好地理解与把握，在实践中保持目标的整体协调。

中加课程目标表述以学生为主体，隐性主语均为学生，目标表述多采用"行为动词+名词短语"的方式，且从行为动词看，体验性目标较多，反映出由结果取向转为过程取向的变化。同时为了便于教师理解以及在教学中运用，课程标准附录中列有"具体目标中行为动词的定义"和相关案例，并对行为动词的程度和分类进行了较为具体的说明。

目标表述上，中加课程标准相似，均采用"行为动词+名词短语"的形式，同时辅以示例问题。

此外，关于"科学探究和技术问题解决的连续性技能"，安大略省《标准》用了 7 个页面进行详尽说明。课程标准提供了"科学探究/实验技能""科学探究/研究技能""技术问题解决能力"三个具体期望，方便教师在了解学生能做什么的基础上，制订培养学生探究技能的方案。具体期望中又细分为：①提出和规划（如提问、澄清问题、规划程序）；②表现和记录（如跟随程序、获取信息、记录观察和发现）；③分析和解释（如组织数据、反映执行行动的有效性、得出结论）；④交流（如使用适当的词汇和多种方法交流、发现）。下面是结合 11—12 年级科学课程标准对四者关系所作的图表阐述（图4-1）。

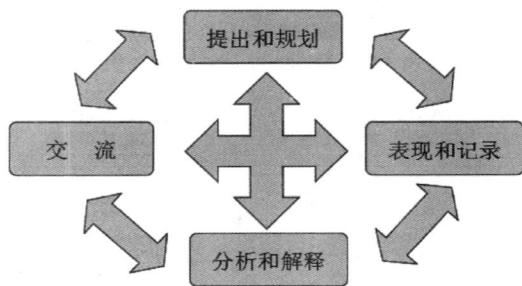

图 4-1　安大略省 11—12 年级科学课标中具体期望关系图[①]

在目标呈现上，安大略省《标准》先阐述每一具体期望的含义，接着采用表格的形式，描述学生从"开始—探索—发现—胜任—精通"这一不断发展成熟的过程，一目了然（如表 4-6）。

---

①The Ministry of Education, *The Ontario Curriculum*, *Grade* 11 *and* 12: Science, (reviewed). Ontario, Canada, 2008.

表 4-6 安大略省科学课程标准连续性科学探究/实验技能（局部）

连续性科学探究/实验技能 学生：	开始→探索→发现→胜任→精通		主动和规划
从生活中发现好奇的问题	通过测试/实验来回答问题，并选择一个调查	通过测试/实验来回答问题，并创设一个具体问题进行调查	从生活实际中发现问题，实践并创设一个具体问题进行调查
在帮助下，照着步骤，在老师准备的简单的过程中进行测试/实验	照着步骤，在老师准备的简单的过程中进行测试/实验	创造性，制订一个计划，选择各种可能的方法，以找到一个他（她）提出问题的答案	计划安全实验，对一些变量进行有意识的思考
识别测试公平与否	识别测试公平与否	在支持下，建立公平的测试内容和实验程序，目的是回答他（或她）已制定的问题	建立公平的测试内容和实验程序，目的是回答他（或她）已制定的问题
"猜测"关于简单程序可能的结果	在支持下，对老师准备的程序的结果进行简单的预测	依据个人经验，对老师准备的程序的结果进行简单的预测	从已有知识中探索和发现，对所探究的问题进行预测

（三）比较分析

1.两国课程目标的相似点

两国《标准》均以科学素养为核心，构建科学课程目标，较好地把握了科学素养的内涵。课程目标均涉及知识、技能、态度等方面，突出了探究的过程与技能；均强调学生主动参与，经历科学过程，突显了学生的主体性，发展了学生的个性，同时兼顾知识的学习，突出科学与社会环境的联系。能力培养方面，重视培养科学探究能力、交流能力、问题解决能力、观察能力、创造力，使学生适应时代的需求，为以后有能力应对日新月异的科技发展打好基础。

泰勒曾指出陈述目标最有效的形式，包括"行为"和"内容"两个重要部分，前者指出要使学生养成的行为，后者言明这种行为能在其中运用的生活领域或内容。中加《标准》对目标的陈述，均能从学生角度出发，以"行为动词+名词短语"的形式呈现。

　2.两国课程目标的不同点

（1）两国课程目标划分维度不同，中国缺乏对不同年级具体目标的阐述

　　在总目标与分目标的关系上，相较于安大略省科学课程目标之间的环环相扣，中国课程目标间的内在逻辑较弱。中国课程目标仅有横向维度，缺乏纵向维度以及目标的垂直分层，虽然在一定程度上，可以给予教师较大的创造空间，但宏观要求和横向目标需要教师有较强的科学素养，能将目标转换为适应不同年级的教学目标，这无疑对教师提出了挑战。另一方面，儿童的认知是由浅入深循序渐进的，不同时期会有不同的发展。安大略省《标准》对课程目标的多维阐述，有利于目标互补，且按照不同年级呈现，便于教师操作实践，但整体性略显不足，难免会出现一些简单重复的问题。

　　同时，中国《标准》三维目标的横向维度阐述，虽然一目了然，但实践中极易导致目标的分裂。从教师教案可以看出，阐述教学目标时仍是按各个维度分别予以描述，这有违目标设计的初衷，不利于目标之间的融合。

　　（2）两国课程目标组成部分不同，安大略省《标准》并未单列情感目标

　　除了科学知识目标，《标准》将情感态度与价值观单独列为科学课程目标，突出科学素养与人文素养，这在一定程度上折射出中国对传统的以知识为中心的课程目标观的变革。突出情感目标的重要性本来无可非议，提法初衷也是好的，但由于目标本身的复杂性与难以测量，我们无法确切地判断教学是否达到情感目标，若不加强对教师进行相关培训，深化理解，容易导致目标流于形式。同时自然科学毕竟不同于人文学科，人文学科可以适当突出情感态度价值观，但过分强调情感目标，容易喧宾夺主，本末倒置。安大略省的课程目标并未点明"情感态度与价值观"，这可能与其崇尚多元文化价值的传统有关。西方社会存在一个不容忽视的现实，任何带有政治色彩的价值取向都可能会受到批评和质疑，所以西方国家的课程目标并不明确表述情感目标，而主要规定知识目标、技能目标和态度目标。

　　3.两国课程目标对技术、技能的重视程度不同

中国《标准》中仅提到诸如"意识到科学技术对人类与社会的发展既有促进作用，也有消极影响"，但不像安大略省《标准》那样重视技术、技能。安大略省《标准》强调注重科学与技术的整合及对科学本质的深入理解，强调将科学知识运用于技术实践，学以致用。中国对其重视程度不够，一定程度上与中国将科学课程定位于"科学启蒙课程"有关，因而中国《标准》以科学意识、科学态度的培养为主，对于科学能力并未提出太高的要求。

4.两国课程目标中对科学探究的表述不同

在科学探究的表述上，中国《标准》仅仅分点罗列，涉及内容较多，如对科学探究的认知、科学探究的多种方法等，但逻辑性不强，教师不易把握与实施。安大略省《标准》单独对科学探究的方法进行了细致的描述，且按照技能的发展过程，采用清晰的语言，循序渐进地清晰呈现。科学研究技能是科学学习的核心，如果有更多的实验、实践机会，更好地掌握好技能，则能为科学学习的应用奠定基础。

五、课程内容比较

（一）安大略省科学课程内容

1. 安大略省科学课程内容的组成

安大略省《标准》中的科学课程内容主要包括"基本概念""核心概念（Big Idea）"和每一年级具体的科技主题。其中"基本概念"包括物质、能量、系统与交互、结构和功能、可持续发展和管理、变化与连续性六大部分。这些基本概念是所有科学与技术知识框架中的主要观点，可以帮助学生更好地进行跨学科、跨领域的学习，使科学与技术学习得以在一个广阔的背景下进行，从而有助于促进知识的整合。核心概念的学习贯穿学生学习活动始终，并且不断深入，最终指向运用。

表 4-7 安大略省《标准》中的基本概念

基本概念	
物质 能量	物质是任何有质量和占用空间的东西,有特定结构和行为特征。 能量的形式有多种,并且可以改变形式。它使某件事情发生(做工)。当一个力使物体移动就是做工。
系统与 交互	一个系统是生命或非生命体的集合,它们相互影响并完成一定功能。一个系统包括输入、输出和系统要素之间的关系。自然系统和人为系统的发展,对各种环境因素做出反应并受环境限制。
结构和 功能	这个概念关注自然或人造物质的结构或用途以及形式间的相互关系。
可持续 发展和 管理	可持续发展是满足当代人的需求又不损害后代人满足其需求的能力的概念。 管理工作涉及理解,我们需要以负责任的方式使用和爱护自然环境,努力使留给子孙后代的环境不会比我们现在所拥有的少。负责任的管理的中心价值包括:谨慎使用非再生资源;尽我们所能再利用和循环利用;可以的情况下转向可再生资源。
变化和 连续性	变化是随着时间的推移发生改变的过程,是可以量化的。 连续性指系统内和系统间的长期一致性和关联性。内在和系统间的相互作用导致的变化和变化的一致性。

"大框架"描述了每个年级都涉及的基本概念,学生能学习掌握最具普遍意义的知识。关注关键性的概念、原则、方法,将基本概念与生活经验进行联系,能够促进不同学科知识之间的联系与整合,促进与社会、生活的整合,促进终身学习。

每一年级具体的科学与技术主题如表 4-8,同时安大略省《标准》在内容方面还联系了九、十年级的主题,减少了学段间的知识断层,促进了知识之间的衔接。

具体到每一年级的课程内容,安大略省《标准》按照四个主题分别予以说明,每个主题又包括概述、总体要求和具体期望。概述部分主要说明本主题儿童的身心特征,以及学习内容的重点。安大略省《标准》关注所有学生,以确保教育的公平性。同时,概述部分一个较为突出的特色是,对"安全"进行了说明,要求学生在主题学习中注意自身和他人的安全,认识到安全的重要性,并举例分析安全规范。如在一年级"理解生命系统的需求和生物特

征"中，安全部分举例"包括了解为什么处理动物前后要洗手，以及为什么
他们不应该把动物的任何部分放在他们的嘴里，除非在老师的指导下"。另
外，对于这一主题与该年级可进行联系的其他主题也作了说明。在"具体期
望"部分，则辅以示例引导问题，以方便学生理解，注重引导学生进行思考。

表 4-8 安大略省《标准》中的科学与技术主题

	理解生命系统	理解结构和机制	理解物质和能量	理解地球和空间
一年级	生物的需要和特点	材料，对象和日常结构	生活中的能量	每日和季节变化
二年级	动物成长与变化	运动	液体和固体性质	空气和环境中的水
三年级	植物生长与变化	强大而稳定的结构	力产生运动	环境中的土壤
四年级	栖息地和社区	滑轮和齿轮	光与音	岩石和矿物
五年级	人体器官系统	在结构和机制中力的表现	性质和变化的物质	能源与资源保护
六年级	生物多样性	飞行	电力与电气设备	空间
七年级	环境中的相互作用	形式与功能	纯净物和混合物	环境中的热量
八年级	细胞	运动中的系统	流体	水系统

2.安大略省课程内容的结构与表达

在结构上，如图 4-2，安大略省科学课程内容的基本概念、大框架、整体
期望、具体期望与上段提到的课程目标相互融合，有机联系，形成体系，组
成一个统一体。

表达上，除了阐述内容，还说明其理论基础，并对特定阶段儿童的特点
进行简单分析，如从心理学角度分析一年级"幼儿对事物内在本质有好奇心"
等。另外在具体期望中，以示例问句启发思考，鼓励学生从不同的角度（如
从农民、子女、父母的角度）、采用不同的方法和资源（如先验知识、个人经
验、讨论、书籍等）回答问题。

```
┌──────┐ ┌──────┐ ┌──────────┐ ┌──────────┐ ┌────────────┐ ┌────────────┐
│ 事件 │ │ 能量 │ │系统与交互性│ │结构与功能 │ │可持续发展和管理│ │ 变化与连续 │
└──────┘ └──────┘ └──────────┘ └──────────┘ └────────────┘ └────────────┘
                        ┌──────────────┐
                        │   基本概念    │
                        └──────────────┘
                        ┌──────────────┐
                        │   大框架      │
                        └──────────────┘
```

目标1 将科学技术与社会环境联系	目标2 发展科学探究和解决技术问题 所需的技能、策略和思维习惯	目标3 理解科学技术的基本概念
总体期望1	总体期望2	总体期望3
具体期望1 将科学技术与社会环境联系	具体期望2 发展调查和沟通技巧	具体期望3 了解基本概念

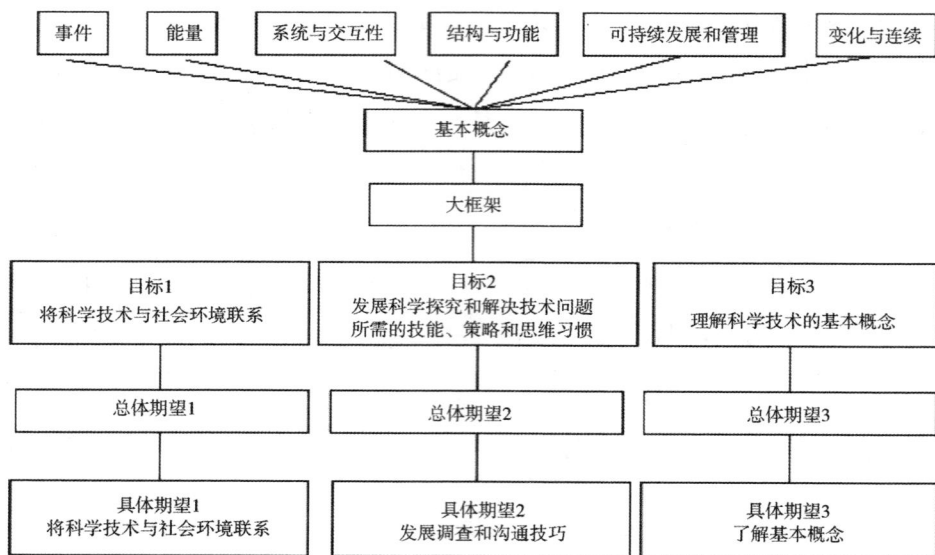

图4-2 安大略省课程内容标准关系结构图

(二) 中国科学课程内容

1.中国科学课程内容的组成

中国《标准》中的具体内容包括：

科学探究。认识科学探究，提出问题，猜想与假设，制订计划，观察、实验、制作，搜集整理信息，思考与结论，表达与交流。

情感态度与价值观。对待科学学习，对待科学，对待自然，对待科学、技术和社会的关系。

科学知识。①生命世界，包括多样的生物、生命的共同特征、生物与环境、健康生活；②物质世界，包括物体与物质、运动与力、能量的表现形式；③地球与宇宙，包括地球的概貌与地球的物质、地球运动与所引起的变化、天空中的星体。

中国课程内容表述至六年级结束时的全部内容，未划分具体年龄和学段。科学课程内容主要包括科学探究、情感态度与价值观、科学知识三个部分，其中科学知识又分为生物、地质、地球与宇宙三个主题。

科学探究方面，科学探究不仅被当作课程目标，同时又被列入课程内容，且置于课程的首位。《标准》明确指出，"科学探究是科学学习的中心环节"，足见其重要性。关于科学探究内涵的阐释，《标准》认为，除了包括探究过程的一些程序性知识或技能，还包括对科学探究的认识，即元认知科学知识。这些阐述较为全面地揭示了科学探究的内涵。

情感态度与价值观方面，涉及人与自然，科技与环境、社会的关系，注重引导学生关心科学前沿，意识到科技对人类社会的好处及负面影响。

科学知识方面，内容难度不大，不拘泥于名词概念的获得，而强调增加学生的科学认知和经验，给学生打开一个广阔的天地，让学生接触丰富多彩的世界，激发学生的好奇心和求知欲，同时引入一些最新的科技成果，改变以往"繁难偏旧"的课程内容。"生命世界"部分涉及基本的生物常识，以及生物与环境的关系，整合了学生对生命零散的认识，同时密切科学知识与学生自身及其生活的联系，引导学生正确认识身体构造、生长发育的特点，最终引导其养成良好的生活习惯，健康地生活，对健康负责，初步理解与探索生命的本质。"物质世界"部分从物体、物质、材料三个方面不断深入，符合学生认知由具体向抽象过渡的特点，其内容涉及现代技术基础、科学与技术的联系。对小学生而言，"地球与宇宙"部分的知识离日常生活较远，因此这部分内容的教学主要在于引导其初步获得对地球的完整印象。

2.中国课程内容的结构与表达

其结构主要由文字阐释、内容标准框架图、具体内容标准阐述三部分组成。在文字说明中，首先阐述了本内容在科学教育中的地位及其对学生产生的影响；接着阐明内容的具体组成；最后点明教学中的注意点。"内容标准框架图"（图4-3）形象地呈现出各部分知识之间的联系，突出知识的整体性。

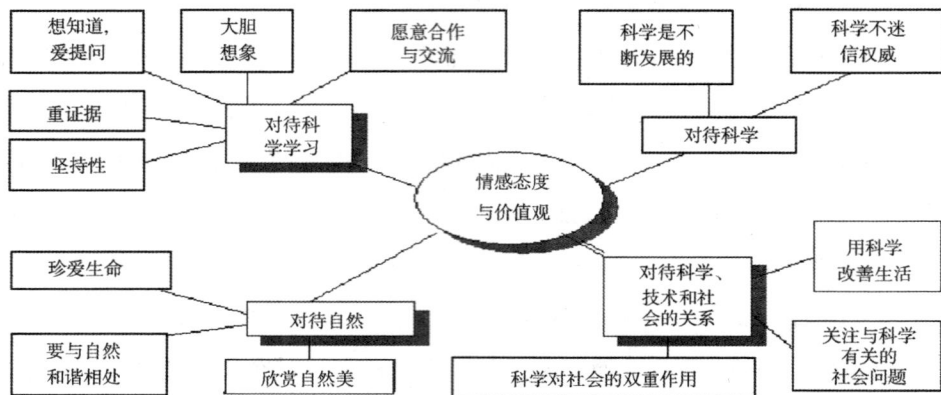

图 4-3 情感态度与价值观部分内容标准框架图

中国《标准》中的"具体内容标准"部分，分点列出具体内容，并附以"活动建议"，因为标准中的内容，多是"行为化"了的，可以在活动中予以实现。"活动建议"部分联系附录具体案例进行说明。这样的呈现与表达方式，兼顾学生学习与教师教学，也体现出科学教学的探究性，反映了以学生和活动为中心的理念。如表 4-9，是关于"生命世界的具体内容标准"中"常见的植物"的具体表述。

表 4-9 中国科学课程标准中"生命世界的具体内容标准"（局部）

具体内容标准	活动建议
1.1 能说出周围常见植物的名称，并能对常见植物进行简单分类	·在校园内为树木挂标牌 ·认识当地典型的植物，说出它们的一些典型特征（包括形状、颜色、气味等） ·在校园和社区中观察常见的树木
1.2 了解当地的植物资源，能意识到植物与人类生活的密切关系	·调查当地主要的经济作物、观赏植物、珍稀植物 ·调查当地近年来新出现的食用植物品种
1.3 了解更多的植物种类，感受植物世界的多姿多彩	·参观植物园，观看图片、多媒体资料 ·在教室里布置生物角，进行插花评比
1.4 养成爱护花草树木的习惯	

在语言表达上，为"行为动词+名词短语"，按照知识点进行罗列，简明
扼要，生动形象。如"去田野树林、山川湖泊，看花草树木、虫鱼鸟兽，感
受生命的丰富多彩、引人入胜"；"他们会发现每一片树叶都不同，每一朵花
儿都绚丽"；"一个无生命的物质世界与生命世界同样五光十色、精彩纷呈，
充满了形形色色的令人惊奇、迷惘、感叹的生命现象和过程"；"可以使他们
对习以为常的地球物质'刮目相看'"。这样的表达，在遣词造句上，富于文
学性，亲切而自然，拉近了课程与读者的距离。

（三）比较分析

1.两国课程内容的相似点

（1）内容选择大体相同

科学课程内容涉及生物、物理、地球等基础科学内容，内容广泛，有利
于扩大学生的知识面；同时，注重跨学科知识之间的联系，将学科内容整合，
凸显了科学课程综合化的趋向，符合小学生的认知规律，有助于他们了解世
界的多样性、变化性与相互制约性，树立整体系统的观念；注意知能整合，
凸显了内容的整体性与综合性。

大部分内容都是学生喜闻乐见的。由于小学阶段的科学教育主要是为了
激发学生对科学学习的兴趣，所以深度与难度上均较浅；具有开放性，不局
限于课堂学习；重视学生对科学技术的理解，重视科学技术与社会生活的联
系，从日常和身边出发，学科学，用科学；与时俱进，关注社会热点，并要
求学生学会科学看待，注重实践性与应用性，培养有社会适切性的公民。

（2）两国均重视探究过程

均注重使学生获得感性经验，并注意引导感性经验逐渐向理性思考发展。
这与长久以来知识学习占主导、学生被动接受有关。扭转重智轻能、重结果
轻过程的局面，必须强调体验性与过程性，强调学生的主体参与性与主观能
动性。但不能矫枉过正，不能忽略知识概念的学习。重视从学生学习的角度
阐述课程，给教师教学提供思路与方向，中国有"活动建议"，安大略省有
"示例问题"。

2.两国课程内容的不同点

（1）中国《标准》将情感态度与价值观单独列出

内容安排上，中国《标准》将情感态度与价值观以"独立式"编排方式呈现，并将其贯穿科学课程始终，可见中国对情感态度与价值观的强调。不过，中国《标准》将情感态度与价值观归为内容标准的做法，颇值得商榷。具体教学时如何实施，如何测量，中国《标准》并没有提出明确的要求。此外，价值观的构建属于学生自己的事，有其个体性与特殊性，是否可以划归课程范畴值得商榷。因为情感态度与价值观是伴随科学知识的学习而发生的，它不能独立完成，将其独立划分能突出其重要性，但逻辑并不严密。

（2）中国课程内容无核心概念提法，安大略省的则注意内容与目标的联系，注重内容的融合

中国的课程内容没有"基本概念""核心概念"的提法。对于理科学习，核心概念及其知识体系的构建尤为重要。因为，概念是知识体系构成的基本要素，概念学习可以促进知识的学习与认知的发展。另外，学科之间的联系与融合，有利于学习的迁移。因此，课程应注意知识之间的内在逻辑，保持学科内容必要的连贯性与系统性。

此外，中国《标准》每项主题及其具体内容只是简单罗列，浅尝辄止，虽然可以给予教师较大的自主权，但只显示六年级结束时所应该掌握的知识和技能，看不出内容的螺旋上升，看不到知识、技能的深入发展，实际上是给教师增加了教学难度，不能很好地与学生身心发展特点和学习进程相匹配，因而教学指导意义大为削弱。与按年级划分课程内容相比，中国课程标准的教学指导作用显得尤为薄弱。同时，与中国其他学科如语文、数学课程目标分成低年级、中年级、高年级分别阐述相比，科学课程的目标与内容有待细化，课程地位有待提高。

在课程内容呈现上，中国《标准》的领域、大主题、小主题和具体内容与安大略省《标准》的基本概念、核心概念、整体期望、具体期望的构建相比，横向维度考虑较多，纵向逻辑不如安大略省课程标准清晰。中国对于课

程内容整体性、统一性的规划较弱，且无论是大主题还是小主题均无对应的基本宗旨与目标，致使各项具体内容的学习易于偏离课程目标。[①]

（3）安大略省关注"可持续发展"与"安全问题"

安大略省《标准》将"可持续发展"单独作为一个主题，颇有特色。安大略省教育部长委员会颁布的《维多利亚宣言》认为，"公民在完成自己个人和专业发展目标的同时，也会对社区以及整个国家的社会、经济、文化发展作出贡献"。[②]可见，安大略省《标准》不仅关注个人成长，也关注学生公民素养的养成，注重增强学术对社会的责任感。中国《标准》对此未单独突出，亦未提及相应的要求。

安大略省《标准》对于科学课程中可能遇到的安全问题，在每一年级、每一主题下均分别提出，并举例说明；同时在随后的"科学与技术大纲计划的一些考虑"中，还单独撰写了"科学与技术教育中的安全"，内容不仅涉及学生自身的健康和安全，还要求关注他人的安全健康，甚至要求对"有关植物和动物等生物进行保护"。这些描述折射出安大略省《标准》对学生、对生命的高度关怀和重视。中国《标准》中的安全教育显得很薄弱，究其背后的原因，可能是中国哲学强调群体意识，对于个体的关注不及西方文化；另一方面，我国各地教育设备资源配置不完善，一些地区的科学活动或实验没有真正开展，科学学习依旧是纸上谈兵，因此现实中并不存在太大的安全隐患。随着信息技术的发展，一些存在安全隐患的实验可以由计算机模拟操作，学生可以经历失败或错误而免于"受伤"，安全隐患大大减少。但计算机模拟不能代替真实的实验；同时，让学生亲历科学活动，在"做中学"对于提高学生的科学素养意义重大。因此，对于安全无论是从科学研究，还是学生今后生存发展来讲，都应该引起足够的重视。

---

①刘继和《日本新订小学理科课程标准述评及其对我国的反思》，《外国教育研究》2010 年第 4 期。

②Victoria Declaration 1993:*Joint Declaration——future Direction for the Council of Minister of Education*,Canada，1993.

六、课程评价比较

（一）安大略省科学课程评价

安大略省科学课程评价部分主要包括评价目的、定义、策略和成绩图。

评价目的。一方面促进学生学习成绩的提高，另一方面指导教师调整课程和教学。

评价定义。①理论定义：突出评价作为一个"过程"，来反映学生达到预期的程度。②操作定义：要求教师提供指导学生改进工作的描述性反馈，并且在成绩评定时对 1—6 年级只以等级评估。

评价策略包括：

·明确学生学习什么，以及他们学得如何；

·基于知识和技能的分类，以及在 26~27 页面中给出的成绩水平说明；

·评价方式多种多样，且间隔一段时间进行评价，旨在让学生展示系列学习过程；

·评价要适应学习活动、教学目的，以及学生的需要和经验；

·公平对待所有学生；

·适应特殊的学生教育需要，与他们的个人教育计划概述的战略相一致；

·适应正在学习语法的学生的需要；

·确保每个学生给出明确改进的方向；

·促进学生提高评估自己的学习和设定具体目标的能力；

·包括利用学生提供他们的成就证据的习作样本；

·在开学前或者其他适合的时间，将有关结果清楚地传达给学生和家长。

成就图。安大略省《标准》中的评价部分颇有特色的是科学与技术成绩图。安大略省课程标准阐述了成绩图的主要目的：①提供了一个框架，它包括所有该文件中年级和科目的课程期望；②指导评估的任务和工具（包括类目表）的发展；③帮助教师规划教学指导；④帮助教师给学生提供有意义的反馈；⑤为评估和评价学生提供各种类别和标准。

表 4-10 安大略省科学与技术成绩图 (局部) [①]

	水平一	水平二	水平三	水平四
知道和理解——在每一年级获得具体学科的内容并理解其意义和重要性				
	学生:			
知道有关内容(如事实、术语、定义,工具、设备和材料的安全使用)	知道有限的内容	知道一些内容	知道相当多的内容	知道全部内容
理解有关内容(如概念、观点、理论、原理、程序、过程)	理解有限的内容	理解一些内容	理解相当多的内容	理解全部内容
思考和探究——运用批判性和创造性思维探究问题解决技能和/或过程				
	学生:			
运用、启动计划编制技能和策略(如明确问题、拣出观点、提出假设、排出过程、选择策略和资源、制订计划)	有效地运用启动和计划编制技能策略	有效地运用启动和计划编制技能策略	相当有效地运用启动和计划编制技能策略	非常有效地运用启动和计划编制技能策略
运用过程技能和策略(如开展和记录,收集证据和数据,观察,安全地使用材料和设备,维持平衡,校正)	有效地运用过程技能和策略	有效地运用过程技能和策略	相当有效地运用过程技能和策略	非常有效地运用过程技能和策略

从表 4-10 可知,课程评价主要从知道与理解、思考和探究、交流、应用四个方面加以展开,每一方面按照目标应达到的程度垂直划分为四个水平等级。安大略省《标准》对成绩表的阐述主要突出"描述"和"限定词"两个关键词。

"描述"表示学生在一个特定的标准下的行为表现特征,这些行为表现是评估的重点所在。学生的行为表现因给定任务、特定标准不同而有所不同。有效评估强调依据适当的标准进行,这些标准有:清晰度、准确度、精密度、逻辑性、重要性、流畅性、灵活性、深度或宽度。为了进一步说明,安大略省《标准》进行举例,"在思考和调查研究范畴,有效性评估可能会集中在分析的适当程度和分析深度;在交流类别中,集中于表达的清晰度,或消息

①资料来源于胡军《加拿大 1—8 年级科学与技术课程标准 (2007 修订版) 研究》,《课程·教材·教法》2008 年第 6 期。

和思想的逻辑组织；在应用类别中，集中于相互关联间的恰当性或广度。同样，在知识和理解范畴，知识的评估可能会集中于精密度，对理解的评估可能会侧重于解释的深度。"这些描述可帮助教师将他们的评价聚焦于每个类别和标准的具体知识和技能，以帮助学生了解被评估的内容，从而使得教师能准确地判断学生的行为表现，指导学生有效地学习。

安大略省《标准》用具体的"限定词"定义四个等级：1级是"有限的"，最低限度；2级是"一些"，接近预期成绩；3级是"相当的"，符合省级标准；4级为"更高的深度"，超过标准。同时，学生应通过众多不同的机会来证明他们在所有四个类别的知识和技能方面所达到的程度。

（二）中国科学课程评价

中国科学课程标准中的"评价建议"被置于"实施建议"之中。课程标准主要从评价目的、评价内容、评价方法三个方面阐述。

1.中国科学课程标准中课程评价的组成

评价目的。了解学生实际学习情况和发展状况，以利于改进教学、促进学习，最终实现课程宗旨，提高每个学生的科学素养。

评价内容。科学探究方面，重点评价学生动手动脑"做"科学的心情、技能、思维水平和活动能力；情感态度与价值观方面，重点评价小学生对科学学习的态度；科学知识方面，重点评价对基本概念和技能的理解过程和应用情况。

评价方法。教师观察、与学生谈话、杰出表现记录、测验与考试、活动产品分析、学生成长记录袋、评定量表、作业法、评议法。

课程评价目的相对于传统有了较大的转变：由教师为评价主体向学生、管理部门等均可参与评价过渡；由结果性评价向过程性、体验性评价过渡；由选拔与甄别功能向激励促进功能过渡。

在评价内容方面，坚持目标导向。基于三维课程目标，中国《标准》进一步明确了评价的重点。在学习评价上，不再以记忆性知识为主，重视形成过程与活动体验，重视知识的理解与应用，关注知识探索过程中的情感发展。

在课程评价方法上，中国《标准》强调突破单一的纸笔考试模式，鼓励灵活运用多种评价方法评价学生的科学学习，全面反映学生的学习和发展情况。

总体来说，在课程评价方面，中国《标准》要求突破原来课程评价的桎梏，使评价真正促进教师教学与学生学习。但关于课程评价的表述未能突出科学课程的特色，《标准》中虽有科学课程评价的示例，但大多浅尝辄止，宏观阐述较多，脱离科学课程评价实际，较为空泛，不利于教师的具体实施。

（三）比较分析

1.中加评价目的均重视提高科学素养

中加两国在科学课程评价目的上都重在提高学生成绩或科学素养。基于课程目标实施评价，以期客观了解、反映学生的学习情况，便于教师更好地改进教学。其中，中国《标准》在评价目的的阐述上，明确了科学课程在评价主体、评价内容、评价方法和评价时机中的变化，以便促进学生更全面地理解与学习，提高科学素养。

2.评价策略/方法均灵活多变，安大略省《标准》更重视特殊学生的评价

中加两国课程评价方法都灵活多样，便于全面、客观地反映学生的学习情况，不仅仅测验学生学了多少知识，同时通过各种渠道搜集学生学习过程中的点滴，运用多种方法进行评价，以描述性为主，突出过程性评价，反映学生的成长，不单纯关注学生最终的学习结果。中国《标准》详细列举了9种常用的评价方法，有的方法较为新颖，并辅以简单说明，给予了教师较大的选择余地，这与试图突破长期以来单一的评价方法现状有关。

安大略省《标准》并未对评价方法作过多解释，但在"策略"部分，强调"公平对待所有学生""适应特殊学生需要""适应特殊语法学生需要"等原则，可以看出，安大略省《标准》在保证评价公平的基础上，对于有特殊需要的学生，要求教师评价时"因人而异"。安大略省移民人口较多、文化多样，教师在教学时应对学生文化的适应性给予特殊关注，以满足不同学生的需要，使得评价更加适切文化差异。另外，安大略省《标准》评价策略中

提及"在学期开始之前或其他适当的时间，清楚地（将成就期望）传达给学生和家长"，使得学生与家长均能清楚地了解学生的成就期望，这在一定程度上分解了教师的压力，从另一个侧面保证了评价的公开与公平。

3.中国评价内容依据三维目标确定，安大略省将评价内容进行垂直分层

在课程评价内容上，中国《标准》根据三维目标加以展开，包括知识技能、过程方法、情感态度价值观标准，阐述了评价中三个维度的注意点，强调了对科学态度、情感态度价值观及其对科学与社会的关系认识的评价，评价内容较为全面。但相比于安大略省《标准》评价内容，中国《标准》评价内容的介绍显得过于简单，多为原则性建议，不够具体明确。

安大略省《标准》的评价内容部分十分详细具体，用了约4个页面，还用成就图的形式清晰呈现评价内容，这使得评价的指导作用更加贴近教学实际，可操作性强。值得关注的是，安大略省《标准》的评价将学生的成就水平进行了垂直分层，使得目标的达成有了层次区分。心理学研究表明，不同学生的认知水平不同，即使同一学生对不同知识和技能也存在不同的掌握程度，应对其进行认真研究。中国《标准》只是纵向上分为小学（3—6年级）、初中（7—9年级）两个学段，目标与评价均是针对学段结束时的达成度进行阐述，显然不尽合理。另外，安大略省《标准》关注到每一个细节，其课程评价对期望学生达到的"目标"选用"expectation"（期望）加以表达，进一步说明其评价的层次要求，"期望"相比于目标，显得留有余地且温和。"期望"不是每个学生都必须达到的结果，教师可针对不同的情况，选择不同的评价层次。

同时，除了《标准》文本提供的成绩图检验学生学习情况，安大略省"科技成绩评价"课题组还配套开发了评价光盘，包括600多个评价任务，也有其他相关评价的电子文件和纸质材料，足见其对评价的重视。一系列关于评价活动的指导和监控，直观量化的等级和标准，确保了小学科学课程评价的可行性与有效性。

七、加拿大安大略省《标准》对我国的启示

(一) 完善课程标准设计与编排

1. 课程标准修订应增强地方参与

安大略省科学课程改革遵循这样的思路：问题发现——规定纲目（目标、内容）——重要文件推动课改——评价体系的构建——课程教材的规定——科研的推动[①]。我国课改也应该注意抓住关键，统筹规划，除了科学课程标准文本，还应注意出台相关政策和文件支持科学教育改革。有别于加拿大，我国实行的还是自上而下的课程开发模式，各省的课程开发权利相对较小，应鼓励地方参与课程开发。在科学课标的修订上，应该适当放权，集思广益，增加地方的参与度。同时，不同省份尤其是经济发达的省份，可以根据自身的特点与优势，自主开发相应的科学课程，如上海已经单独制定了小学科学课程标准，为其他省份提供了范例，值得推广。

2. 课程整体设计，以核心概念统领课程

安大略省对科学课程标准进行整体设计，课程目标、课程内容、课程评价有机结合，总目标、总体期望、具体期望环环相扣，横向分层与纵向分层兼顾，整个课程具有较强的操作性。同时，安大略省《标准》注意明确各年级的目标，课程目标在纵向上层次分明，逐级递增，螺旋上升，并注意各学段间的相互联系，减少学段间的隔阂。这些做法科学合理，值得我国借鉴。

美国著名教育家 H. Lynn Erickson 认为，"通过概念整合学习主题，可以产生元认知学习"，因此除了片段知识和具体主题学习外，还需要用核心概念来确立目标。思维的形成成为教与学的重心，学生围绕核心概念来整合思维，有利于知识的迁移与应用。美国哈佛大学教授兰本达也指出，科学教学要面向整体概念，要让儿童的零碎性知识、孤立概念相互联系起来，使它涉及面更大，从而形成更加抽象的、跨学科的整体概念，直到认识整个世

---

①管洪云《20 世纪 80 年代以来加拿大基础教育课程改革述评》，《浙江教育学院学报》2009 年第 7 期。

界。虽然真正形成高层级的整体概念需要学生思维水平发展到皮亚杰的形式运算阶段，但对于沿着整体概念前进的旅程从小学就可以开始关注。[①]布鲁纳课程结构理论也强调基本概念和原理，构建学科结构，缩小知识间的差距，促进知识的迁移。

我国目前以主题的形式设计课程，以主题和相关事实组织丰富的内容。但繁杂的主题，师生难以准确把握，不利于发展思维能力和迁移应用能力，不利于学生的终身学习。借鉴安大略省的做法，提炼核心概念、大概念，并与课程内容融合、相互联系，通过对核心概念和大概念的强调，学生的学习不再是记忆单一的知识点，有利于学生形成对概念的广泛理解和深入认识，并将所学知识迁移运用到日常生活或相关学科或领域。

3.增加低年级课程内容，在不同年级分列目标、内容

在课标内容的学段分布上，中国科学课程从三年级才开始，低年级不设置科学课程。优劣与否值得讨论。一、二年级的低年级学生爱活动，好提问，富于想象，面对神奇丰富的自然和科学有着天生的好奇心，兴趣盎然，此时正是科学启蒙的好时机，不应错过。科学课程的学习，对于其他课程也有促进作用，如培养学生的观察能力、想象能力、创造能力、动手能力、语言表达能力等，有利于其他学科的学习。当然，不可否认，低年级学生的认知特点和年龄特征，决定了学生在科学探究时存在困难，可能难以达到预期目标，但正因为如此，更要重视低年级科学教育，落实科学启蒙的课程理念。针对低年级学生的特点，可以降低难度，安排一定的科学实践活动，培养良好的科学习惯，而不是灌输科学知识。

另一方面，中国科学课程内容在组织上，以横向组织为主，注意科学与社会生活的联系，减少了课程内容的坡度与实施难度。这样的组织以心理顺序为主，突破了以往知识本位的逻辑顺序。但科学课程改革并不意味着非此即彼，要防止走向极端。应兼顾横向组织与纵向组织，明确各年级目标和内

---

① [美] 兰本达《随笔之五——面向整体概念》，《科学课》1989 年第 6 期。

容，既尊重科学知识内在的逻辑性，又考虑学生特点和需求，平衡两者的关系，切实有效地推进课程改革。

(二) 深化课程标准的基本思想

1.加深对科学技术本质的理解

学生科学素养的养成，需要全面理解科学本质。对于科学的本质，安大略省《标准》不惜花笔墨进行详细的阐述，而中国《标准》对科学本质提及甚少。同时，安大略省关注科学、技术和社会环境的相互关系，特别是其对"技术"的关注，值得我们学习。技术作为科学发展中不容忽视的部分，它与人们的生产生活息息相关，尤其作为数字时代的"原住民"的学生，从小接触各种科技产品，体验着数字环境带来的便利，技术是无法回避的。技术无论作为科学教育的内容本身还是作为辅助科学教育实现的手段，都深刻地影响着科学教育。

科技哲学大家凯文·凯利在其著作《科技想要什么》中，从技术哲学的角度，提出新的自然进化法则，认为技术元素是第七生命。一方面，它不仅扩展了生命的基本特征，还扩展了生命基本的善；另一方面，它扩展了思维的基本特征，现今人们生活的环境已是一个技术化的环境，在理解现实世界时，需要所有生命、所有思维和所有技术共同参与。技术不光作为教师教学的手段与资源，同时技术素养也应是学生科学素养的重要组成部分，学生有必要对其进行学习，尤其要重视其对思维能力的锻炼。在重视科学教育情景化的时代，引入技术教育，把学生引入技术设计与应用的世界，对学生的发展和社会的进步有着重要而深远的意义。[①]

2.完善落实科学探究，重视批判性思维培养

科学探究作为科学素养的重要组成部分，中加两国在科学课程标准中都有独立呈现的部分，凸显了其作用和地位。不局限于总目标中的理念，课程

[①]胡军《加拿大 1—8 年级科学与技术课程标准 (2007 修订版) 研究》，《课程·教材·教法》2008 年第 6 期。

标准按照科学探究的步骤对其作了内容表达和具体阐述。安大略省《标准》的科学探究技能的图解，使科学探究的训练成为一个系统的技能训练。两国的科学探究均附着于具体内容进行操练，在情境活动与实践练习中不断发展，符合皮亚杰等儿童认知发展理论的基本观点，也与施瓦布提倡的探究学习相一致。探究训练有助于学生由被动接受转变为主动学习，促进知识的意义建构。

当然，在对科学探究的理解和实施上，仍有需要完善的地方。我国的小学科学教育从 20 世纪 80 年代初就开始经历从"知识传授"到"科学探究"的转变，但 30 年后的今天，科学探究依旧只是被作为固定的步骤或程序来对待。[1]探究作为科学素养的重要组成部分，如果在实践中仅仅依照固定的步骤，科学探究内在的质疑精神就会变成思考"老师想让我得出的事实和结论"，这无疑会导致科学探究僵化，致使探究成为教条。

同时，在对探究结果进行说明与分析时，中国《标准》分目标要求"知道对别人研究的结论提出质疑也是科学探究的一部分""能反思自己的探究过程""能对探究结果进行评议，并与他人交换意见"。安大略省《标准》在科学探究的"分析与解读"部分要求"识别并解释规划可以做什么改变，如何提高解决问题的效率，确定所选择的解决方案对他/她自己、他人和/或环境以及其他要考虑的事情，如成本、材料、时间和/或空间的影响，并且提出建议或方法，使不良影响减少或消除"。两者均提及反思及结果评价。物理学家费曼在"草包族科学"演讲中强调实验报告除了"你"认为对的部分，还应该包括可能推翻这个实验结果的所有事实，任何知道或者容易引起怀疑的细节都必须包括在内。实验报告的重点在于提供所有信息，让其他人得以裁定你究竟作出了多少贡献，而不是单单提供会引导大家偏向某种看法的资料。不可以只注重对自己有利的，而对"不利"的事实刻意回避。反思除了针对过程和别人的成果，对于自己得出的结论本身也需要质疑。不仅要重视科学探究的结果，还应重视科学探究结果所带来的影响。也许这样的要求对于小

①吴向东《数字时代的科学教育：鸢尾花（IRIS）数字化探究之旅》，广州：华南理工大学出版社，2012 年，第 8 页。

学生而言难度较大，但不应该忽视。如果从小对探究学习养成思维定式，不仅不利于学生个人发展，也无助于国家和民族的科学发展与技术进步。钱学森之问，即"为什么我们的教育培养不出杰出人才"，值得我们思考。杰出人才需要创新，创新需要质疑，需要学会反思。科学探究中包含着科学态度和质疑精神，对此应该从小就开始熏陶与培养。

中国文化以和为贵，趋于求同存异，中国《标准》中对于"批判精神"显得相对保守。而安大略省《标准》开篇就提纲挈领地指出"批判性地评估所提供的消息"是科学素养的表现，并专章阐述"科学与技术中的批判性思维和能力"，强调个体的参与和思考，形成个人的意见或立场，从而养成学生公民的公正素养，减少偏见和遗漏，促进社会发展与科技进步。

批判性思维是科学思维的内核。有别于"记忆、理解"等低级思维，批判性思维所适用的领域更广，属于高级思维的范畴。美国批判性思维教育专家文森特·鲁吉罗认为，批判性思维的本质是评价，是我们用以检验各种观点和事实，并判断其价值的过程；批判性思维的关键是要能发现问题以供探究。[1]《21世纪技能：为我们所生存的时代而学习》一书在"学习与创新技能"阐述中指出，批判性思维与问题解决能力是21世纪学习的基础。[2]批判性思维的培养应当引起更多重视。

（三）完善课程目标和内容

1.情感态度价值观不宜作为课程内容单独列出

中国科学课程内容设置将情感态度价值观单独列出，突出其在课程素养中的地位，体现了时代精神，以此强化课程实施，无可厚非。但严格讲，这样的表述并不严谨。从情感态度价值观的定义看，价值观的构建是学生自己的事情，有其个体性与特殊性，可以引导，但难以"灌输"。情感态度价值观

---

① [美] 文森特·鲁吉罗《超越感觉：批判性思考指南》，顾肃译，上海：复旦大学出版社，2011年，第2页。

② [美] 伯尼·特里林、查尔斯·菲德尔《21世纪技能：为我们生存的时代而学习》，洪友译，天津：天津社会科学院出版社，2011年，第46—47页。

是目标，而不是内容本身。因为情感态度价值观缺乏相对的独立性，必须渗透在科学知识的各个领域加以实施，伴随教学过程加以展开，在过程中生长与丰富。将情感态度价值观独立出来，有悖常识。课程标准虽也提到与其他目标内容融合统一，但单独列出则使其流于空泛，教师若没有较高的科学素养和课程实施能力，容易导致认识误区和实践偏差。

2.关注学生的特殊性，实施差异教育

由于同一年级的学生处于相同的年龄阶段，教师容易产生标准化的追求，将教育作为"生产流水线"，而忽视学生的个体差异。事实上，学生在生理、心理、情感动机、认知和学习风格、家庭社会环境等方面均有不同的特点与需求。安大略省结合国情，在科学课程标准中考虑学生的特殊需要，致力于为每一位学生的独立生活做准备，同时认识到成功不是千篇一律的，公平不代表完全相同。教师应关注差异，因材施教，给予学生实现期望的机会，使每个学生获得各自的发展。安大略省《标准》中还提及"个别教育计划"（IEP），以满足学生个性化的教育需求。个别教育计划可以根据实际情况加以制订，并在实施过程中进行修改与完善。

安大略省作为一个多民族和多元文化融合的地区，学生的背景和经历不同，存在多种教育诉求。对于第一语言不是英语的学生，安大略省《标准》中作了单独说明，这些学生可以获得相应的支持，如向其提供"英语作为第二语言（ESL）课程"和"英语读写能力发展课程（ELD）"，并有专门的政策辅助。这样，学生能有较多的课程自主权。政策的支持与专门的监督保障了教育的公平，也体现了教育的人文关怀。中国的科学课程标准应关注学生的差异，特殊教育不应局限在生理有特殊需要的学生，一些因文化、经济原因而产生的不同要求也应该引起重视，如基于少数民族学生的文化背景、农村学生的生存环境等，他们均需要相应的教育支持和特别帮助，这样才能让教育公平惠及更多的学生。

同时，关于"男女平等"的科学教育，两国课程标准均未提及，但多项调查结果表明，教师对女生的科学成绩期望普遍低于男生，缺乏足够的女性角色典范（role models），这也是导致女生形成"科学课程属于男性"的观念的原因之一。[1]美国学者布莱克的一项调查也指出，随着年龄的增长，女生与科学有关的经历大大少于同龄男生，男女生在科学成绩上逐渐存在显著差异。角色期待不同，会对课程产生不同影响，这需要引起科学教育工作者的重视，以最大限度地实现"为了每个学生的发展"。

3.增强科学课程安全教育和环境教育

科学课程实施以探究性为基本方式，容易接触到有潜在危险的物品，加上学生本身活泼好动，有好奇心，故安全问题不容忽视。安大略省课程内容除了在每个年级主题中均会提及安全防护事项，在多方协作时也要求共同营造安全的环境。安全教育既是对生命的敬畏与尊重，也是个人法律权利的体现。《中华人民共和国未成年人保护法》第十六条规定："学校不得使未成年人在危及人身安全、健康的校舍和其他教育教学设施中活动。"我国小学科学教师的培训还不完善，一些教师"半路出家"，在安全意识方面观念淡薄，因此科学课程标准应补充安全教育内容，并予以明确说明。

在教育中整合环境教育，培养学生的环境素养，逐渐成为许多国家课程改革的重点。安大略省环境教育工作小组于 2007 年 6 月以《塑造我们的学校，塑造我们的未来——学校中的环境教育》为题发布报告，明确环境教育的定义、政策及行动计划，要求所有学科的课程标准修订都要体现这些理念和策略。[2]科技是一把"双刃剑"，必须趋利避害，走可持续发展之路。安大略省的《标准》明确了"可持续发展和管理""能源与资源保护"，倡导从小树立学生的环境保护意识，规范行为习惯，培养责任感。中国近年来的环境问题愈演愈烈，大气污染、水污染、城市垃圾等环境问题的解决已刻不容缓。作为一个发展中国家，我国的经济发展模式一定程度上还建立在高耗能和高污染的基础上。绝对不能以资源、环境为代价发展经济，可持续发展是我国未来发展的必然选择。因此，科学课程标准对其应予以明确，增进学生对科学技术、对环境意义的理解，将

---

①陈华彬、梁玲《小学科学教育概论》，北京：高等教育出版社，2003 年，第 10 页。

②胡军《加拿大 1—8 年级科学与技术课程标准（2007 修订版）研究》，《课程·教材·教法》2008 年第 6 期。

科学技术与环境紧密联系，不断强化学生的环保意识，使其懂得科技低碳的意义和做法，形成可持续发展的观念，构建环境友好型社会。

4.课程实施应明确多方角色职能

科学课程的有效实施，离不开多方协作。除了课程实施的直接参与者教师和学生，其他相关人员间接参与，也应有相应的职责和角色。这样，多方合作，才能共同促进课程目标的实现，促进学生终身学习。安大略省《标准》对学生、家长、教师、校长、社区合作伙伴五个角色进行了定位，使得更多的人员参与科学教育。不仅注重角色的职能，还注重培养其角色态度和角色认同，并说明角色产生的作用，辅以相关实施建议或"有效方法"。课程标准还注意结合相关研究，提供理论支持，如"研究表明，如果家长参与到对孩子的教育当中，那么孩子在学校的表现要好得多"，以增强说服力。注意共同维护学生科学实践的安全，营造健康的情境，为学生的生命健康安全负责。共同关注每一个学生，共同承担教育职责。同时，在为学生提供学习机会和支持的过程中，关注社会生活，关注学生学习，在潜移默化中促进学生乃至自身科学素养的提高。长期以来，中国教师几乎承担了全部的教育责任，压力巨大。因此，应统筹各方力量，呼吁更多的人参与教育，支持学校教育，为学生成长贡献自己的力量，同时营造良好的学习环境，减少"5+2=0"的问题。社会各界应该共同参与支持学校教育，减少学校教育与家庭教育、社会教育的隔阂，为学生提供科学实践的机会，支持学校科学教育，提高大众科学素养。

4.细化课程评价

在课程评价上，可借鉴安大略省《标准》，组织相关专业力量，对课程评价进行专项研究，开发相关材料，组织系统师资培训，以评价反馈来促进科学课程标准的修订与完善。同时课程标准在阐释课程评价时，除了提供原则性指导外，还需要对评价本身进行研究，增加量化评价标准，将其进一步细分，把每一个目标的达成区分为不同的层次，根据学生理解水平和掌握程度进行评价。一方面，是为了避免简单的"一刀切"；另一方面，进行适当的评价分层，有利于促进教育公平的实现，更好地满足学生不同的发展需要。

第五章 中国与德国小学科学课程
标准比较

德意志联邦共和国（The Federal Republic of Germany），简称德国。该国由 16 个联邦州组成，领土面积 35.7 万平方公里，人口 8110 万人（2014 年统计），是欧洲联盟中人口最多的国家，以德意志人为主体民族。德国是一个高度发达的资本主义国家，基础科学与应用研究十分发达。德国的教育体系为 12—13 年义务教育，小学阶段多为 4 年。中学阶段经历定向阶段后，学生分别进入三类学校：文理科中学（天赋较佳、准备报考大学的学生，约 9 年毕业）、实科中学（中等程度学生，6 年毕业）、主干学校（提供职业教育）。

一、德国小学科学课程改革历程

19 世纪末，德国开始重视基础教育，实行了强制性初等义务教育。著名教育家洪堡改革学校教育，建立了现代学校教育体系，在学科内容上减少了宗教神学课，增设了实用性知识学科——自然常识。到了 20 世纪初期，具有更强力量的、以儿童为中心取向的欧洲教育改革运动逐步发展，这项改革运动提出了课程组织的标准。1957 年和 1959 年，德国教育委员会分别颁布了《关于扩建国民学校的建议》和《关于普通教育的改革和统一的总纲计划》两项文件，要求小学科学课程要以"使学生接近自然科学"为主要认识方式，以便培养学生初步的理解力。此时的小学科学课程被称为"乡土课"或"乡土常识课"。20 世纪 60 年代之后，苏联卫星上天给德国带来巨大的冲击，德国开始对基础教育进行全面改革——在保持原有基础教育的前提下，在小学实施初步的科学启蒙教育，使儿童学会学习、学会研究。这一时期是改革的前期准备阶段，为德国科学课程改革奠定了相应的基础。

20 世纪 80 年代之后，德国经历了一场较大规模的改革，对各级各类课程重新作了审定，规定教育按年龄逐级分为四大领域，同时规定了每个领域的界限、目标、现状、教学任务、教育指导思想和方法、教学环境、教师培养等。小学科学课程也在此次改革之列，乡土课被自然科学教育所取代，以便更加适应科学与社会发展的需要。自然科学教育不是简单的学科拼凑，而是一门包含自然科学、技术与环境、空间、人和集体、社会科学等多领域的综合性学科。这些领域都是小学生平时生活中所能接触到的。教师教授科学课以儿童实际生活经验为基础，运用启发式、发现式的教学方法，培养儿童独立解决问题的能力。总之，它是一门致力于帮助学生更好地理解自己生活实际的学科。但随着改革的深入，人们意识到儿童的直接经验毕竟是有限的，科学课不仅应该让儿童认识自然，而且还应该让他们学习系统知识，丰富间接经验，使他们能在自我行为的基础上对现实生活有更进一步的感悟。①

20 世纪 90 年代以来，德国各州纷纷加入改革浪潮中，为科学发展出谋划策。此次改革重点有三：一是科学性。这里的科学性主要针对儿童，即儿童通过自己的行动、思维，运用已有的见解经验，学会科学地看待生活现实，思考问题。培养儿童主动解决问题的能力，学会对自己的学习进行自我强化。二是生活性。即教学活动要考虑儿童不同的生活背景，考虑儿童身心发展水平的差异。每学期伊始，对学生的要求主要是搜集与专题有关的资料。到四年级末，则要求学生探究明了主题材料的明显变化，描述四年来的研究成果，给予基础不一的学生足够的时间，以弥补差距。三是活动性。科

---

①陈晓萍《德国小学科学教育改革及启示》，《新课程研究（教师教育）》2007 年第 2 期。

学课不再是单纯传授知识的教学活动，而是与实际生活相联系，与科技活动相交织。教师为儿童提供足够的游戏、观察、实验和发现空间，使儿童在行为交往中获得概念，从而促进对一般关系的理解，使最初的游戏活动和直觉活动发展到有意识的行为。①

二、课程设计框架比较

课程标准是确定一定学段课程所应达到的水平以及课程结构框架的纲领性文件，它描述学生学习领域及一般学生在这一领域内所要达到的学习程度。

（一）北莱茵威斯特法伦州（以下简称北威州）自然与科学常识课程标准基本框架

2008 年，德国北莱茵威斯特法伦州借鉴其他州的经验，并针对本州实际情况进行相应调整，颁布了《自然与科学常识课程教学计划》（以下简称"北威州《计划》"）。该计划框架结构清晰明了，分为四部分：

任务与目标部分。总目标下分设三个具体目标，分别为塑造和教育任务的贡献、学和教、期望与技能。该部分总体阐述了北威州小学自然与科学常识课程对小学阶段儿童所应承担的教育任务，表明学生学习、教师教授的过程应重视科学能力发展，培养学生的合作精神及在生活中运用科学知识的习惯。期望和技能则规定了学生在学期末和四年级末应取得哪些成绩，给每个学生提供了学习方向。

范围和重点部分。类似于科学课程的教学重难点，具体内容包括自然与生命，技术和工作世界，空间环境和移动性，人和集体，时间和文化这五个模块。阐述了小学阶段儿童需重点掌握生活中哪些类别的知识，以及教师在教授、学生在自主学习过程中应特别留意的难点。

期望和技能部分。这是课程标准最主要的组成部分，它以表格形式详细叙述学生从一年级开始至四年级末所必须掌握的基本学习内容。五大学习领

---

①张桂春《面向科学、面向行为、面向生活》，《外国中小学教育》1997 年第 2 期。

域（自然与生命，技术和工作世界，空间环境和移动性，人和集体，时间和文化）构建起了科学知识的框架支柱，并以单元专题结构集中呈现与之相关联的内容。如自然与生命领域下分设"材料与演进""温度、光线、火、水、空气""磁铁和电""身体、意识、营养与健康""动植物和生存空间"五个单元专题，以"观察周围世界""搜集主题资料""比较异同""探究发展规律"四类学习方式支撑相关科学活动。学生与教师在课程标准的指导下，循序渐进地掌握科学探究方法，获得技能，达到期望，并在探究过程中体验学习科学的乐趣。考虑到个体差异与每位学生已有间接经验的不同，课程标准以学期始末为分界点。学期开始时，大多要求学生积极搜集与单元学习有关的资料，观察现实生活中该物态之特性，比较分析其与其他物态的异同（如分类展示从自然中搜集来的材料如树叶、花朵、水果，并比较探索其硬度、气味、颜色等）。四年学习结束时，则要求学生通过个人或合作形式描述小学阶段已完成的研究成果（如探究水果的脱水过程、燃烧中材料的演变等）。北威州的小学自然与科学常识，作为一门综合性课程，强调了对科学具有一般性的、反映自然界内在统一、持续的科学概念和原理的了解，使学生通过科学课程形成热爱自然、热爱科学的情感态度。

促进和评估成绩部分。评价标准分为计划、构造和尝试执行能力，安排展览与组织能力，照顾动植物的能力，使用工具和测量仪器的能力，制作图表、绘图、抽象拼贴图及卡片的能力，建模能力六项。评估内容属于第三章"能力期待"部分，在学期结束以及四年级结束时进行该项工作。德国自然与科学常识课程教师在考核评价学生时是全面而谨慎的，他们会根据学生的具体表现，遵照六项标准进行评定，避免空洞的语言；学生则通过专业笔记、学习日记或文件夹等形式记录学习状态，作为教师评估成绩的重要参考。

表 5-1 中国《标准》与北威州《计划》组织框架比较

	中国《标准》	北威州《计划》
基本框架结构	前言	任务
	课程目标	课程目标
	内容标准	范围和重点
	实施建议	期望和技能
	评价建议	促进和评估成绩

资料来源：德国北莱茵威斯特法伦州中小学与继续教育部：《自然与科学常识（Sachunterricht）课程教学计划》，2008 年。中华人民共和国教育部：《义务教育科学（3—6 年级）课程标准（修订稿)》，2011 年。

（二）中国小学科学课程标准基本框架

中国小学科学课程标准共分为五部分：

前言部分。说明小学科学课程改革的背景和意义，表明科学课程改革的必要性——尤其在小学，科学课承担着培养小学生科学素质的重任。同时，前言也规定了课程的性质、基本理念及设计思路。

课程目标部分。叙述小学科学课程的总目标及其三种方案下的两类具体目标：其一，科学探究、情感态度和价值观、科学知识三个方面及它们的相互关系。其二，理解科学知识、掌握科学方法、弘扬科学精神。这两大类的具体目标可以根据课程实际情况选择性运用，课程目标丰富多样。

课程内容标准部分。描述物质科学，生命科学，地球科学，科学、技术与社会的关系四个方面的内容标准。这种体系意在让学生在认识自然、利用自然和保护自然间建立整体观念，从最基础的科学观念中理解科学内容。

实施建议部分。它由教学建议、课程资源的开发与利用、教材编写建议三个部分组成。无论是专家编写教材还是教师教学过程，都应有一定目标。实施建议给出相对具体的参考标准，无疑是给予广大专家、教师有章可循的规范，使得课程标准能够更加顺利地在小学课堂中实行。

评价建议部分。简要叙述评价主体、评价内容及评价方法。明晰评价三个方面，有助于充分发挥评价在科学教学中的作用，不仅能帮助教师制定恰当的教学策略，改进教学方法，同时也有助于学生找出自身存在的困难，帮助学生完善自身的学习。

（三）分析比较

中国与北威州的框架结构有着许多异同点。

1.两国指导思想不一，体现出人才培养方向的差异

德国是一个科技大国，重视科学发展由来已久。资产阶级革命和宗教改革推动了德国科技的蓬勃发展、政治的统一和经济的繁荣，使德国以一种独特的方式实现了作为欧洲落后国家的神奇飞跃。加强实践能力训练一直是德国基础教育的重点之一。洪堡创立柏林大学时就已经规定：教师的主要任务并不是教授，学生的任务并不是听和学，而是独立地从事研究活动。教师则作为辅助者，协助学生完成学习任务。教育的目的在于追求科学与哲学、技术相统一。[1]在这样的历史背景下，基础教育中的自然和科学常识课程与语文、数学一道，均成为核心课程。从北威州《计划》可以看出，其"培养具有技能，积极塑造具有负责任社会意识的学生"[2]的这种指导理念是完全符合德国社会背景的。

中国虽有悠久的科学教育历史，但至今科学课程在小学课程体系中仍处于"副科"位置，教材内容、课时数量以及师资力量等课程资源远不及语、数、外三门课程。近些年随着科学技术突飞猛进，中国越来越认识到科技实力的竞争离不开科学教育。中国课程标准在小学阶段，主要以让学生掌握科学知识、培养学生的科学素养、使学生养成科学探究的习惯为主。

通过比较可以看出，北威州课程标准的指导理念更加重视学生动手操作技能，从入学即开始循序渐进地培养学生探究科学问题的能力。而中国小学

---

①张可创、李其龙《德国基础教育》，广州：广东教育出版社，2005年，第46页。
②［德］北莱茵威斯特法伦州中小学与继续教育部《自然与科学常识（Sachunterricht）课程教学计划》，2008年。

科学课程标准则更注重推广科学知识，使学生形成研究科学的兴趣，学生自主探究机会相对较少。

2.两国框架大体相似，都以"科学主题"统整课程

除了差异性，中国和北威州的课程标准还有许多相似之处。比如课程标准框架都分为目标、内容、评价三大核心板块。

首先，课程目标方面都强调让学生学习最基础和必要的知识，用以科学地解决问题，帮助学生形成正确的社会意识、价值观；都重视培养学生正确地使用学过的科学知识解决实际问题、改善现实生活的能力。

其次，课程内容方面中德两国都强调以"科学主题"的形式统整课程内容。德国的课程内容分为自然与生命，技术和工作世界，空间环境和移动性，人和集体，时间和文化五部分内容。中国课程内容分为科学探究、情感态度与价值观、生命世界、物质世界、地球与宇宙、科学技术与社会六方面内容。随着时代发展、科技进步，人们逐渐意识到小学科学课程应以综合课程为主要模式，这样就打破了以往分科课程以知识逻辑体系为中心编排课程内容的惯例。这一做法也被广泛运用于北威州和中国的小学科学课程设计之中。虽然中德两国课程标准的框架名称各有千秋，但基本上都遵循从宏观结构到微观主题的特点，每一领域分设主要概念（单元）的学习说明。在课程内容的处理上两国试图超越学科界限，同时也注意到各个学科领域中不同基本内容需要区别对待，防止形式上的综合。两国课程统整的相同点主要有：①把不同学科领域的知识相互融会贯通，体现了科学知识和技能的内联外延。②尝试要求学生通过科学探究的学习方式进行单元主题整合，使学生在单元学习中更好地理解科学探究过程的本质。③对科学知识、科学技术与社会三者关系进行研究，有利于教师引导学生将科学知识与人文生活相统一。

最后，课程评价不单包括教学评价，还包括课程设计、教学过程、教材、资源分配等内容。两国在评价方面都注重发展性评价，明确评价目标是通过成绩等反馈，促进学生个人学习的发展，为日后继续学习定步。工具、方法的选择，两国都倡导多样化，如德国北威州《计划》认为"使用合适的工具

和观察过程是必要的，如记录孩子的学习专业笔记、学习日记或文件夹"。中国把评价方法分为"行为表现评价、纸笔测验评价、综合评价"。虽然表述有差异，但基本理念、方法却是想通的。

三、课程理念比较

（一）两国课程基本理念的分析梳理

小学科学课程理念为整个教育活动的设计与制定提供了一种清晰的方向和目标指导。课程理念可能是宏观的，它将课程中许多因素结合在一起；也可能是微观的，指向学生的最终学习结果。

分析北威州小学科学课程计划中的"任务与目标"，可以发现它与中国小学科学课程标准中的"基本理念"相似。中国《标准》和北威州《计划》的基本理念各为五条，清晰地呈现了二者的异同（为便于比较，北威州基本理念即任务与目标顺序有所变动）：

表 5-2 中国与北威州小学科学课程理念比较

	中国《标准》	北威州《计划》
基本理念	1.人人都能学的科学	1.关注人的尊严
	2.学习"四位一体"的科学	4.对于自然科学和技术要带有批判的、建设性的态度 5.形成文化和历史意义的意识，以及相关价值观和社会倾向的意识
	3.以生活中的科学为逻辑起点	2.负责任地和自然、已有的生活世界、资源打交道
	4.以科学探究为最为重要的学习方式	3.学会团结社会团体
	5.科学课程具有开放性	

（二）有关两国基本理念的比较研究

通过表 5-2 可以得知，中国和北威州的课程理念皆是纲领性的概括，不同处在于中国《标准》每条总括性理念后会有一段详细的解释（表中未具体

列出），而北威州《计划》则是简单列举课程理念条目，给教师教学带来一定
自主性。分析上表可以发现，中国《标准》理念中第一条与北威州《计划》
第一条稍有不同，中国强调科学教育的基础性、普及性，北威州强调人文性，
以生为本。中国《标准》中第二条与北威州《计划》第四、第五条相似，都
说明要形成科学的思想与精神，培养正确的价值观与意识。中国《标准》中
第三条与北威州《计划》第二条相对应，都提倡在生活中学习科学。中国
《标准》第四条与北威州《计划》第三条略有出入，第五条在北威州《计划》
中无与之对应项。

由此看来，中国《标准》与北威州《计划》在基本理念上有共同之处，
也存在着差异性。

1.社会背景不同，理念实施基础各有侧重

回顾德国历史可以发现，从社会背景来看，自1933年1月希特勒上台，
将整个教育事业进行"划一革新"后，学生个个成为自愿的、温顺的、绝不
批评国家政策的公仆。[①]随着第二次世界大战结束，希特勒教育制度随之废
除，但这种服从权威的精神仍残留在部分德国人大脑之中。从教育发展来看，
赫尔巴特是德国著名教育家，在很长一段时间内，德国课堂都是以他的"课
堂中心、教材中心、教师中心"为理念，学生的个人需求不被重视。正是基
于多种复杂的社会历史背景原因，北威州《计划》第一条中首先列出了"关注
人的尊严"，着重强调人本主义，强调学生是学习活动的主体，教师要发挥主
导作用，努力建构学生的主体地位。其次，强调每个学生都是有尊严且具有独
立价值的人，教师不可以对他们随意支配。如果教师不尊重学生的主观能动
性，强加给其外在的知识，只会挫伤学生的积极性，扼杀他们的学习兴趣。

中国在1904年后才开始把科学课程引入小学课堂，在此之前还没有任何
形式的科学课。经过漫长的努力后，中国小学科学课程取得一定进展。但即
使是在科技飞速发展的21世纪，小学科学课程在整个课程系统中仍处于次要

①汪霞《国外中小学课程演进》，济南：山东教育出版社，2000年，第481页。

地位，有些地方的科学课程还普遍存在着被其他课占用的尴尬境遇。在此背景下，中国小学科学课程理念首要的是强调"人人都能学科学"。这一条充分体现了教育公平，无论地区、民族、经济条件或文化存在何种差异，科学课程都应提供开发潜能、学习科学知识的机会，使每位适龄儿童接受科学教育。相对于中国科学"副科"的位置，德国科学课程早已成为小学三大核心课程之一，每位儿童受科学教育的时间备受重视，不容剥夺，"人人都能学科学"的前提已无须强调。

2.都注重围绕科学的四个层面，培养科学态度和意识

树立科学态度是科学课程重要的学习理念，科学态度是指在面对实际问题时，能够遵循事物本身的规律，实事求是。从发现问题到设计实验解决问题，再到验证假设，都不能凭借自己的主观意志，而应以事实为依据，全面看待问题，形成符合逻辑的理性思维。北威州《计划》第四条指出：不仅对事物要有科学态度，还得具备一定的批判能力，不盲从权威结论。中国《标准》明确指出"要使学生获得善于思考、勇于开拓、实事求是的科学态度"。

中国《标准》第二条与北威州《计划》第四、五条相似。中国的"四位一体"科学理念要求不仅使学生获得重要的科学概念，还要求他们把科学知识、科学思想、科学方法和科学精神融为一体。北威州《计划》要求学生树立科学批判的态度和精神，多与生活世界接触，形成科学意识。比较分析发现，两国都试图寻求一条正确培养学生科学态度和意识的道路。

3.都强调科学探究的精神，强调科学学习应主动联系社会生活

科学探究学习在科学课程中处于核心位置。随着课程改革的深入，科学探究已成为科学教学重要的方式。美国《国家科学教育标准》认为，科学探究指的是科学家们用来研究自然界并根据研究所获事实证据作出解释的各种方式。[1]无论是中国《标准》还是北威州《计划》，都对学生需具备

---

①陈琴、庞丽娟《科学探究:本质、特征与过程的思考》，《教育科学》2005 年第 1 期。

的科学探究方法作出了明确规定。北威州《计划》虽未在课程标准理念中写出科学探究的要求，但在内容实施部分对每类单元主题规定了具体的可操作的科学探究要求。

在强调科学探究的同时，两国都提出：科学课程的学习应以生活为起点，联系周围世界。具体体现在中国《标准》中第三条及北威州《计划》第二条。把科学学习与社会生活相联系，实质也是科学精神与人文精神的统一。中小学科技教育活动离不开社会生活，只有在社会生活中学生的科学探究能力才能得到发展。强调科学探究活动融于社会生活，对现代科学课程具有重要意义。

四、课程目标比较

（一）两国课程目标的分析梳理

对比中国和北威州课程目标发现，两者都从三维目标出发，设计各自的课程目标。中国《标准》最大的特点是在总目标下分设三种不同的具体目标，可供学校、教师选择，但内容基本围绕"知识与能力、过程与方法、情感态度与价值观"三个维度设置。北威州《计划》对科学知识目标的叙述不多，更为重视科学过程与技能方法的训练，促进生活中探究能力的发展，形成正确的价值观与社会意识。另外北威州《计划》对口语交际提出了更高要求。

表5-3 中国与北威州小学科学课程目标比较

		中国《标准》	北威州《计划》
总目标		1.掌握科学知识与技能 2.了解科学探究过程与方法 3.了解科学与社会可持续发展的关系 4.理解科学精神核心	1.以科学知识为未来学习的基础 2.发展生活中所需的技能 3.本质上要求学习为拥有可持续发展性的工作和生活方式做准备 4.形成相关价值观和社会倾向

续表 5-3

		中国《标准》	北威州《计划》
具体目标与任务	科学知识	1.学习四大领域中与日常生活相关的知识，尝试解决身边问题 2.了解物质的性质、用途、变化 3.对生命活动和现象有具体认识 4.了解地球环境与人的相互作用 5.初步整合所学知识，进行设计	1.学生的求知欲在生活世界中被唤醒 2.全心洞察自然生物现象 3.认识近、远距离地理标志 4.了解重要的社会设施和社会契约，并遵守它们 5.认识时间和其他文化、宗教、人种
	科学能力	1.认识科学探究过程与方法，培养科学探究能力 2.发展合作、实践、创新能力 3.发展学生思维能力	1.运用已有知识复习所学知识 2.理解学习领域的关键问题，找到合适的解决方案 3.使用已有经验并取得新的加工方法和形式 4.培养校外合作、分工的能力
	科学态度	1.乐于探究自然现象，参加科学活动 2.求真务实、坚持真理的科学精神 3 主动与他人交流自己的观点 4.热爱自然，珍爱生命	1.发展学生勇于承担责任的态度 2.对自然负责任的意识 3.理解尊重他人、尊重其他种族的文化与宗教信仰 4.培养积极的自我意识

(二) 两国课程目标的比较

1.宏观总目标都重视培养学生科学素养，但侧重点有所不同

虽然中德两国小学生学习科学的现实情况有所不同，但两国都重视从小就培养儿童理解周围世界、形成科学素养的意识。一般来说，科学素养指的是人们对科学本质、目的及其局限性的理解，伴随着对于重要的科学思想的理解。科学素养在中国与北威州的课程目标中都处于核心地位，是所有目标的指向。科学素养的形成离不开科学的思维方法和探究方法。中国与北威州在科学知识的学习、学习过程的探究、情感态度价值观的形成方面，都有类似表述，但培养方式各有侧重。

中国《标准》通过逐层递进的动词体现总目标，重视科学知识的掌握，对科学探究过程和方法仅仅要求了解，要求在掌握科学知识及其探究方法的基础上理解科学精神。我国目前正在全面推进素质教育，要求改变以知识为本位的课程，变革记诵式的学习方式。总目标要求科学课程从"双基学习"

逐步转化为"学会学习"。而北威州《计划》则认为，科学学习的目标是学习者主动搜集资料，自主探索，积极创造，并能参与自我知识体系的建构。他们更重视学生的技能培养，对系统知识的学习有所忽视，认为科学知识应为未来生活做准备，自然与科学常识应教给学生探索自然、学习知识的方法。北威州这种"过程"观把智慧技能和态度培养放在了首位。[1]无论是中国《标准》或是北威州《计划》，都根据本国国情以及学生学情有所侧重地培养学生科学素养。

2.两国微观具体目标各有差异，均切实可行

（1）科学知识部分

两者都将科学知识分为五大领域，为课程内容提供设置依据。在物质科学中，中国《标准》要求了解物质的性质、用途及变化；北威州《计划》要求洞察物质的现象。通过比较不难发现，中国《标准》对学生要求较高，通过科学课程学习，不单要了解物质表面现象，而且要明了为何会有这种现象，探寻物质内在规律；北威州《计划》仅停留在观察客观事物物态上，未要求学生深入研究。在生命科学部分，中国与北威州的标准皆提出除了认识动植物生命外，对自身生命也应有认识，强调了自然与人类的联系，尊重生命。地球科学部分，中国《标准》从宏观方面要求学生学习宇宙与地球环境的知识，而北威州《计划》则从身边环境出发，教会学生遵守保护社会环境的契约。

（2）科学能力部分

从表5-3不难发现，两者在此部分强调的五项目标，基本可概括为三种能力：科学探究能力、合作能力、实践能力。这三种能力是目前中德两国小学阶段科学教育的重点。科学技能分为动作技能和心智技能。中国以心智技能为着重点，在知识和能力间架起一座桥梁，强调在学习知识的过程中发展科学能力，包括观察、比较、分类、归纳、演绎等。而北威州则重视一般动作技能与心智技能的协同作用，更加全面。如"通过练习复习旧知识，运用

---

①Harlen W. *Teaching and Learning Primary Science*, rev. edu. Paul Chapman Publishing, London,1993.

已有经验获得新方法"这两条为一般动作技能的训练;"理解学习领域关键问题,找到合适方案"属于心智技能的范畴。两者兼顾,科学能力才能得到更全面有效的发展。中国在这方面应向北威州学习。

(3)科学态度部分

罗卡奇(Rokeach)指出,尽管态度是很重要的,但是价值观对于教学结果的影响更为广泛。[1]两国标准中的科学态度部分均包括了情感态度与价值观。有所区别的是,中国《标准》更倾向于学生对科学兴趣的获得以及对自然世界的热爱,对待科学要有严谨、求实的态度;北威州《计划》更期望学生在对待自然世界时要有负责任的态度,在与人交往的行为方面要善于尊重他人。教育目标最终都归于学生行为的变化。中国《标准》在设定科学态度目标时较为偏重内隐的行为变化;北威州《计划》则关注外显行为,以便观察和评价学生。但由于复杂行为不能简单描述,所以我们也不能因目标不易观察、不易测量而放弃对一些具有重要价值的教育目标的追求。当然,在日常生活中,科学教师除了教给学生科学概念和对原理的理解之外,还应该有意识地培养学生对科学的积极态度和价值观。

五、课程内容比较

课程标准内容总体上讲,是根据课程目标、有目的选择的一系列直接经验和间接经验的总和,是从人类的经验体系中选择出来,并按照一定的逻辑序列组织编排而成的知识体系和经验体系。[2]它是发展的、多元化、多形式的,不同学科的课程内容有其自身特点。中国目前现行小学科学课程内容标准(《义务教育科学(3—6年级)课程标准(修订稿)》)较之2001版课程标准实验稿有很大不同。

---

① Rokeach M. *Beliefs, Attitudes and Values*. Jossey–Bass, London,1972.
② 钟启泉主编《课程论》,北京:教育科学出版社,2007年,第141页。

表 5-4 中国 2001 版实验稿与 2011 年修订稿内容标准比较

	《2001 年版实验稿》	《2011 年修订稿》
内容标准	科学探究	物质与物理科学领域
	情感态度与价值观	生命科学领域
	生命世界	地球科学领域
	物质世界	技术领域
	地球与宇宙	

表 5-4 显示，修订稿在制定科学内容标准时删除了科学探究和情感态度与价值观部分，增加了技术方面的内容。

表 5-5 中国与北威州内容标准比较

	中国《标准》	北威州《计划》
内容标准	物质与物理科学领域 生命科学领域	自然与生命
	地球科学领域	空间、环境和移动性
	技术领域	技术和工作世界
		人和集体
		时间和文化

表 5-5 显示，两国课程内容标准中共同点多于不同点。虽然内容领域的表述有所不同，但大致都从物质、生命、地球、生存环境、技术五个主要方面编排；以人与自然关系为中心，更加贴近学生生活世界，也便于教材编写者打破固定模式，以科学主题为单元，构建科学内容框架系统。当然，从内容标准方面也能看出一些差异点。最大的不同首先是，北威州《计划》增加了"人和集体"，这一板块以科学角度要求学生对自己的身体和性别持积极态度，让孩子们关注个人利益与集体利益间的平衡，尊重不同宗教习惯和宗教

文化；其次，北威州《计划》将中国的"物质与物理科学领域"及"生命科学领域"笼统归为"自然与生命"这一大类。

（一）中国与北威州物质和物理科学领域的比较

1.物质与物理科学领域内容梳理

物质与物理科学类似于初中阶段的物理学科，重点研究自然界中物质、能量、力的作用和运动变化规律，并阐明其原因。中国与北威州都视其为重要的课程内容。中国《标准》称这一模块为"物质与物理科学领域"，北威州《计划》与之相似的内容分散在"自然与生命"中。由于物理科学知识内容具有客观性，形式具有主观性，学生通过该板块的学习，可以形成不以人的意志为转移的客体世界观。鉴于物理学对以后认识自然界和宇宙，推动科技进步、经济发展有着重要作用，故两国都十分重视物理科学这一领域。

表 5-6　中国与北威州物质与物理科学领域内容比较

	中国《标准》	北威州《计划》
物质与物理科学领域	物质（材料具有不同的特征和特性）	材料和演变
	水是一种特殊的物质	温度、光线、火、水、空气
	空气是一种由不同气体混合成的物质	
	自然界的物体总在运动	
	力作用于物体会改变物体的运动状态	
	声是能量的一种形式	
	光是能量的一种形式	
	热是能量的一种形式	
	电是能量的一种形式	

2.比较分析

有关物质与物理科学领域的内容，从宏观来看，两国都把物理现象及物质材料的特性置于重要地位，具体内容相似，只是北威州在此基础上增加了有生命的物质特性与变化特点，范围更广泛。微观方面，两国标准略有差异：

一是中国《标准》采用先行组织者学习模式，先呈现一个概念或原理，再通过下位概念巩固所学知识。北威州《计划》更倾向于科学探究模式，要求学生从周围环境出发，运用一切可能进行探究发现，最终获得物质变化规律及特性。这个过程对学生原有认知结构是一种改变，先是对知识产生怀疑，进而从事猜测、思考、观察、测量、分析等一系列活动，在这个过程中，学生不仅获得了知识，而且获得了能力和方法。这是中国《标准》所欠缺的。

二是北威州《计划》根据不同学段划分不同内容标准，重视不同年龄层次学生在学习此类知识时必须达到的不同要求，关注学生的最近发展区，按身心发展阶段帮助学生逐层达到物质科学学习内容标准。

（二）中国与北威州生命科学领域的比较

1.生命科学领域内容梳理

生命科学教育通过有目的、有计划、有组织地进行自然生命意识熏陶、人类生存能力培养和对动植物生命价值的提升，使学生认识生命、保护生命、珍爱生命、探寻生命科学的意义并实现其价值。

中国《标准》中的生命科学领域对应的是北威州《计划》"自然与生命"模块下的三、四两点。两国标准中生命科学领域的内容如下表：

表 5-7 中国与北威州生命科学领域内容标准比较

中国《标准》		北威州《计划》
主题	细分内容	主题
生命的主要特征： （1）个体的维持 （2）生命的延续	1.为了维持生存，生物体需要不断和外界交换物质、能量和信息 2.植物能够制造养分以维持自身的生存，并为动物和人类提供生存需要的氧气和养分 5.植物和动物都能繁殖后代，使各自的物种得以延续	身体、意识、营养、健康
动物、植物、微生物、生物多样性	3 动物能适应环境，通过获取植物和其他动物的养分来维持生存 6.动植物之间有相互依存关系 7.地球上存在着不同的植物和动物、生物的多样性	动物、植物、生存空间
人 类	4.人类有一个具有高级功能的脑	

2.比较分析

从表 5-7 可以看出，有关生命科学领域的内容，两国在宏观方面都分为植物的生命、动物的生命、人类生命三大块，围绕动植物与人类展开生命科学的探究学习。中国与北威州不同的是在主题下还详细阐释了具体的细分内容，但顺序并没有完全一一对应。北威州在生命科学部分仅仅列出该领域下简单的几点分设内容，较为单薄。

微观方面，较之北威州《计划》，中国《标准》运用日常语言，亦更加具体详细；而北威州《计划》却仍旧使用科学语言来呈现课程内容，由于科学语言不能直接反映人们可观察到的现实，所以读起来较为抽象。中国《标准》在生命科学领域的语言表述则是日常语言中的常用词汇，教师从中能得到直观具体、易于理解的体验。日常语言是社会生活中的话语，包含了较多情感和价值因素，拓展了科学课程内容标准带给学生的影响，便于学生构建关于生命科学的不同看法和想法。这是北威州《计划》所没能体现出来的。

（三）中国与北威州地球科学领域的比较研究

地球科学领域主要是研究地球上的地理环境以及人类活动与地理环境相互关系的科学。当前世界，人类的生产、生活都与地球科学的关系越来越密切，国土整治、经济开发、旅游运输等等都与地球环境关系密切。无论是在北威州还是在中国，地球科学都具有极强的实用性，再加上地理横跨着"人文科学"和"自然科学"这两个领域，决定了地球科学领域在科学课程内容标准中的重要地位。

1.地球科学领域内容梳理

关于地球科学领域，中国《标准》分为地球与太阳系、人与自然及生态系统与生态平衡、人类活动环境这三部分，并强调在当今资源开采过度的时代，需要学生从小培养人与自然和谐共处的观念，积极维护周围世界的生态系统平衡。这一点颇具现实意义，亦符合中国当前的环境现状。北威州《计划》中未涉及地球与太阳系这类宇宙知识，而是把重点放在人类活动与周围环境的关系上。要求学生结合平日生活经历，以自身为圆点，由近到远认识周围的环境与世界，并要求学生探寻、描述、比较更广阔的地理空间的变化（如德国、欧洲、世界的版图变化）。

表 5-8　中国与北威州地球科学领域内容标准比较

	中国《标准》	北威州《计划》
地球科学	地球与太阳系	
	人与自然 生态系统与生态平衡	环境保护和可持续性
	人类活动与环境	学校与环境
		居住地和世界
		交通空间和工具
		上学路上和交通安全

2.比较分析

由表 5-8 可以清晰地看出，北威州与中国在环境可持续发展、人类活动与环境等主题下，相关内容都能一一对应，仅缺少有关地球与太阳系这类宇宙知识的介绍。两者都规定了学生在每部分课程学习结束后应达到的基本水平，便于教材编写及教师授课。

在具体内容方面，中国《标准》将主题内容扩大，增加细分内容的知识条目，与北威州《计划》相比更加细化。中国《标准》在讲解核心主题之前，先对该部分内容的总体结构作简单的概念分解，有助于教师和学生对后续内容的把握，逻辑较清晰，也符合人们的认知习惯（如地球与太阳系下分列三条具体内容"在太阳系中，地球、月球和其他星球按一定的规律运动"等）。北威州《计划》有关地球科学领域的内容标准主要以身边环境为主，突出"空间"能力培养，强调学生独立去弄清"它在哪里""它是什么样子""它是什么时候发生的"，帮助学生正确认识人类与地球的关系、地理环境中的空间关系，帮助学生在认知过程中获得个人能力。

比较得知，中国《标准》关于地球科学的相关知识内容标准具有一定难度，需要教材编制者及教师根据学生年龄段制定合适的方法；而北威州《计划》则取材于日常生活环境，贴近学生，研究素材也较容易获得。两者的地球科学领域内容标准都根据本国学情制定，各有利弊。

（四）中国与北威州技术领域的比较

1.技术领域内容梳理

技术领域包括科学、技术与社会三个部分，了解科学技术不仅能推动物质文明的进步，而且也能促进精神文明的发展。技术发展在现代社会有着非同一般的价值：①技术发展能够改变人类的生存状况。②技术在社会的经济和政治系统中发挥着重大作用。所以，对科学教育而言，引入技术方面的内容有利于科学素养的全面实现。技术领域的新发明和新设计往往蕴藏着创造性、判断思维、冒险精神、价值观念，这些观念往往是经典科学理论所欠缺的。此外，技术教育内容还能使学生的科学学习和他们面临的社会和个人世界相联系。[1]中国《标准》和北威州《计划》都涉及了技术科学部分。

---

①余自强《科学课程论》，北京：教育科学出版社，2002年，第178页。

表 5-9 中国与北威州技术领域内容标准比较

	中国《标准》	北威州《标准》
技术领域内容标准	1.综合知识和经验进行设计	1.职业和工作
	2.运用工具制造产品或解决实际问题	2.工作与生产
		3.工具和材料
		4.机械和交通工具
		5 房屋及建筑物
		6.资源和能源

2.比较分析

从表 5-9 可以看出，中国《标准》技术领域内容较为单薄，仅停留在介绍生活中人们运用工具解决问题的层面，没有讲解具体工具操作的原理及学生如何使用的方法，更未能给学生实际操作工具的机会。

德国作为科技大国，非常重视从小培养儿童动手操作能力，北威州《计划》详细列举出不同工作与生产的技术学习过程与策略。北威州小学年限一般为四年，结束后有两年的定向阶段，用以确定中学升入职业中学还是文科中学，所以小学阶段技能学习的成绩水平将成为学生抉择今后方向的重要参考。北威州《计划》中技术和工作世界部分，通过发展学生对人类工作意义的意识，让他们从各自的生活环境中探寻不同的工作条件、工作情景，通过比较，评估职业发展、就业机会和风险，权衡它们的优缺点。

比较可知，北威州《计划》中的技术和工作世界更倾向于职业教育的启蒙；中国《标准》重视了解工作过程，对如何操作则没有要求掌握。相较之下，中国学生动手锻炼能力的机会稍弱于北威州，今后中国应加强劳动技能方面的训练，发展学生的综合能力。

六、实施建议比较

1.两国实施建议内容梳理

中国《标准》中将实施建议单独列为一章，而北威州《计划》则将其贯穿于期望和技能部分，具体阐述教师应如何帮助学生通过搜集资料、观察现象、探究并解决问题来获得科学知识、发现规律。我们将以中国《标准》中实施建议为主，分析两国标准的异同。

表 5-10 中国实施建议内容标准

		中国《标准》
实施建议	教学建议	1.注重科学探究的教学
		2.注重多种形式教学的有机结合
		3.注重学生积极参与和相互间的交流合作
		4.科学课程的教学应具有一定的灵活性
		5.注重课堂教学与课外活动紧密结合
	课程资源的开发和利用	1.校内资源
		2.校外资源
	教材编写建议	1.教材编写应符合课程标准的要求
		2.教材编写应体现整体性
		3.教材内容的呈现应体现过程性
		4.呈现内容的素材应贴近学生现实
		5.教学内容设计要有一定的弹性
		6.教材编写要体现可读性

2.比较分析

中国《标准》实施建议分别根据学校、教师、教材编写者的不同特点，具体建议课程实施的方法。教学建议部分重视探究学习，配合学生与教师间的交流合作，以课外活动辅助课堂教学，让学生将所学知识运用于科学实践活动。教学建议倡导探究学习、合作学习、实践学习相结合。

探究学习是从学科领域或现实社会生活中获得研究主题，得到知识、技能、情感与态度的发展。探究学习并不是强调学生中心主义的教学活动，而是强调在教师指导下，学生自主开展探究活动，通过探究，发现和掌握科学规律。科学课程的学习，探究方式更为适合。通过探究，学生在实际操作中能掌握一定的探究技能，模拟科学家们解决问题的方式，一步步找寻问题答案，也能激发学生的兴趣，发展科学爱好。

科学课的合作学习和实践学习不但可以在课堂内实现，还可以结合校外课程资源，完善学生能力发展。小组成员以生物、地理、地球等初步知识为基础，开发课程资源，合作交流，进行科学课程的学习。借助小组讨论的方式提供信息反馈，并理解所探究的问题，在质疑和推理中得出结果。教材编写建议分别从课程标准、学生学情、教师现有水平等方面提出意见，详细明确，便于使用。

北威州《计划》对于实施建议没有将其单独列为一项，而是贯穿于期望与技能部分，并明确提出所有学生在学期结束及四年级末（小学阶段结束）需要取得的技能及其应达到的水平。这些技能通过表格，给予学校及教师具体教学意见，明了不同领域和重点应如何发展。表 5-11 将通过具体案例描述北威州实施建议标准。

表 5-11 北威州《计划》技能与期望（以 3.1 材料和演变为例）

领域：自然与生命 重难点：材料和演变	
入学能力期望值	四年级末能力期望值
·分类展示从有生命、无生命的自然中搜集来的材料（比如树叶、花朵、水果、石块、贝壳等） ·比较和探索材料的特性（如硬度、气味、颜色、松散度、有无生命），描述相似性和区别	·探究明显的材料变化，描述成果（如水的物态，水果脱水过程，坚硬材料碾碎的可能性，燃料中材料的演变）

北威州科学课讲授主要以自由教学的形式为主。德国的大多数孩子得到的都是第二手信息，缺乏对实际事物的接触和体验。北威州的学校调整

了教学方式，孩子们在教师提供给他们的信息资料中选择自己要学的内容，并且选择学习的方法，可以根据自己的方法学习，也可以和其他孩子合作。要强调的是，进行这样的自由学习，孩子们一定要在掌握个人学习、结对学习、小组学习这样的社会性的学习方式以后才能进行。①

北威州《计划》的建议多以行动为主，通过行动研究，获得科学知识规律，其大体涉及确定研究主题（标准中已给出）、制订计划、采取行动、实施考察、进行反思等几个环节。在确定主题阶段，北威州倡导学生面向现实，从疑难中寻找问题，并在自然或具体场景中捕捉问题，最后从资料交流中发现问题。学校或教师在制定计划时要注意计划的基本内容、基本要求、类型。采取行动及稍后的环节则根据每个领域中的不同重点有不同安排。

总体比较，中国《标准》从教材编制者、教师、学校三大方面分别列举不同实施建议，有针对性且内容翔实。北威州《计划》主要是给教师和学生提供实施建议，列举具体教学、实际操作的方法和要求。

七、课程评价比较

1.两国评价建议的内容梳理

科学教育评价的主要目的是培养和提高全体学生的科学素质，使所有学生都达到教育目标。它是为不断完善和改进教育过程，大面积提高教育质量服务的。对于学生来说，科学课程的评价不仅是为了确证学习成绩，更重要的是为了充分挖掘学习潜力，不断促进个体全面发展。对于科学课程来说，评价建议部分是必不可少的。

---

① ［德］安内丽泽波拉克《德国家乡常识课"自由学习"的教学》，《探秘（科学课）》1995 年第 4 期。

表 5-12 中国与北威州课程评价比较

	中国《标准》	北威州《计划》
评价建议	评价主体： 以教师、学校、家长三者为主	评价主体： 教师
	评价内容： 1.对科学知识的评价 2.对科学探究的评价 3对科学态度的评价	评价内容： 1.计划、构造和尝试能力 2.安排展览、聚会 3.照顾植物 4.使用工具和测量仪器 5.图表、绘图、抽象拼贴图和卡片的制作 6.建模型
	评价方法： 1.行为表现评价 2.纸笔测验评价 3.综合评价	评价方法： 1.观察 2.学生学习记录专业笔记 3.学习日记和文件夹

2.比较分析

在课程研制过程中，评价是一个十分重要的阶段，在课程与教学活动中，评价又是一个不可或缺的要素。通过表格可以发现，中国与北威州《标准》/《计划》评价部分大致框架相似，都分为评价主体、评价内容及评价方法三大类别；不同的是中国《标准》评价主体是学校、教师、家长三方。选择评价主体时，首先要考虑评价的目的和功能，采用内部评价的方式；而在北威州，在自评自改的基础上，独立的外部评价也经常被使用。在平时的学业评价上，不时地对学生的学习、教师的教学进行反馈和改善，也是不容忽视的。教师是主要评价主体。中国《标准》评价内容围绕三维目标展开，通过观察学生行为、考试测验及运用学校、家长、教师综合评价的方法来作评价。主要采用目标评价模式，针对科学知识、探究能力、情感态度价值观的目标，对学生学业表现进行评价，重视形成性评价。北威州《计划》内容评定可概括为三部分：①对学生的发展情况和在校表现的总体评定，主要关注学生对学校的适应情况，包括学生们对收到的自己在个人学习发展等方面取得的成绩的反馈。②面对错误和挑战时是否能重树信心。③在学期结束或四年级结束时，教师评价范围包括学生所有和课堂有关的口头、书面、实践成绩。④学生努力程度与学习进步程度。⑤学生在小组学习中的表现与成绩。

对于评价方法，两国都认为合适的测验工具与观察过程是必要的，它涵盖了长时期的能力发展和记录，无论是北威州的专业笔记、学习日记和文件夹，还是中国的课堂观察、试卷测验、档案袋等，都是记录学生学习过程和结果的形式，它们为以后的继续学习提供信息与反馈。

八、德国北莱茵威斯特法伦州《计划》对我国的启示

全球化时代已经到来，但我国目前的科学教育发展水平仍然较低。为此，需要借鉴德国科学课程的先进思想和方法，根据我国目前的社会和文化发展特点，吸取德国优秀经验，完善我国科学教育，培养高水平的科技人才。

（一）将科学课列入核心课程范围，贯穿小学学习始末

和其他发达国家一样，德国科学课程与母语、数学等科目一起被列为小学阶段的核心课程。课程设置也是从小学一入学就让学生开始学习，这样随着学生年龄增长，科学学习探究能力也在逐步增强。这一点值得我国学习。我国应更加重视科学教育，尽早提升科学课程地位，致力于将科学素养教育深入农村，减少各个地区之间的差异。只有全面提高全民接受科学教育的程度和水平，争取达到中等发达国家的水平，才能为所有人提供接受科学教育的机会，满足我国经济和社会持续发展的需要。

德国小学从一年级开始起就开设科学课程，直到四年级学习结束。我国的科学课程起步较晚，建议我国将科学课程列入基本课程行列，培养学生从小热爱科学、乐于探究的好习惯，为以后进一步学习科学课程奠定坚实基础。

（二）优化科学课程结构，重视课程内容的衔接

我国小学课程结构历来偏重学科知识，学科分类较多，分科过细，缺乏整体考虑。在基础教育阶段，德国自然科学课程的目的是使儿童认识周围世界、了解人类共同的生活方式，内容相当广泛，不仅包括科学知识，而且包括社会、交通安全以及家庭伦理等方面的常识内容。强调通过对自然科学课

程的学习，使儿童从对现实生活现象的主观理解过渡到科学理解。而我国的科学课程结构多以介绍科学知识为主，有关社会及地理部分的内容，则由分设的品德与社会课承担。综合性课程结构是德国小学自然科学的一大特色，值得我国借鉴。

课程衔接包括横向和纵向，"继续性"是"横"的联系，"顺序性"则是"纵"的联系两个方面。课程标准在制定时应注意到各阶段和各年级课程间的"衔接"，并考虑到将各种学习经验之间的关联性"衔接"。德国小学课程在总体设计上注意到各阶段课程间的衔接，较好地体现了继续性和顺序性。比如自然与科学包括物理、化学、生物、气象、技术、性教育、家政学、地理学、交通安全等内容。这些正是今后中学要开设的课程。

我国小学科学课程缺少学科之间的相互联系，与其他学科间的渗透做得不够，科学课程常常被视为"副科"。我国应该借鉴德国小学自然科学课程的结构，重视不同学科内容之间的沟通，发展学生灵活的、创造性的思维能力。

（三）培养基础性的关键技能，加强个性化创新教育

由8名学术权威和各议会党团9名议员组成的调查委员会提出的终结报告《德国未来的教育政策——2000年教育》指出："教育不单是一种'资源'或'人力资源投资'，教育更多的是全面挖掘人的能力的过程，并培养人在社会共同体中与他人打交道的各种能力。"受此影响，德国的自然科学教育成为更基础的"教育"，更多地传授解决问题的技能和各种生活技能。

中国基础教育重视基础知识的学习，但当知识不断增加、更新，学科专业分得越来越细时，就不能用增加课程门类和扩充课程内容来应对了，这样只会加重学生的学习负担。授人以鱼不如授人以渔。我国应学习德国，通过课程学习培养基础性的技能，并以此来代替"知识化"，包括使用各种生活设施的关键技能。学生以此为基础，不断获取新知识，理解社会和经济的复杂系统，在以后的学习中就能应对自如。

北威州《计划》将创新教育引入科学课程与教学。北威州学校可以自行安排教学活动，教师可以选择教学方法与教学形式，如开放教室，补偿制度，

分组学习等，鼓励学生在更接近生活和解决问题的现实情境中开展教学活动，增强学生的基本素质培养力度。这点也值得我国科学课程与教学借鉴。在评价方面，北威州贯彻德国的各州文化部长会议精神，加强对中小学的课程质量管理，按国际标准衡量和评估德国中小学的课程水平，以此检查学生掌握基础知识的实际情况，了解学校的教学状况，调整北威州各学校间的差异。[①] 此外，北威州不仅运用评分制，更多的是给予学生详细的有针对性的评语，尤其是针对一、二年级学生，班主任通过评语指出学生学习的优缺点，对他们今后努力的方向提出具体建议。我国的评价主要还是依据学生最后的成绩，学生经过一阶段学习后，教师也不能给出具体、有针对性的评价。[②]我国应学习德国这种重评语的评价方式，努力做到使学生了解自己的学习进步情况，使学生树立起学习自信心和上进心。德国许多教育家都认为：一个好的教师不在于他教给学生多少知识，而在于他是否有能力点燃学生学习兴趣的火花。他们把成绩评定作为激励学生学习兴趣的重要手段。

（四）课程实施评价部分增加"应用示例"，更加直观准确

北威州《计划》一方面突出知识与技能的学习与实际操作，强调知识与技能的应用和探究方法相结合，以具体条目形式列举出更多有关科学探究技能应用、学习方法的要求，用以实现"自然与科学常识课程将对一致性和个性发展起重要贡献，并且使学生承担责任，积极参与生活的塑造"这一课程理念。[③]另一方面，北威州积极增加"应用示例"，使整体说明与具体阐述相辅相成，兼顾整体与部分，具有全面性与针对性。我国应学习北威州《计划》中的"示例"，选择重要章节重点说明示范；提供实施教学的素材与讲解和更加直观、准确的评价说明，以便教师将课程标准的要求及具体操作落实到教学环节，同时也便于检验教学效果。

---

①Halen W. *Teaching and Learning Primary Science*,rev.edu.Paul Chapman Publishing,1993.

②钟媚、高凌飚《小学科学课程改革中的问题与分析》，《课程教材教法》2007 年第 6 期。

③汪霞《国外中小学课程演进》，济南：山东教育出版社，2000 年，第 197 页。

第六章 中国与日本小学科学课程
标准比较

日本（Japan），领土由本州、四国、九州、北海道四大岛及 7200 多个小岛组成，总面积 37.7 万平方公里，总人口约 1.26 亿（2015 年 3 月）。主体民族为和族，通用语言为日语。日本是亚洲高度发达的资本主义国家，科技、文化、教育十分发达。

一、日本小学科学教育改革历程

（一）日本小学科学教育概况

日本的科学（理科）教育最早开始于 1872 年，即明治早期。日本当时提出了"富国强兵""殖产兴业""文化开化"三大基本国策，在教育方面采取了积极向西方学习和大力发展基础教育两大政策。①日本的科学（理科）教育紧跟欧美国家（尤其是美国、英国）理科教育的步伐。

早期的日本科学（理科）教育受到夸美纽斯、裴斯泰洛奇的影响，采用实物与实验教学的方法开展教学。当时日本采用的教科书多是从英国的教科书翻译过来的，特别是赫胥黎、路斯考和斯切瓦特共同编写的《科学入门丛

---

① ［日］水原克敏《现代日本教育课程改革》，北京：中国科学出版社，2005 年，第117—189 页。

书》。明治二十年，日本开始重视赫尔巴特的教育理论，赫尔巴特的五步教学法成为当时科学（理科）教学的基本形式，但五步教学法易使教学流于形式而缺乏精神实质。明治后期，日本采用了德国荣格的生活共存体学说，该学说从生态学的角度提出生物集合体的概念，使生物学的研究方法扩展到全体生活领域，为后来的综合理科和自然科的开设奠定了基础。

"一战"以后，日本政府加大了科学教育投入，特别是科学实验投入，不仅大幅增加了资金，还引进了阿姆斯特朗的发现法，实现了科学实验的开设和普及，翻开了科学（理科）课程辉煌的一页。在昭和初年，日本设立一般理科，以桑代克的心理学理论、杜威的教育哲学为理论基础，改革分科教学的学科体系，使其成为联系儿童生活的生活化的理科。①

"二战"以后，日本政府根据本国社会的变化发展，非常重视中小学的课程改革。科学在日本的小学教育中占据十分重要的地位，同时也是日本中小学开展得最好的科目。日本在二战后平均每 10 年进行一次课程改革，大致分为六次。

20 世纪 50 年代日本的科学教育。1957 年，日本中央教育审议会发表《关于振兴科学技术教育的方针政策》，1959 年 6 月和 1960 年 10 月，该评议会发表了《关于振兴小学校、初级中学及高级中学理科教育的具体方针政策》。②50年代的日本科学教育，重点放在系统的知识学习上，以确保小学、中学的联系与一贯性，内容上添加了道德教育指导及地理、历史的系统性教学。

20 世纪 60 年代末，日本为了进一步加强科学教育，再次对小学课程作全面改革。这次改革以"能力中心"为主导思想，旨在提高学生的科技能力。为此，课程加强了基础知识，并将现代科学成果编进了教材。然而在具体的实施过程中，课程内容要求显得过高、难度过大，轻视教师的作用，导致教育实践中忽视了学生探究精神的培养。

---

①臧佩红《日本近现代教育史》，北京：中国科学出版社，2010 年，第 39—115 页。

②［日］水原克敏《现代日本教育课程改革》，北京：中国科学出版社，2005 年，第305—320 页。

20 世纪 70 年代，日本着力解决 60 年代"能力中心"教育理念所暴露出的问题，实现从能力主义向人本主义转向。昭和五十二年（1977 年），教育课程审议会对《小学学习指导要领》进行了修订，其要领强调协调发展的人性，精选基础教育内容，实行宽松的学校生活以及发挥教师的自发性的创意、努力。①其教育内容的精选、自我教育能力的形成、问题解决学习方法的导入，以及寻找生存方法、习得生活规范等改革，深受人本主义的影响。

20 世纪 80 年代开始，日本提出了"科技立国"的战略。为了推进该战略，日本教育审议会先后四次发表咨询报告，由此开始了轰轰烈烈的第三次教育改革。平成元年（1989 年），日本教育审议会发表学习指导要领修订稿。此次改革内容主要包括推进教育的个性化，培养个性化人才，为适应信息化发展而推进教育信息化，重视基础知识与技能教育，重视学生解决问题的能力和体验性学习，培养学生思考、判断、自学的能力，注重学生科学素养的培养。

到了 20 世纪 90 年代，日本明确提出增强"科学素养"的教育方针。1996 年教育审议会发表了《展望 21 世纪我国教育的应有状态》的咨询报告，该报告为日本的中小学科学教育指明了方向。其中最突出的地方是将计算机教育列入了科学教育体系中。1998 年发布学习指导要领，明确提出"综合学习时间"，要求学生以生活科为基础，确保从自身生活出发，为抽象性的认知学科学习做准备，旨在帮助学生寻找自我。

（二）日本小学科学课程标准制定的背景

课程标准是规定一门学科的课程性质、课程目标、内容目标、实施建议的指导性文件。继 1998 年颁布《小学学习指导要领》，时隔十年，2008 年日本颁布了新订的小学科学（理科）课程标准《小学理科学习指导纲要》。新纲要的制定有着其特定的背景。

1.顺应"知识基础社会"的时代趋势

20 世纪 90 年代以来，以纳米科技、生命科学、信息技术等领域为中心，

①臧佩红《日本近现代教育史》，北京：中国科学出版社，2010 年，第 200—215 页。

世界范围内的科学技术和学术研究竞争愈加激烈，国际性人才的竞争与争夺已经成为现实。2005 年，日本中央教育审议会指出，21 世纪是"知识基础社会"的时代，作为政治、经济、文化基础的技术、知识、信息已经有了飞跃式的提升。"知识基础社会"的特征突出表现在，科技越发成为提高国家竞争力和生产能力的源泉。除此以外，在构建可持续发展的人类社会的道路上，环境、能源等问题已经发展到了刻不容缓的地步，人们必须重新思考科技的价值究竟是什么。因此，日本提出，此时教育的关键任务是培养学生与他人、社会和自然和谐共生的生存能力。

2.解决理科学力低下的困境

国际教育水平评价学会（IEA）对日本小学四年级和初中二年级实施的国际数学·理科教育的动向进行了调查（TLMSS），结果显示日本学生对理科课程学习的积极性低于国际平均值。[①]日本学生的科学素养从 2000 年和 2003 年的第二位降到 2006 年的第六位，特别是解读能力在所有被调查国家中排列在较低的名次。2004 年，日本中央教育审议会报告书《理科的现状、课题及改革的方向性》指出了当时理科课程面临的问题：一方面是家长与学校认为理科课程属于"副科"，但学生学习愿望较高；另一方面，学生欠缺理科学习所需的生活体验和自然体验，思维能力、表达能力等达不到要求。针对上述问题，大力提升理科学力是新修订的理科课程标准要着重研讨和解决的问题。

3.回应学校基本法和教育基本法修订的要求

日本学校基本法和教育基本法的相继修订，不仅重新规定了教育目的和教育目标，同时也对课程标准的修订提出了更高的要求，提供了更新的理念。比如，切实巩固基础知识技能、充分活用知识技能，培养学生判断、思考、语言表达的能力；重视学生自主学习的态度与愿望；重视培养学生尊重生命的态度；充实语言体验和体验活动；重视支撑"生存能力"的"确切学力""丰富的心灵"和"健康的体魄"三者的协调等。[①]这些新修订的学校基本法

---

① 臧佩红《日本近现代教育史》，北京：中国科学出版社，2010 年，第 326—370 页。

和教育基本法所提倡的新的教育理念，为新课程标准的改定指明了方向。

二、课程设计框架比较

小学科学课程标准的基本框架呈现的是构成小学科学标准的基本组成部分，是课程标准最外显的结构特征，体现了课程标准的基本设计思路，决定了课程内容的展现形式及程度。分析和比较两国课程标准的基本框架，有利于我们对两国课程标准的整体把握。

(一) 中日小学科学课程标准整体框架结构

日本最新出台的《小学理科学习要领指导纲要》是在 2008 年 3 月颁布的（以下简称"日本《纲要》"）。其构成分为三部分：总体目标、各学年目标及内容、指导计划的制订与内容的处理。我国的《全日制义务教育科学（3—6 年级）课程标准（修订稿）》于 2011 年发布（待审定），其整体构成包括五个部分：前言、课程目标、科学课程的内容标准、实施建议以及附录。从表面上看，两国的课程标准在框架结构上差异不大，但细致分析起来，差异却是明显的。

首先，从字数上统计，日本《纲要》只有 0.6 万字，而我国《标准》大致 3 万字左右，两者在文本容量上差异巨大。

两国课程标准在结构上大致对应，极为相似，但内容容量差异很大。比如，我国的实施建议是由教学建议、评价建议、课程资源的开发与利用、教材编写建议、教师队伍建设建议、关于科学教学设备和教室的配置六个部分组成，内容丰富细致；而日本理科指导纲领中相当于我国实施建议的"指导计划的制订与内容的处理"这部分只包括两个方面——"在制订指导计划时要注意的问题"和"在处理生命·地球时要注意的问题"，但该指导纲领简明扼要，给教师发挥的空间较大。

另外，我国《标准》第五部分"附录"中包括具体目标中行为动词的定义、教学活动的类型与设计以及案例三个部分。这是日本《纲要》中所没有

---

① ［日］水原克敏《现代日本教育课程改革》，北京：中国科学出版社，2005 年，第 145—150 页。

的。本部分内容虽然不是我国课程标准的正文部分，但具有重要的意义。教学活动的类型与设计以及案例能够给教师很好的示范，给予一线科学教师以直接指导与帮助。不难看出，我国《标准》对教师教学的指导性、规范性更为明显；而日本《纲要》对教师教学的指导性相对有限，但其给予教师在教学上作创造性发挥的空间相对较大。

（二）比较分析

以上分析可以看出，两国标准有一些共同之处，同时也存在着差异。

1.文本容量差异较大，但两国标准主体部分安排相似

从框架上看，两国在课程目标和课程内容这两个部分的安排是相似的，我国2011年《标准》中还包括前言、实施建议以及附录三个部分。从文本的容量上看，两国的差异是较大的，从差异的背后能够看出两国科学课程的发展水平存在差异。日本的课程目标和内容要求虽较简略，但能够给予教师较大的自主空间，教师在达到课程标准的同时，可根据地方文化、学校传统、学生需要等方面补充整合教学目标与内容，显示出课程发展较为成熟的一面。我国课程标准内容较为细致，如我国的内容标准部分，描述了科学探究、情感态度与价值观、生命世界、物质世界、地球与宇宙五个方面的内容标准与活动建议；实施建议部分由教学建议、评价建议、课程资源的开发和利用、教材编写建议、教师队伍建设、关于科学教学设备和教室的配置六个部分组成，细致全面地阐述能够保证教师顺利达成教学目标。

2.实施建议差异彰显社会背景差异

从框架上看，我国2011年《标准》给予的实施建议是非常详细的，涵盖了教学前后的方方面面。日本《纲要》中没有单列实施建议，只是在每年级教学内容后提出一些注意事项，字数较精炼。

在我国，2001年以前只有自然教学大纲，没有正式的科学课程标准。近十几年来，世界各国都加大了科学课程改革的力度，注重小学生对周围世界与生俱来的探究兴趣和需要，强调用符合小学生年龄特点的方式学习科学，提倡科学课程贴近小学生的生活。在此理念和思想的指引下，我国制定了第

一个小学科学课程标准。虽然有了科学课程标准，但在实际应用中，科学课程一般被视为"副科"，在整个小学课程中所占的比重很少，有时甚至会让位于语文、数学、英语这些"主科"。所以，在新课程改革以后，我国大力提高科学课程的地位，提高课程的水准，在教师培训、教材编写、课程资源开发等各方面也提出了更细致的指导与示范。

在日本，理科课程一直备受重视，"二战"后其理科课程在各学科中所占比例达到 25%~35%。这是与其"二战"战败后的社会背景分不开的。"二战"后，日本在美国占领军和教育使节团的指导下，其教育体制、方针、目标及课程等各个方面都得以全面改造，以学科知识为中心的课程转变为以儿童的兴趣为中心的课程，造成学生学力的下降，引发了全社会的不满。[1]20 世纪 60 年代以后，日本进行了战后第二次课程改革。这次改革的主要任务是将以往以学生生活兴趣为中心的课程改为以学科知识为中心的课程，增加了理科课程在教学中的课时数。60 年代末期，日本效仿美国，重新制定中小学教学纲要，再次强调科学知识的重要地位，提高课程标准。不难看出，经过几十年的积累，日本科学课程的发展已具备了良好的基础，给教师指出一些注意事项，有助于教师拥有更大的发挥空间，能调动教师和学生的积极性与创造性。

三、课程理念比较

（一）日本小学科学课程理念

2008 年，日本中央教育审议会在《关于幼儿园、小学、初中、高中以及特别支援学校的课程标准的改定》（答申）中提出了关于理科课程修订的五点基本理念：①课程目标强调养成全面科学素养，使学生在整个学生阶段保持探究的好奇心和探究的意识，与自然亲近，有意识、有目的地培养学生的观察力与动手实验的能力，巩固科学知识，养成科学的意识与看法。②课程

---

① ［日］水原克敏《现代日本教育课程改革》，北京：中国科学出版社，2005 年，第409—440 页。

结构强调以科学基本概念为支柱，凸显课程的结构化。理科课程以能量、粒子、生命和地球等科学概念为支柱并加以结构化。③课程内容强调理科与生活、社会、环境之间的关系，提高学生对科学课程的关心程度，充实理科课程与现实生活之间的关系。④强调体验学习，理科课程应当进一步加强观察与实验、科学体验与自然体验方面的内容。⑤在学习方式上强调多样化学习活动。这些理念的核心是培养学生的科学素质。

（二）中国小学科学课程理念

我国2011年修订稿《标准》在前言部分将科学课程改革的基本理念概括为六点：①小学科学课程面向全体学生，体现基础性、普及性和发展性。②小学科学课程以提高学生的科学素质为宗旨，促进学生的全面发展。使学生掌握基础的科学知识，发展科学思维和语言能力，获得科学探究的有关技能和方法，培养热爱科学、善于思考、求真务实、互动合作、保护环境和呵护健康的生活态度。③小学科学课程以探究式学习为主要的学习方式。探究就是学生亲自收集和获取资料和数据，在此基础上进行逻辑推理和思考，联系自己的经验和有关的理论，作出判断，通过交流、讨论，逐步建立对科学概念的理解。④小学科学课程中，学生是主动的学习者。学生在主动学习的过程中，逐渐学会调节自身的学习，克服学习中的困难，并逐渐意识到自身的思维过程和学习的策略与方法，成为一个具有终身学习能力的学习者。⑤小学科学课程中，教师是学习过程的组织者和引导者。在探究学习活动中，需要充分发挥教师的引导、组织和支持作用，教师通过自己的示范和与学生的互动将学生引向深入。⑥小学科学课程采用有利于促进学生发展和科学素质形成的测评体系。该体系包括对学习的形成性测评和总结性测评，并考虑采用多种方式和多个主体的测评方法。

（三）比较分析

1.均以探究为核心，以科学素养为目的

我国与日本科学课程的基本思想方向一致，都强调以学生为主体、以探究为核心，着重培养学生的科学素养。探究既是科学学习的目标，又是科学学习的方式。亲身经历以探究为主的学习活动是学生学习科学的主要途径。日本要求三年级学生"带有兴趣地对熟悉的动物和植物、地面的阳光和阴影进行比较，并进行探究性学习""让学生通过探究磁铁对物体的吸引力来使学生了解其功能和属性"等。我国也有相似的要求："探究根、茎的作用"，"探究水、阳光、空气、温度、肥料对植物生长的影响"等。可见，两国均意识到了科学课程应向学生提供充分的科学探究机会，使他们在像科学家那样进行科学探究的过程中，体验学习科学的乐趣，增长科学探究能力，获取科学知识，形成尊重事实、善于质疑的科学态度。

两国制定的课程理念都是以建构主义教育理论为指导的。建构主义认为：知识是由人主动建构的，而不是被动接受的。与一般人们所认为的"外部输入——内部生成"模式相反，建构主义认为知识不是从外部输入到人的心灵里的，而是在人与外界相互作用的过程中从人的心灵内部建立起来的。每个人都从自己特定的经验背景出发来建构知识，给世界赋予意义，由于各人的经验背景不同，构建出来的知识也必然不同。如日本在"生命·地球"板块通过"让学生培养熟悉的昆虫和植物探究它们的生长过程和身体构造"，学生在探究的过程中，根据各自的生活背景在培养自己感兴趣的生物的同时，构建昆虫和植物的生长顺序与特点。

建构主义作为一种新的认识论和学习理论，在知识观、学生观和学习观上提出了一系列新的解释，充分强调学习的主动建构性、社会互动性以及情境性。在具体的学习模式上，建构主义提倡以学习者为中心的基于问题式学习、协作探究学习和情境性学习等。建构主义认知观强调，知识与文化都是存在于一定的社会文化背景中的，不同的社会实践活动是知识的来源。在实践情境中产生的知识是现实世界中最强有力的智慧。我国《标准》在"物质世界"板块要求学生"探究怎样才能让天平和杠杆保持平衡"、"制作土电话或做实验，了解声音在不同物质中的传播情况"等，让学生在实践中解释和应用生活中常见的知识。

两国对探究性学习方式的倡导同时也是人文精神的体现，学生需要享受精神自由和探究、创造的权利，学生的观念和创造的权利应该得到尊重。卢梭、康德等先哲认为，人的最高价值是意志自由，自由的实现过程就是一个探究、创造的过程。每个人不管在学习还是生活中，听从自由意志的召唤，不断产生自己的思想，积极地尝试、验证、实现、发展自己的思想，由此使自己的生活日臻完善，这个过程是自由探究和创造的统一。因此，教育的根本使命是保障学生的意志自由和探究、创造权利的实现。

2.均注重课程的开放性，满足学生不同的发展需要

科学课程应具有开放性。我国《标准》指出这种开放性体现在两个方面，一是课程在学习内容、活动组织、作业练习、学习评价等方面应该给教师、学生提供选择的机会和创新的空间，使得课程可以最大限度地满足不同地区、不同经验背景的学生学习科学的需要。比如，我国《标准》中的"访问当地老人，了解居住地地表的人为变化，模拟岩石风化的实验，观看鹅卵石、钟乳石的图片"等等，教师可以有的放矢地将学生学科知识与当地风土人文有机地结合起来，最大限度地满足学生学习的需要。二是要引导学生利用广泛存在于学校、家庭、社会、大自然、网络和各种媒体中的多种资源进行科学学习。如"调查当地水源情况，调查当地水体的污染源，讨论地震时该怎么办"等，将学生的科学学习置于广阔的背景之中，帮助他们不断扩展对周围世界科学现象的体验，丰富他们的学习经历。

日本致力于设计面向所有学生高质量发展的课程，促进卓越和教育公平。教师依据课程并根据学生当前学习状况制订教学和学习计划，学习计划不受学生个人的性别、文化、宗教、健康或残疾、社会经济背景或地理位置的限制。

我国强调课程应具有开放性，是由自身的教育历史所决定的。在新课改之前，我国的教育一直是封闭式的教育，教师的教学活动都紧紧围绕教科书进行，教师的任务是"教"教材，不敢有半点偏差。在这种教育环境下，学生"读死书"，虽然可能考试成绩优秀，但是自身全面素质得不到发展，我国学生与发达国家学生之间在创造精神与能力方面的差距也越来越大。在此背

景下，我们强调课程的开放性，根据学生的不同学习程度灵活进行教学，倡导学生的学习不仅仅局限于课本，还应利用学校、家庭、社会等资源进行学习。

3.课程理念各有侧重，体现不同的社会背景

日本的课程理念除了强调进一步提高国民的科学素养外，还要求以科学的基本概念为支柱，强调课程内容的结构化。我国《标准》规定了小学科学是以培养科学素养为宗旨的科学启蒙课程，强调培养学生的"科学素养"，包括科学过程、科学方法、科学态度、科学价值观、科学伦理等内容。

日本自 1977 年以来实施"宽松教育"，降低了教科书的水准，减少了课时和内容项目，而学生的理解率却节节下降，引起日本社会各界的普遍质疑与不满，认为越是实施"宽松教育"，理解率越是下降。所以新订课程标准将各年级的理科课时分别由原来每周 2、2.6、2.7、2.7 学时增至每周 2.6、3、3、3 学时，总课时数由 305 增加到 405，占学校总课时的比率由 6.5%上升至7.2%。[①]其课程内容呈现结构化的特点，各年级内容的构成与呈现前后保持一致。各年级内容的构成均由"学习的对象和行动""学习的视点"和"学习的过程与结果"三项构成。新订课程结构改变了使用了 40 多年的三领域构成模式，改用两个领域的内容模式，其目的在于实现小学与初中理科课程有效衔接，强化小学理科课程的结构性和系统性。

另外，日本的课程理念中没有涉及教师的作用以及建立促进学生发展和科学素质形成的评测体系等内容。而我国的新课程理念十分强调发展性评价。在我国传统的教育教学生活中，师生关系一般是"传授—吸收"型，学生活动的机会很少，致使我国学生的创新能力、实践能力与发达国家之间的距离越来越大，改变传统的教学模式，培养学生科学素养已刻不容缓。因此，我国小学科学课程应大力倡导活动教学。因为，活动教学有助于知识的获得、

①刘继和《日本新订小学理科课程标准改订的背景、方针、要项和特点》，《全球教育展望》2008 年第 9 期。

能力的发展与人格的整合和完善①。在活动教学中，应把探究作为学生学习科学的主要方式，让学生在探究过程中理解科学概念，掌握科学方法，培养科学态度。在活动中学习科学，既是课程内容本身的要求，也符合儿童认知发展的阶段性特征。

四、课程目标比较

课程目标是课程标准的核心部分，是学生课程学习应达到的结果及其程度要求，是关于学生学习活动结束之后行为变化的描述。小学科学课程目标不仅是课程理念的体现，同时也是小学科学课程设置、内容编排以及评价的依据。20 世纪 80 年代以后，世界科学教育更加关注科学教育的目标和个人发展、社会发展和文化之间的密切联系，科学课程在目标设置上也体现了这一趋势。

(一) 日本小学科学课程目标

日本小学科学课程的课程目标分总目标和各年级目标。其总目标表述非常简洁：亲近自然，有预测地进行观察和实验，培养解决问题的能力和热爱自然的情感，同时，实感地理解自然事物和现象，培养科学的看法和观点。虽然日本的课程总目标没有从任何维度进行表述，但其范围大致包含三方面。

首先，"亲近自然"不仅是让学生接触和亲近自然，还要让学生关心爱护自然，产生热爱自然的情感，并在此过程中发现问题，以构筑起日后学习的基础。其次，"有预测地进行观察和实验"是学生对自己通过与自然接触所发现的问题形成预想和假说，并进一步验证与总结。它有助于学生形成搜集信息、解决问题，自主学习与反思等多方面的能力。最后，"实感地理解自然事物和现象，培养科学的观点和看法"是学生通过具体的体验和调查理解自然，通过主要问题的解决获得对知识与技能的理解，认识理科课程与实际自然和生活之间的关系，从而形成科学的看法和想法。

---

① 潘洪建、孟凡丽《活动教学原理与方法》，兰州：甘肃教育出版社，2008 年，第 9—13 页。

　　日本《纲要》除总的课程目标外，还按照年级依次表述各年级分目标，并且每个年级都包括"A 物质·能量"和"B 生命·地球"两个领域目标。

表 6-1　日本小学科学课程目标

	目标			
	亲近自然，有预测地进行观察和实验，培养解决问题的能力和热爱自然的情感，同时，伴有实感地理解自然事物和现象，培养科学的看法和观点（总目标）			
	三年级目标	四年级目标	五年级目标	六年级目标
A 物质·能量	调查与比较物体的重量，风与橡胶的力，以及光、电和磁场的有关现象。并能够带有兴趣地探究它们的性质与功能，形成关于这些事物的观点和认识	调查水、空气、物质状态的变化以及电的现象，了解热与能的作用，带有兴趣地利用学习材料解决发现的问题	探究物质扩散、钟摆运动、电磁铁的变化与功能，并重点分析掌握它们的成因，通过探究所发现的问题使学习的知识系统化	调查并推断燃烧、水溶液、杠杆和电流产生的现象与成因以及规律性。通过有计划的探究活动，形成对事物的性质与规律的观点与看法
B 生命·地球	鼓励学生养成爱护生物的态度，发展生物与环境、太阳与地球环境关系的观点与想法，并能带有兴趣地探究熟悉的动物和植物、地面的阳光和阴影	培养学生爱护生物的态度，加强学生对人体结构、动植物的生长活动以及大气、月球和星星运动的了解，调查星球的运动和季节、温度、时间的关系	通过探究学习建立以发展的观点看待生命的延续、流水的作用、气候变化的规律、动物的生长与繁殖，养成学生尊重生命的态度	探究生物体的结构、作用以及该生物与生物环境之间的联系。调查土地构造和变化与自然灾害的关系，形成土地构造与变化规律方面的观点，培养尊重生命的态度

　　由表 6-1 可以发现，从目标结构看，纵向上，日本小学各年级的课程目标呈现螺旋上升的特点。三年级目标的重点在于培养学生探究发现和比较自然事物与现象的能力。四年级目标基于三年级，着重培养学生调查分析自然事物与现象变化原因的能力。五年级目标着重培养学生区分因素的可变性，学会有计划地观察，增强对实验的控制能力，并且能将知识系统化。六年级目标着重培养学生根据自然现象和事物的变化推导出成因、规律和事物之间

关系的能力。横向上，日本各年级分目标将知识、能力和情感态度融合为一体，但逻辑性和层次性不清晰，并且与现代科技发展、学生日常生活的联系不够凸显。

（二）中国小学科学课程目标

我国小学科学课程分总目标、分目标和学习内容目标三部分。我国的课程总目标相较于日本更为清晰，分别从"知识与技能""过程与方法""情感、态度、价值观"三个维度概括了小学科学课程的总目标。

我国小学科学课程的总目标是培养学生的科学素质，并为他们继续学习和终身发展奠定良好的基础。通过课程的学习，学生应该：保持对自然的好奇心和探究热情；理解与其认知水平相适应的科学概念，并能应用于日常生活；体验科学探究的基本过程和方法；形成尊重事实、乐于探究的科学态度；发展以科学语言与他人交流和沟通的能力；初步了解科学技术与社会的关系，初步形成对科学的认识。

我国小学课程的分目标分为"科学知识""科学探究""科学态度"以及"科学技术与社会的关系"四个方面，阐述了课程在这四个方面需达到的标准，这部分相当于对我国课程总目标的阐释与扩展。

我国小学科学课程目标中的学习内容目标与日本小学科学课程目标的分目标相对应。从目标结构上看，在纵向上我国的课程目标整体也是呈现螺旋上升、层层递进的。横向上，"知识与技能""过程与方法""情感、态度、价值观"三维目标是相互融合、相互渗透的。

（三）比较分析

1.课程目标均取向多样化，旨在促进学生全面发展

中日两国小学科学课程目标均由普遍性目标、生成性目标、表现性目标等构成。课程目标主要来源于对学生、社会、学科的研究，不以其中任一方为优先因素来决定课程目标取向，始终关注课程的终极意义和目标追求。两国课程目标呈现的价值取向多样化，旨在最大化地促进学生的全面发展，凸显学生的主体地位。

舒伯特认为，课程目标主要有四种类型：普遍性目标取向、行为性目标取向、生成性目标取向、表现性目标取向。①所谓"普遍性目标"是将一般教育宗旨或原则，直接运用于课程领域，成为课程领域一般性、规范性的课程目标。它是一种古老而且长期存在的课程目标取向，上可追溯到中国的先秦，西方的古希腊、古罗马时期。日本课程标准中"热爱国家""培养学生的责任感、义务感"，我国课程标准总目标中的"培养爱国主义、集体主义、社会主义思想"等表述都是普遍性目标取向。这种目标取向是把可普遍运用于所有教育实践中的一般教育宗旨或原则等同于课程目标，是对课程全局的总体考虑和安排，具有普遍性、方向性、指令性的特点。但由于十分抽象，以教条、规定的形式呈现，常常导致出现歧义和不同的理解。

"行为性目标"是以显性化、精确性、具体的、可操作的行为动词加以陈述的课程目标。它指明了课程与教学过程结束后学生身上所应发生的行为变化。例如日本《纲要》中的"探究""调查""比较两事物的特征"，我国《标准》中的"学生亲自探索或查阅资料，从获得的数据和证据中……""学生能将学到的科学知识，在解决实际问题中加以应用"等。

"生成性目标"是在教育情境中随着教育过程的展开而自然生成的课程目标。它关注的是学习活动的过程，而不是由外部事先规定学习者要达到的结果。如日本《纲要》中的"带有兴趣地利用学习材料解决自己发现的问题"，我国《标准》中的"讨论、辩论、倾听"等。生成性目标的思想可以追溯到杜威，在他看来，目的不应是预先规定的教育经验，而是教育经验的结果。这类目标能够考虑学生兴趣的变化、能力的形成和个性的发展，把过程与结果、手段与目的有机地统一起来，让学生在教育过程中产生自己的目标。

"表现性目标"是美国课程学者艾斯纳提出的一种目标取向，是指在教育情境中鼓励学生的个性化、创造性表现的课程目标。表现性目标旨在围绕一

---

① ［美］乔治·J·波斯纳《课程分析》，钟启泉、赵中建译，上海：华东师范大学出版社，2007年，第89—90页。

个主题，学生运用原来学到的知识技能，进行个性化理解，并使其具有个人特点。表现性目标关注的是学生在活动中表现出来的、某种程度上首创性的反应形式，而不是事先规定的结果。所以在操作过程中目标的开放性过大，比生成性目标要求更高、更难掌控，因而它没有成为学校课程的主要目标模式。因此，两国在各自的目标中，表现性目标取向主要体现在对学生自主性、创造性的要求上，没有作过多具体的规定。

中日两国将四种目标取向并存，既注重学习结果，又强调学习过程，充分保证了学生的全面发展，体现了学生在学习过程中的主体地位。

2.均偏重学生科学素养的发展，着眼于学生长远发展

在科技传播特别是科学普及研究中，科学素养是一个重要的概念。它与科学普及的目标、意义关系密切。然而，科学素养不是一个简单而明确的概念，它是与时俱进的一个名词。我国《标准》对"科学素养"的定义为：了解必要的科学技术知识，掌握基本的科学方法，树立科学思想，崇尚科学精神，并具备一定的应用它们处理实际问题、参与公共事务的能力。

1952 年，科南特（Conant）第一次在《科学中的普通教育》中正式使用"科学素养"这一词语，到今天为止，科学素养的内涵不断丰富，同时经历了从"口号"到"目标"的转变。最普遍的含义是以米勒为代表的科学素养三维模型：科学术语与概念的词汇量；对科学过程的理解；了解科学技术对个人和社会的影响。[①]我国科学课程标准将"科学素养"分为科学知识、科学探究和情感态度价值观三个维度。

日本的科学课程目标也是从知识、情感、过程与方法三个维度展开，如日本三年级的课程目标为"通过调查比较，发展对知识的观点和认识，并带有兴趣地进行探究性学习"。日本对刚开始学习科学课程的三年级学生就提出了较高的要求，可见日本对全面提高学生科学素养的重视。相较于日本的高

---

①王学男、叶宝生《科学素养的维度研究对我国科学教育三维目标的启示》，《首都师范大学学报》2011 年第 1 期。

标准，我国的课程目标循序渐进，更加符合学生的身心发展实际。如我国"生命世界"板块中三年级"常见的植物"的目标为"能说出常见植物的名字，通过为植物挂标牌养成爱护花草树木的习惯"，三年级学生虽然逻辑思维能力已得到一定发展，但仍需具体事物的支撑，动手能力不强，所以开展探究性学习对教师、学生都有较大的难度。

儿童在生活中形成一些对周围世界的看法，这些看法常常不符合科学原理。因此，及早对他们进行科学教育，有利于帮助他们建立一些基本的科学概念，发展科学思维和语言能力，培养科学态度。小学科学课程承担着培养小学生科学素质的责任，应为他们继续学习和终身发展奠定良好的基础。

3.课程目标的递进性和综合性相异，体现了不同的课程发展水平

中日两国现行小学科学课程标准中的课程结构都是螺旋上升的，但是两国各自的课程目标的递进程度不尽相同。比如，以两国"物质特征"这一内容为例，我国在这部分对学生的要求主要集中在"认知"方面，采用"了解""知道""列举"等行为动词，对学生的要求只需要认知就可以了。日本则采用了"调查比较""探究"等动词，要求学生能够亲自动手，观察比较物质的特征。课程内容的其他部分也存在这样的差异。

我国的课程目标对三年级至六年级的要求逐步递进，符合学生的身心发展的特点，以三、四年级课程目标为例，三年级目标如"了解植物的种类、描述动物生长的大致过程、观察绿色的开花植物"等，多以"了解、观察"等活动为主；四年级目标如"讨论如何保护当地的资源、定性地描述一个物体的位置、调查材料的导热性能"等，多以"讨论、调查"为主。日本对三至六年级的学生的要求水平几乎是相当的，日本三年级目标如"调查比较物质来发展对物质性质和功能的认识，并带有兴趣地进行探究学习"；四年级目标如"探究物质状态变化以及电现象，根据兴趣利用学习材料解决发现的问题"。从两国三、四年级的课程目标可以看出，我国对学生科学素养的培养是循序渐进、逐步提高，日本对学生科学素养的培养是不分年级、全面实施的。

两国课程目标上的差异反映了两国科学课程的发展水平。日本 1914 年就开设了科学课程，"二战"战败后，日本政府更加重视科学教育。20 世纪 80 年代开始，日本提出了"科技立国"的战略，提出了培养国民"科学素养"的口号，对科学教育的重视更是达到顶峰。而我国在"应试教育"的框架下，以往的自然课一直不受重视，我国新的科学课程的开设相较于日本"起步晚、水平低"，两国课程目标的差异与两国课程发展水平直接相关。

综上所述，中日小学科学课程目标的相同点是均重视"科学素养"的形成，体现相同的课程理念，课程目标取向多元，旨在促进学生的全面发展。不同在于两国课程目标的层次不同，体现了两国小学课程不同的发展水平。

五、课程内容比较

任何形态的课程都有其特定的内容。课程内容是构成课程的基本要素，是课程的内在要素。不同的课程内容观，课程内容的选择和组织方式就不同。课程内容反映了不同的课程价值观、课程结构观以及不同的课程设计观，任何一次课程改革都把课程内容的变革作为课程改革的重点之一。

（一）日本小学科学课程内容

日本小学科学课程内容分为"物质·能量"和"生命·地球"两大领域。日本最近一次课程改革将沿用了 40 年之久的"生物·环境""物质·能量""地球·宇宙"三个内容领域改为现在的两个内容领域，一方面遵循儿童的认知发展规律，另一方面更有利于与高学段科学课程的衔接。

日本小学科学课程内容中的"物质·能量"领域中包括"物体与重量""空气和水的性质"等 15 个主题，内含 33 项具体分内容。"生命·地球"领域包括"植物与昆虫""植物的发芽、生长和结果"等 16 个主题，内含 39 项具体分内容。

表 6-2 日本小学科学课程内容纲要

领域	主题			
	三年级	四年级	五年级	六年级
物质·能量	1.物质质量与体积 2.风与橡胶的功能 3.光的特性 4.磁铁的属性 5.电路	1.空气和水的性质 2.金属、水、空气、温度 3.电的作用	1.物质的溶解 2.钟摆运动 3.电流的功能	1.燃烧的原理 2.水溶液的性质 3.杠杆原理 4.电的作用
生命·地球	1.昆虫和植物 2.太阳和大地	1.人体结构与运动 2.四季与生物 3.气候环境 4.月球与行星	1.植物发芽、生长与结实 2.动物生殖 3.流水的作用 4.气候变化	1.身体的结构与功能 2.植物的养分与水的通道 3.生物与环境 4.土地的形成与变化 5.月亮和太阳

从表 6-2 可以粗略看出，日本小学课程内容在年级分配上由易到难，螺旋上升，但层次不够分明，虽然分"物质·能量"和"生命·地球"两大领域，但各领域内部知识内容不成体系，缺乏知识主线，层次感不明显。

（二）中国小学科学课程内容

我国小学科学的内容标准中的科学知识分为"物质科学""生命科学""地球与空间科学"三个领域。这三个领域是自然科学中的主要领域，从中选择一些适合于儿童学习的主要概念，可以为儿童的继续学习和发展打下良好的基础。我国的科学课程内容的结构层次是非常清晰的。整个内容标准围绕"物质科学""生命科学""地球与空间科学"三个领域展开，包含了"物质的特性""生命的特征"等 8 个一级主题，8 个一级主题中共包含 22 个二级主题，22 个二级主题下又包含 125 个三级主题。

表 6-3　中国小学科学课程标准主题纲要

领域	子领域	主题（项）
物质科学	物质	物质的特性（4）
		物体的性质和用途（3）
		物质的变化（3）
		物质的利用（3）
	能量	声音的产生与传播（3）
		热现象（3）
		光的传播（3）
		简单电路（3）
		磁现象（2）
		能量的转换（2）
	力的作用和运动	位置与运动（3）
		常见的力（2）
		简单机械（2）

（三）比较分析

1.课程内容选择上均崇尚"主体论的知识观"和"动态的知识观"

知识是课程的基本要素，是课程内容的组成，知识问题是课程内容的经典问题，历史上任何一次课程改革都反映了人们对知识的不同的理解，体现了知识的主体观与动态观。

所谓主体论的知识观，不是从知识的生产过程和生产结果来讨论知识，而是超越一般认识论的本体视野，从学生的发展过程和发展结果来理解知识。主体论的知识观强调的是学生作为知识再生产的主体，知识再生产的过程、方式、目的和价值，与人类一般的认识过程相比较具有其独特性。[①]我国"能量的表现形式"主题，将"能量"分成声音、热、光、电路、磁五部分展开，从学生最熟悉的"声音"开始，让学生通过"感受各种常见乐器的发生方法、

----

① 钟启泉《课程论》，北京:教育科学出版社，2007 年，第 158—160 页。

制作土电话、判断月球上能不能听到声音"等活动对知识进行再"生产"。日本标准在"物质的溶解"主题下，让学生"通过控制温度和水的量探究不同物质的溶解规律"等。

"知识是一个动态的发展过程，是主体在实践的基础上对无限发展着的客观世界的动态认识。"①动态的知识观用发展、变化的观点把握知识的本质，注重把握知识的不确定性、境域性。我国植物生殖的内容从"种子生殖到无性生殖"，改变了学生头脑中的思维定式，学会用发展的观点把握生殖的本质。

中日两国在课程理念上均以"为了每一个学生的发展"为出发点，注重知识对学生成长的意义，革新"知识本位"的知识观和教育行为，倡导学生终身学习。

2.课程内容均表现出生活化、综合化的特征

从表6-2和表6-3中可以看出，中日两国在小学科学课程内容的选择上均融合了生命科学、化学科学、物理科学和地理科学、太空科学等方面的知识，呈现生活化、综合化的特点。杜威指出"学校必须呈现的生活即对儿童来说是真实而生气勃勃的生活。像他在家庭里，在邻里间，在运动场上所经历的生活那样"②。加强课程与学生生活和现实社会的联系，是让课程与学生生活和社会现实更有效地融合起来，给学术课程增添时代的源泉和生活的活力。

3.课程内容均兼顾逻辑顺序和心理顺序

中日两国在课程内容的选择与组织上既考虑学科内部的逻辑顺序，又兼顾学生学习的心理顺序。传统教育强调逻辑顺序，而现代教育更加强调心理顺序。杜威在1902年出版的《儿童与课程》中反对"非此即彼"的思维方式，主张将学科的逻辑顺序和学生的心理顺序统一起来。比如，我国"生命科学领域"以"细胞"这一概念加以展开，依次认识植物细胞、动物细胞，最后是人类组织。认识的次序从低级生命系统向高级生命系统展开。日本在

---

① 潘洪建《教学知识论》，兰州：甘肃教育出版社，2004年，第68页。

② ［美］杜威《杜威教育名篇》，北京：教育科学出版社，2006年，第4页。

三年级"物质·能量"板块要求学生掌握"物体重量、橡胶弹力、光的特性、磁铁的属性、电路",从比较不同物体的重量开始,学会区分物体不同的物理属性,再测试风、弹力等,由易到难,逐步加深,一方面既在内容组织上体现认识内容的逻辑顺序,同时在内容要求上照顾学生的心理顺序。

4.内容容量差异明显,我国课程内容层次性更强

日本小学科学课程内容中的"物质·能量"领域中包括"物体与重量""空气和水的性质"等15个主题,内含33个知识点。"生命·地球"领域包括"植物与昆虫""植物的发芽、生长和结果"等16个主题,内含39个知识点。上述总共72个知识点。我国课程内容围绕"物质科学""生命科学""地球与空间科学"三个领域展开,共包含125知识点。①两者在内容容量上存在一定的差异。

表6-4 中日两国科学课程内容"生命科学"领域比较

领域	中国科学课程标准		日本理科指导纲要
	子领域	主题（点）	主题（点）
生命世界	多样的生物	植物（4）	昆虫与植物 (2)
		动物（5）	观察自然 (2)
		其他生物 (3)	
	生命的共同特征	动植物的一生 (4)	植物的生长 (4)
		生物的繁殖 (3)	动物的繁殖 (3)
		生物的结构与功能 (4)	人体的结构与功能 (3)
		生物的需要 (4)	植物养分与水的运输 (2)
		生物遗传 (2)	
	生物与环境	生物对环境的适应 (8)	生物与环境 (2)
		进化 (3)	季节与生物 (2)
	健康生活	生理与健康 (7)	人体的结构与运动 (2)
		生长发育 (3)	
		良好的生活习惯 (3)	

①胡军《中日小学课程标准比较研究》,《外国中小学教育》2010年第9期。

比较发现，我国科学课程标准"生命科学"领域中的知识点比日本丰富，结构严谨，脉络清晰，甚至一些内容在日本的课程标准中是没有涉及的，如进化、遗传等。在中日相同的知识点方面，在一些项目内容的广度和深度上，我国强于日本。比如，在"动物"这一主题方面，我国的课程标准中包括"知道生活中常见的动物名称，能对动物进行分类，认识动物运动方式的多样性，了解保护动物特别是保护濒危动物的重要性"。日本在这部分的要求是"寻找身边的昆虫，观察昆虫的身体结构，对昆虫的身体结构有一定的了解和认识，能够对生物与环境的关系有所了解。"①

日本的课程内容偏少，层次不明朗，与日本政府在教育上的改革举措是分不开的。进入 21 世纪以后，日本旨在培养在国际社会中生存的日本人，重视国民教育所必需的基础知识与技能。1998 年 11 月日本颁布《学习指导纲要》，旨在培养"生存能力"和进一步贯彻"宽松教育"，大幅度地削减教学内容和时间，引起了社会各界强烈的争议与批评。2007 年 12 月，OECD 公布的 PISA（国际学生评价项目）结果显示，日本学生的科学成绩从第二下滑至第六。

六、实施建议比较

课程实施是课程理念、课程目标与内容得以落实的关键环节，紧抓这些环节，将有助于课程的有效落实以及课程改革的不断推行。日本《纲要》只对教学建议进行了陈述，中国《标准》在实施建议部分包括教学建议、评价建议、教材编写建议、课程资源的开发与利用、教师队伍建设建议和构建科学课程支持系统六个部分。本章只对"教学建议"部分进行比较。

（一）日本小学科学教学建议

日本小学科学教学建议主要是对教师在该年级教学内容处理时的提示，它是在每个年级的具体内容标准之后列出的，篇幅较少，共 400 字左右。如

---

① 日本文部省《小学理科学习要领指导纲要》，Ministry of Education, Culture, Sports, Science and Technology,2008. *http://www.mext.go.jp/en/*.

针对三年级学生的"物质·能量"板块的具体内容，其建议是：在教授"物质·能量"这部分时，学生至少操作三种不同的学习用具。

在日本《纲要》给出的教学建议里，没有对教师如何处理教学内容作指导，更多的是对教学中教学材料的应用、操作、规格作出相应的提示或者规定。

（二）中国小学科学教学建议

我国的小学科学教学建议有七条，前六条是对教师的教学方向、教学关注事项的说明，第七条是学科综合的建议。

教学建议第一条"围绕主要科学概念组织教学"、第二条"注重学生前概念，发现适合学生探究的问题"，这两条都从"概念"出发，强调概念是儿童建构复杂能力的基石，学生可以运用所掌握的主要概念，扩大到探究其他的问题上，触类旁通地解决学习和生活中遇到的问题。围绕科学概念组织教学，可以提高学生的学习效率，培养他们的动手能力和创新能力，促进他们终身学习能力的发展。

第三条"重视证据的收集"、第四条"关注学生的科学记录和表达"、第五条"关注学生的讨论和交流"、第六条"利用信息技术和多种资源获取信息"，是教师对学生能力培养的关注，关注学生探究、搜集信息、处理信息、讨论交流能力的培养。

第七条"关注和其他课程的整合"，要求在科学课程中融入语言、数学、社会、历史等各学科内容的学习，激发学习科学的兴趣，感受科学家实事求是、追求真理、不屈不挠的精神，欣赏科学美。

（三）比较分析

1.均注重提高"科学素养"的课程理念

教学过程是实现课程目标的基本途径，体现着一定的教育教学理念。课程标准中的"教学建议"围绕全面提高学生的"科学素养"的课程理念而展开，其目的是实现教育目标，促进学生发展。我国"教学建议"的第三条至

第六条，较好地体现了"积极倡导自主、合作、探究的学习方式""以提高学生的科学素质为宗旨，促进学生的全面发展"的理念。日本的"教学建议"虽然较少、较具体，但也体现着"提高学生的科学素养"的理念，如"至少操作三种不同的用具""学生必须养育昆虫和植物""至少要求学生观察一年中动植物各两种的活动和生长情况"等。

2.日本教学建议更具操作性，并体现出更大的课程内容弹性

日本的教学建议共四大条，并且是针对3—6年级各年级具体的教学内容所作的处理建议，篇幅很少，不足400字。教学建议内容较少，给教师留出的课程空间就比较大，教师能发挥更大的创造性，让学生更多地参与到课程再开发之中。虽然日本教学建议精炼，只是针对每一年级课程实施时的学习工具的使用数目、补充内容等作一些提示，但是都很具体，操作性很强，如教授"花"的内容时"对学生只要求了解雄蕊、花萼、花瓣，关于授粉，知道风和昆虫是授粉的媒介"；"向阳向阴的原因只能用夏季生长的双子叶植物"；"串联电路和并联电路都应该操作"；"关节的作用也应该讲解"；"在教授'物质·能量'时，学生必须至少使用两种学习工具"等。与日本的教学建议相较，我国的教学建议略显笼统，主要是针对课程内容的活动建议，如同样是对"向光、背阴植物"内容的教学建议，我国建议"通过实验和观察来探究植物的向光性"，对应该选用的植物以及探究实验中的注意点没有更多的描述，操作性不强。

七、日本《纲要》对我国的启示

通过对中日两国现行小学科学课程标准发展历程的介绍，对两国课程标准的基本框架、基本思想、课程目标和内容的比较与分析，可以发现，日本小学科学课程标准对我国科学教育具有一定的启示。

（一）坚持课程理念，注重学生思维与实践能力的发展

中日两国小学科学课程共同的理念，如强调以学生为主体、以探究为核心，着重培养学生的科学素养等，具有积极意义，符合时代要求。这些理念

是新世纪人才质量要求在小学科学课程标准中的反映，必须贯穿于课程始终，努力推进落实。

日本的小学科学教育非常注重学生思维和实践能力的培养，主张学生在操作中获取知识，而不是死记硬背。日本科学课程从三年级开始就逐步发展学生的探究能力，如三年级目标"调查比较物质来发展对物质性质和功能的认识，并带有兴趣地进行探究学习"，四年级目标"探究物质状态变化以及电现象，根据兴趣利用学习材料解决发现的问题"，对三至六年级学生提出一贯的高标准，旨在调动学生的积极性，充分发挥学生的主体地位，这需要学校、教师和学生自身的共同努力。要让学生成为学习的主人。他们在进入课堂，接受新知识之前，已经具有了一定的经验，这些经验源于他们的日常生活和以往的学习，是他们获得新知识的"生长点"①。在教学过程中，我国教师要利用好这些"生长点"，进行适当的讲解和引导，使学生通过自主学习，将新知识内化为自己的知识。当然，学生已有的知识经验的差异性，使得他们对问题的理解也是不同的，所以需要合作学习、探究学习，让学生看到那些与他不同的理解，从而促进自己的学习。

（二）关注学生差异，扩大课程内容弹性

中国是一个多民族、多人口的大国，学生在民族、所在地区、遗传因素、能力倾向等方面存在诸多差异。因此我国小学科学课程标准强调课程是面向全体学生的，强调课程要使不同的人得到不同的发展。照顾到学生之间的差异，可以让不同的学生得到不同的发展。然而，这只是一个美好的愿望，其并没有在课程内容中得到完美的呈现。我国小学科学课程内容框架固定，缺乏相应的弹性，给教师留有的发挥空间相对狭小。另外，我国采用班级授课制，难以顾虑学生的需求差异，也不利于学生的个体发展。而日本小学科学课程标准中对科学课程分年级、分板块以及对课程内容的弹性设置，让人印象深刻。它为教师和学生，尤其是教师留出了充足的空间，在"实施建议部

---

① 徐斌艳、吴刚、高文《建构主义教育理论》北京：教育科学出版社，2008年，第57页。

分"，日本的教学建议只是对操作对象、数量以及要补充的知识点作出规定，而我国对教师和学生的要求相对较死，留下的空间相对狭小。日本在科学课程内容处理方面的做法可以为我国所借鉴。

（三）重视低年级科学教育，实现课程连贯性

两国的科学课程都是从 3 年级开始开设，与幼儿阶段的教育存在一定的断档，应当重视小学低年级学生的科学教育。

发达国家非常重视低年级科学教育。日本一直重视小学科学教育，其小学科学课程开设已久，早在 1991 年就规定了 8 个学习领域，它们分别是艺术、英语、健康及身体教育、外语、数学、科学、社会和环境研究，以及技术，科学课程从 3 年级到 12 年级连续开设，形成了连贯的整体[①]。正是因为发达国家对小学低年级学生科学教育的高度重视，小学生通过科学课程的学习，能够增长科学知识、掌握科学探究技能、发展情感态度与价值观，最终提升自己的科学素养水平。学生在科学课程中获得的这些能力是从其他学科中学不到的。小学科学课程是促进小学生全面发展的保障，是学校全面实施素质教育所不可或缺的重要组成部分。

我国小学生的科学素养水平与发达国家相比还很低，无论是科学知识的获得还是科学探究技能的掌握程度都远远落后于发达国家。所以，我国小学科学课程若从低年级开始开设，充分利用低年级小学生的好奇心与求知欲望，培养他们的科学兴趣，就可为以后更好地学习科学课程做好铺垫。除此之外，还要意识到科学的学习是一个长期的、连贯的、不断深化的过程。因此应重视小学低年级的科学教育，建立起从整个小学阶段到中学的连贯的科学教育体系。

---

① ［日］水原克敏《现代日本教育课程改革》，北京：中国科学出版社，2005 年，第 312 页。

第七章 中国与韩国小学科学课程标准比较

韩国（Korea），全称"大韩民国"，领土面积约 10 万平方公里，人口 5042 万（2014 年统计）。韩国科技、经济发达，高等教育毛入学率超过 50%，是世界上高等教育发展速度最快的国家之一。

一、韩国小学科学教育改革历程

科学技术是第一生产力。当今社会，科学技术对人类生活和社会变化有着巨大的影响，也给我们的生活提供了极大的方便。1999 年，匈牙利国际联合教育科学文化机构和国际科学协议会共同主办了世界科学会议，会议通过了"关于利用科学和科学技术的宣言"和"科学议题：行动指针"，制定了新世纪科学技术教育的目标并就科学教育课程发出倡议："新的课程、教学方法论和教学手段的开发要考虑在多样性的基础上适应社会变化。"[①]

中国和韩国积极响应此次科学技术会议的"宣言"和"议题"，适应国际形势，积极促进本国基础教育科学课程的发展，并不断探索、反思。现就韩国科学课程制定和修订的背景进行简单的梳理，了解其发展脉络，以便更好地理解把握我国科学课程的标准。

---

① ［韩］张熙义等《基于世界科学协会的国内科学技术活动的检讨》，科学技术政策研究院，2001 年。

（一）韩国科学课程改革的历程

韩国课程的改革与发展大致经历了以下历程（见表7-1）。

表 7-1 韩国七次课程改革

时间	主要事件与目标
第一次（1955—1963）	在 1950 年公布了《教育大纲制定省议会规定》，1954 年公布了《教育课程与课时分配标准》，1955 年公布了小学、初中、高中和师范学校的教育课程
第二次（1963—1973）	1963 年韩国文教部颁布了新的教育课程。这是一次强调以"生活为中心"的改革
第三次（1974—1981）	这次教育改革主要有两大特点，一是加强国民精神，二是以"以学术为中心的理论体系"作为基础
第四次（1981—1988）	第一次明确提出了课程所需要培养的人才标准，即培养"新韩国人"。这次课程的核心是"以人为中心"，所以被称为"以人为中心的课程体系"
第五次（1988—1992）	最大的热点是课程的综合化，所以这次改革被称为"综合课程体系改革"
第六次（1992—1997）	目标在于培养主体精神、创造精神和有道德的韩国人，该目标的明显特色在于强调学生的主体精神和创造精神，这次课程又被称作"开放型的课程体系"
第七次（21 世纪）	设置"10 年国民共同基本课程"，韩国称第七次基础教育课程"是广泛收集意见、由国民协议而产生的以学生为中心的教育课程"

由表 7-1 可知，韩国基础教育课程改革的周期越来越短，课程标准不断调整，越来越强调基础知识的系统性、衔接性和灵活性。为了学生能根据自己的个性和能力进行多样化的学习，韩国课程设置变化很大，最主要的变化是减少必修科目数目，增加选修科目，加强信息化、全球化教育。课程以人为本、以学生为中心，追求韩国学生人性的健全发展，尊重能力和个性的不同，选择适合学生自己素质和能力的教学科目，使课程成为学生主动且自觉学习的教育课程。第七次基础教育课程改革规定了韩国新课程体制的目标是建设一个任何人随时随地都能接受到所希冀的、路径宽广的"开放的教育社会、终身学习的社会"。使学生能自主地全面发展，能够适应经济一体化、信息化

和多元化时代的要求，成为韩国发展的新一代的主力。科学作为整个课程体系中的一个科目，其发展亦经历了同样的历程，具有类似的特征。

（二）培养以具有科学行动的市民为目标的科学教育

韩国教育目标在于使韩国国民学习知识基础，陶冶自身品德，具备自主生活的能力和作为国民所必需的素质，除此以外，还要能经营具有人性的人生，为民主国家发展和人类社会共同繁荣作奉献。

表 7-2　韩国科学课程的变迁

课程改革时期	教育改革目标
第 1 次课程	发现，生活问题解决
第 2 次课程	科学素养，探究能力
第 3 次课程	科学技术素养，问题解决
第 4 次课程	科学技术素养，问题解决
第 5 次课程	STS（科学-技术-社会）素养，意识决定能力
第 6 次课程	

韩国六次基础教育改革，受生活中心、经验中心、学问中心等教育思潮的影响，不断变迁，科学教育逐步深化，科学课程承担着普及科学技术知识，提高科学素养的任务。第七次科学课程改革追求的是培养复合型的、全面发展的人格特征，即：

①在"全人"成长的基础上追求个性的人；

②以基础能力为根基创造发挥创意能力的人；

③以广泛的教养为模式开辟出路的人；

④在理解韩国文化的基础上创造新的价值的人；

⑤以民主市民意识为基础为共同体发展作贡献的人。[①]

基于此，韩国开发了从 3 年级到 10 年级的连续的科学课程，决定把能量、物质、生命、地球作为物理、化学、生物及地球科学的基本内容，颁布

---

① ［韩］韩国教育部《初中课程（教育部告示第 1997-15 号）》，1997 年。

了相对成熟的科学课程标准。

二、课程框架结构比较

(一) 课程标准的框架

韩国《科学课程标准 (3—6年级)》 (以下简称"韩国《标准》") 与我国《标准》框架大致相同, 见表7-3。

表 7-3 中国和韩国现行课程标准框架

	中国《标准》	韩国《标准》
前言	课程性质 基本理念 设计思路	课程性质 核心理念
课程目标	总目标 具体目标 各部分目标之间的相互关系	增长知识 提高能力 培养态度 识别科学、技术和社会关系
内容标准	科学态度 情感态度与价值观 生命世界 物质世界 地球与宇宙	运动与能量 材料 生命 地球和空间
实施建议	教学建议 评价建议 课程资源的开发和利用 教材编写建议 教师队伍建设建议 关于科学教学设备和教室的配置	教案 教材的适用和利用率 教学策略 实验教学 科学教学的支持 评估概念 评估方法 评估工具 评估标准 评估步骤计划
附录	具体目标中行为动词的定义 教学活动的类型与设计案例	

由表 7-3 可知，中国和韩国小学科学课程标准框架都清晰地划分为五个板块，中国小学科学课程标准包括了前言、课程目标、内容标准、实施建议、附录，而韩国小学科学课程标准分别为性质、目标、内容、教学、评价，整体而言都比较完整与系统。

总体上看，中国小学科学课程标准内容较韩国课程标准在指导上更为具体。两国小学课程标准的前三个板块相对来说较为整齐。其中，韩国的"教学实施建议"和"评估"成为单独的两章，而我国的"教学建议""评价建议"都包含在"实施建议"中，可见韩国对小学科学课程评价的重视程度，而中国前言提出课程的设计思路，最后一部分为附录，这是韩国课程标准没有的。

两国课程目标不尽相同。中国科学课程标准分为总目标、具体目标以及各具体目标间的关系，而韩国课程目标就知识、技能、态度、与社会联系方面给出了简洁明了的目标。在课程内容板块，中国的"内容标准"与韩国"内容"又有一些区别，中国内容中多了"科学态度""情感态度价值观"，而韩国内容却以"总—分"的形式出现，按各个年级来阐释"运动与能量""物质""生命""地球与空间"的具体内容。中国科学课程标准在框架上最不整齐，在中国"实施建议""附录"与韩国的"教学实施建议""评价"中，中国"实施建议"所涵盖的事项较多，教学建议、课程资源开发利用、教材编写、评价建议、科学教学设备和教室的配置等各方面均有详细的阐述，反映出中国课程标准修订人员对中国教育工作者、教育管理部门、教材编写者等各方面均有指向与要求；而韩国课程标准仅选择在教学与评价方面着重阐述，如教案教材的适用和利用率、教学策略、实验教学、科学教学的支持，以及评估概念、评估方法、评估工具、评估标准、评估步骤计划等。可见，韩国科学课程更愿意将课堂还给教者和学者，更愿意把焦点集中在课堂与学生，这与韩国将课程定位于"以学生为中心的教育课程"是相符的。另外，两国《标准》的细微差别在于，中国主要考虑教师教学上的运用，而韩国《标准》鼓励学生利用现代信息技术交流与自主学习，培养个性品质。

（二）课程编排体系

在课程编排方式上，与中国科学课程分小学（3—6 年级）与初中（7—9 年级）两个学段分别编制课程标准不同，韩国的科学课程标准作为第 7 次课程改革"10 年国民共同基本课程"的产物，开发了 3—10 年级的连续的科学课程标准。韩国连续性的课程编排体系有利于减少学段之间的隔离度，"科学"课程与小学一、二年级的"智慧生活"以及高中水平 11、12 年级的物理、化学、生命科学、地球科学、物理学、化学等课程有着密切的联系。韩国科学课程标准无论是编排体系还是课程内容与实践活动的安排，都强调连贯性、系统性。反观中国的科学课程标准，忽视了各年级阶段科学教育的连贯性，人为制造了一个科学教育的断层，这是我国科学课程标准迫切需要弥补的一个缺陷。

从课程范围与课程编排体系的分析可以看出，两国科学课程标准均较完整与系统。与中国科学课程标准相比，韩国的科学课程标准文本字数远远少于中国课程标准，中国科学课程标准内容细致、丰富，韩国科学课程标准十分简明。与韩国科学课程标准相比，中国科学课程标准更多地关注"科学"课程本身，尤其体现在"具体目标之间的关系""设计思路"等细节上，侧重教师的教学，事无巨细地阐释，似乎难以摆脱"应试教育手把手教"的局面，容易压制学生的创造性，课程编排的连贯性也不及韩国。虽然我国与韩国同属传统的集权制教育，但很明显，韩国已领先于我们，他们致力于克服集权制划一教育存在的问题，把主动权更多地还给学生。

（三）课程性质比较

1.小学科学课程的定位

课程性质是对课程属性的宏观把握，明确课程的性质有助于界定课程在整个课程体系中的位置。[1]中国《全日制义务教育科学（3—6 年级）课程标准

---

①潘洪建《小学科学课程标准 60 年》，《现代中小学教育》2012 年第 11 期。

（实验稿）》提出，我国小学科学课程是以培养学生的科学素养为宗旨的科学启蒙课程，小学科学课程定位于科学启蒙，意在强调通过与学生熟悉的生活经验紧密联系进行科学教学，让学生初步领会科学概念，激发学习兴趣，培养科学态度，在面对现实生活中的科学和社会问题时运用所学知识与方法，作出有效的决定，从而为高年级阶段甚至终身科学学习奠定坚实的基础。韩国在《科学课程标准（3—6）年级》中指出，科学课程旨在帮助学生通过自身的兴趣和强烈的好奇心探究自然现象、物体，在此过程中理解科学的基本概念，培养科学的思维能力和创造性解决问题的能力，最终发展学生的科学素养。可见，韩国科学课程定位于科学行动。韩国早在第3次科学课程改革中就提及科学教育的目的在于培养"科学素养、探究能力"，第4次、第5次科学课程改革提出培养"科学技术素养，问题解决能力"，第6次改革提出培养"STS素养，意识决定能力"。毫无疑问"科学素养"是中韩两国课程的核心词汇。我国《全民科学素质行动计划纲要（2006—2010—2020年）》将"科学素养"诠释为：科学素质是公民素质的重要组成部分。公民具备科学素质指公民了解基本的科学技术知识，具备基础的科学学习方法，树立科学思想和科学的精神，并具有一定的应用知识与方法处理生活实际问题、参与日常公共事务的能力。中国小学科学课程旨在"科学启蒙"，呵护学生好奇心与求知欲，帮助学生运用所学方法正确有序地亲自体验科学活动，明确科学、技术与社会的关系，为往后的科学学习，为其他课程的学习乃至终身学习奠定基础。而韩国科学课程标准在阐释课程性质时强调科学课程的内容不仅仅包括运动和能量、材料、生命、地球和空间领域，以及与此相关的基本概念，还包括可以自由探索的学习：为学生提供基于他们的兴趣的主题选择的机会，各种探究活动如观察、实验、调查、讨论，强调独立活动以及有组织地培养科学态度和沟通技巧。韩国小学科学课程突破了仅仅帮助学生拓展对社会生活中科学现象的体验，鼓励独立活动，能够运用知识解决生活中的问题，"科学行动"的定位非常清晰。

2.小学科学课程的理念

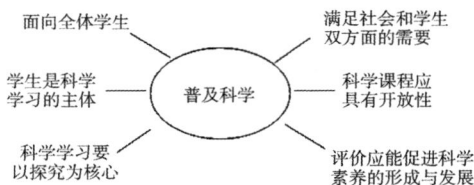

图 7-1 中国科学课程理念

中国科学课程的核心理念是全面提高每一个学生的科学素养,强调"普及教育"(Science for All),要求从小培养学生的科学素养,理解科学的本质和价值,理解科学与社会的关系,了解科学社会的发展史。

在韩国新的科学课程标准中,对小学科学课程的理念并没有单独阐述,但韩国小学科学课程标准隐含着课程的理念。现就中韩两国科学课程理念异同进行分析比较。

表 7-4 中韩两国科学课程理念异同比较

	理念	课程标准文本阐述(概括)	
		中国《标准》(3—6年级)	韩国《标准》(3—6年级)
统一处	普及性 主体性	提供学生公平的学习科学的机会,以及对学生进行及时有效的科学指导	专为3—6年级的学生设置的全国公共基础课程
	探究为主 实践性	亲身体验以探究为主的学习活动	通过各种探究活动学习科学知识
	开放性 生活性	课程多方面提供给教师、学生选择的机会和创新空间;利用多重资源进行学习	为学生提供了基于他们的兴趣的主题选择的机会;学生能够识别科学、技术和社会以及科学价值之间的关系
差异处	独立性		学习过程强调独立活动以及有组织地培养科学态度和沟通技巧
	系统性 连贯性		学习还强调了全面了解基本概念而非碎片式获取知识和在日常生活中使这些知识科学地解决问题的能力
	整合性	强调知识、能力和情感态度价值观的整合	

由表 7-4 可清晰发现，两国课程理念均与现代科学教育理念相一致，均将"科学素养"作为基本理念，但由于课程编排体系与课程定位不一致，两国课程理念也有些许差异。中国科学课程定位为"科学启蒙"，相比韩国更注重课程的逻辑性与理论性。韩国将科学课程定位为"科学行动"，更多体现课程的实践性，强调在独立活动中能够获得能力，培养科学态度。

尽管中韩两国小学科学课程标准定位有差距，但在以培养科学素养为目标的国际科学教育背景下，中韩两国小学科学课程标准的基本思想趋向一致，即面向全体学生，以探究为核心，以学生为主体，课程内容开放，与生活紧密相连。两国新的课程标准均体现了以人为本的观念，体现了课程的功能是要为每个学习者提供有助于个人自由发展的、有内在奖励的经验[①]。科学学习都建立在对自然的好奇心、求知欲的基础上，需要开放的资源。中韩两国科学课程理念体现出两个明显的特色——"行动"与"非碎片式"。韩国科学课程标准强调学生独立活动，要求学生创造性地、科学地解决日常生活中的问题，有效地将科学素养与韩国国民的科学行动联系起来。同时，还强调课程内容的连续性，最大限度减少学生在学习重难点过程中的知识断层。

三、课程目标比较

（一）总目标

课程目标即学生课程学习应达到的结果及其程度要求，是关于学生学习活动结束之后行为变化的描述。课程目标是指导课程设置、编排、实施和评价的准则，也是课程自身性质和理念的具体体现。布卢姆依据行为主义心理的基本原理，将教育目标分为认知领域、动作技能领域、情感领域。中韩两国小学科学课程总目标比较如下。

---

① ［美］马斯洛《人性能达到的境界》，西安：陕西师范大学出版社，2010 年，第 178 页。

表 7-5 中韩两国科学课程总目标

	中国《标准》	韩国《标准》
认知性目标	知道与周围常见事物有关的浅显的科学知识,并能运用于日常生活 了解科学探究的过程和方法	帮助学生理解科学的基本概念
技能性目标	(过程和方法)尝试运用于科学探究活动 逐步学会科学地看问题、想问题	创造性地科学地解决日常生活中的问题
体验性目标	逐步养成科学的行为习惯和生活习惯 保持和发展对周围世界的好奇心与求知欲 形成大胆想象、尊重证据、敢于创新的科学态度和爱家乡、爱祖国的情感,亲近自然、欣赏自然、珍爱生命,积极参与资源和环境的保护,关心科技的发展	让学生充满好奇心地调查自然现象和物体 培养科学思维能力和创造性解决日常生活中的问题

由表 7-5 可知,中国小学科学课程标准总目标描述较韩国更为具体。认知性目标方面,韩国提出通过学生充满好奇地调查自然现象,理解科学的基本概念,强调"做中学";中国在认知领域也强调与学生经验紧密联系,知道浅显的科学知识,了解过程与方法,并运用于日常生活,可概括为"学中做"。科学知识强调"浅显",符合小学生年龄水平,但不利于小学生知识拓展。技能性目标方面,韩国提出"创造性地科学地解决日常生活中的问题",让学生能从生活中学习知识,最后回归生活解决日常生活中的问题,即"做—学—做";中国提出"尝试运用""逐步学会"等,亦步亦趋进行模仿,浅尝辄止,忽视了学生的创造性,对学生科学行动没有太多的要求。体验性目标方面,韩国提出着重培养学生的好奇心和思维能力;我国着力对小学生情感态度价值观的培养,激发小学生想要了解大世界的欲望,积累新的生活学习经验、乐于动手探究和打开眼界,以及热爱祖国等思想情感。可见,中国课程目标显得太空洞,很难实践操作,未能突出重点。相比之下,韩国科学课程总目标虽然简洁概括,但重点明确突出。

综上所述,无论是中国还是韩国,其科学课程标准总目标尽管有各自特点,但都围绕着培养科学素养这一根本目标,将科学素养渗透到了三个领域目标,从而构建了一个有机的目标体系。

(二) 具体目标

为了完成培养科学素养的总目标，中韩两国分别以分目标的形式，具体地提出了小学生需要达到的具体目标。

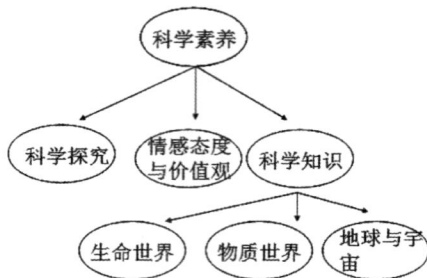

图 7-2　科学素养的内涵（中华人民共和国教育部，2001）

由图 7-2 可知中国科学课程目标的基本轮廓。课程目标主要分为科学探究、情感态度价值观、科学知识三大领域目标，科学知识目标又细分为生命世界、物质世界、地球与宇宙领域的目标。韩国科学课程标准是专为 3—10 年级学生准备的，对小学阶段的目标没有给予具体的规定。韩国科学课程的分目标只有简单的四点描写，现就两国课程具体目标作些对比。

1.科学探究

作为课程目的的科学探究，是指学生依据科学内容开展探究，对科学本质和科学知识形成认识论层面的理解，同时掌握相关的探究技能。中国科学课程标准将科学探究简要概括为："知道活动—发现问题—提出假设—制订计划—进行探究—整理资料—验证结果—表达结果。"这不仅简单地要求小学生具备基本的科学探究能力，同时还要求逐步培养学生的合作、逻辑、思维等能力，能结合探究活动本身解释科学本质（理解科学探究的基本特征），且学会用科学的语言表达，进行交流讨论（能用自己擅长的方式表达探究结果，进行交流，并参与评议），最后形成创新意识、质疑意识（知道对别人研究的结论提出质疑），感悟科学探究活动的价值所在。

韩国科学课程标准没有将具体目标细化为科学探究、情感态度价值观、科学知识三个维度，未设计科学知识学习目标。但在科学探究方面，韩国提出"理解科学的基本概念和将它们运用在日常生活中解决问题","确定科学的种类并培养使用它解决日常生活中的问题的能力","识别科学、技术和社会（STS）的关系"。韩国的科学探究最突出的特点是与社会生活紧密联系，从生活中来运用到生活中去。结合韩国科学课程标准的内容，可以发现，韩国在每一个阶段都提出了不同水平的科学探究要求，将科学探究贯穿在科学学习各个方面，韩国更多的是考虑学生走出校门后科学带给他们的价值。

2.情感态度价值观

与中国科学课程目标中罗列六点有关情感态度价值观的目标不同，韩国科学课程标准只提出了一条："增强学习自然现象的好奇心和兴趣，培养科学解决日常生活中问题的态度。"该条可以放入情感态度价值观的框架中。在西方，大多数国家价值取向多元，因而课程目标中的价值目标一般都不明确，主要规定知识与技能目标。而中国历史文化悠久，更多强调人文素养，在价值取向方面富有特色。譬如"初步形成人与自然和谐相处的意识"，"科学不迷信权威"，"愿意参与和科学有关的社会问题的讨论与活动"，"注重事实"，"意识到科学技术对人类与社会的发展既有促进作用，也有消极影响"等。中国《标准》符合 21 世纪现代科学教育的精神，即培养学生的科学素养，培养学生正确的价值观、积极向上的精神状态和良好的心理素质，使学生适应时代与社会。但中国在情感态度价值观目标上笔墨太多，目标分散且冗长，笼统模糊，缺乏测量标准，容易流于形式。

四、课程内容比较

课程内容是整个科学课程标准的核心、主体部分，是实现课程目标的手段，是学生成长的重要资源[1]。中韩两国小学科学课程内容是总目标的具体体现，其异同比较如下。

---

[1]潘洪建、刘华、蔡澄《课程与教学论基础》，镇江：江苏大学出版社，2012 年，第 90 页。

（一）内容结构

表7-6　中国小学科学课程内容（3—6年级）框架

课程内容		具体内容标准
科学探究		1.认识科学探究　2.提出问题　　3.猜想与假设 4.制定计划　　5.观察、实验、制作　6.搜集整理信息 7.思考与结论　　8.表达与交流
情感态度价值观		1.对待科学学习　2.对待科学　3.对待自然 4.对待科学、技术和社会的关系
科学知识	生命世界	1.多样的生物　2.生命的共同特征 3.生物与环境　4.健康生活
	物质世界	1.物体与物质　2.运动与力　3.能量的表现形式
	地球宇宙	1.地球的概貌与地球的物质　2.地球运动与所引起的变化 3.天空中的星体

与以往小学自然教学大纲相比，2001年中国小学科学课程标准不再规定各年级学生具体的学习内容，在原有的科学知识的基础上，增添了科学探究、情感态度价值观两个内容领域。科学知识领域将以往八大单元整合成三个领域：生命世界、物质世界、地球与宇宙。教学内容大多以主题形式进行设计。新的课程内容设计关注基础知识，强调课程内容的综合，即删减烦琐、臃肿的课程内容，精心选择切合学生综合素质发展必备、为学生健康成长铺垫的基础知识与技能，突破学科界限，重视直接经验，把科学知识与生活实际相联系，与学生经验相联系。

由表7-7可知，韩国根据学生认知发展阶段，安排课程内容，课程内容分为运动和能量、材料、生命、地球和空间四大板块。泰勒提出学习经验有效组织的三条准则：连续性、顺序性、整合性。韩国课程内容框架的连续性表现在其螺旋式地陈述主要课程的要素，能在下一个学段予以重复，在此基础上增加知识点，让学生有机会反复学习，掌握知识。顺序性表现在后续经验在已有经验的基础上，更能深入、广泛地展开知识点的学习。整合性是指

表 7-7 韩国小学科学课程内容（3—6 年级）结构

年级 领域	3 年级	4 年级	5 年级	6 年级	
运动和能量	1.磁铁的性质 2.光沿直线传播	1.重量 2.热的传递	1.对象的速度 2.电路	1.光 2.能量 3.磁场	自然界的能量
材料	1.物体和材料 2.液体和气体 3.分离混合物	1.水的相变	1.分解和溶解	1.酸和碱 2.各种气体 3.燃烧和灭火	
生命	1.动物的生命周期 2 动物世界	1.植物的生命周期 植物世界	1.植物结构和功能 2.世界的微生物 人体	生态系统和环境	
地球和空间	1.天气和我们的生活	1.地质地层和化石 2.火山和地震 3.地球表面的变化	1.地球和月亮 2.太阳系和恒星	1.天气变化 2.季节变化	

加强学习经验之间的横向联系，形成统一的观点，也就是最后一列的"自然界的力量"，并把自己的行为与所学课程内容统一起来。

通过中韩两国科学课程内容结构比较发现，韩国并没有将科学探究以及情感态度价值观作为教学内容单列出来。科学知识方面都涉及生物、地理、地球基础科学内容，韩国多了一项运动与能量（物理）。

（二）具体内容

1.科学探究

科学探究在我国小学科学课程内容标准中处于首要地位。探究既是中国科学课程标准的目的，更是学习的过程与方法。学生应在科学学习和探究活动中形成科学探究能力。

表 7-8 中国《标准》中的"认识科学探究"内容标准

具体内容标准	活动建议
1.1 知道科学探究涉及提出问题，解答问题，将自己的结果与已有的科学结论作比较	比较探究月相变化规律和解暗箱过程中使用的不同方法
1.2 知道不同的问题要用不同的探究方法	
1.3 知道为什么使用工具比感官更有效	
1.4 体验科学探究结果，提出质疑是科学探究的一部分，了解合理怀疑是科学进步的动力	
1.5 了解科学探究的结果应该是可以重复验证的	
1.6 知道对其他探究结果提出质疑是科学探究的一部分，了解合理怀疑是科学进步的动力	
1.7 懂得交流与讨论可以引发新的想法	
1.8 知道科学探究可为进一步研究提供新经验、新现象、新方法、新技术	

由表 7-8 可以发现，中国的内容标准采用了简单的标准图框，分别为两列："具体内容标准"与"活动建议"。具体内容标准分点列出，"整体—部分"地展示结构，既让人有整体感，不显得琐碎，又刻画了各个小点之间的联系。活动建议中"比较探究月相变化规律和解暗箱过程中使用的不同方法"这一建议符合学生的年龄特点，循序渐进。另外，部分"活动建议"在附录中也配合具体案例进行解析。"具体内容标准"与"活动建议"相辅相成，有利于学生对科学探究有更好的把握，对知识有更好的了解。

而韩国科学课程内容中并没有划分科学探究这一大类，但结合课程内容中的探究活动可以发现，韩国探究活动分成探究过程与活动两个板块，探究过程板块再细分为基础探究和统合探究两部分。基础探究顾名思义是最基础、最初步的探究，如"做地层沉淀顺序的实验"。统合探究，是指复合地包括基础探究要素的高层次探究，譬如说"做化石的仿真模型"。除此以外，高年级更加强调"深化"课程，即通过提供学生更多的课题学习或活动，深化基本课程的学习。

表 7-9 韩国小学科学的探究类型及发展程度

探究		探究要素 ＼ 年级	3—5	6
探究过程	基础探究	观察、分类、测定、预想、推理	＊＊＊	＊＊＊
	综合探究	问题认识、假设设定、变化要素统计、资料变更、资料解析、引出结论、一般化	＊	＊＊
探究活动		讨论、实验、调查、参观、课题研究等	＊＊＊	＊＊＊

说明：＊表示学习活动中活用探究的频率，＊越多探究越频。

2.情感态度价值观

对于情感态度内容，中国《标准》中展示了内容标准框架图，便于教育工作者理解与操作。

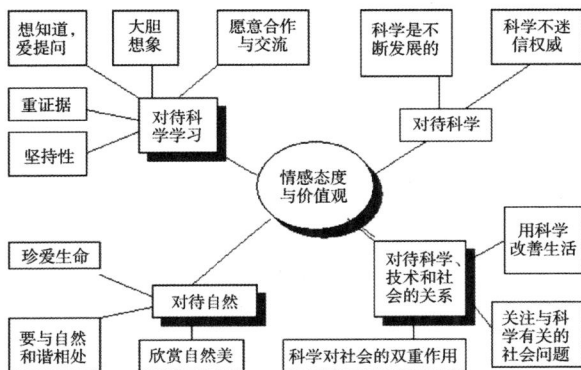

图 7-4 中国科学课程标准 "情感态度价值观内容标准框架图"

图 7-4 形象地展示了情感态度价值观方面的知识以及各部分知识之间的联系。如前所述，情感态度价值观在中国尤其受关注，这与我国缺乏对科学探索的崇尚与追求有关，在具体的表达上，中国采用了情感态度价值观框架图。

表 7-10 情感态度价值观的具体内容标准（如何对待科学技术和社会的关系）

具体内容标准	活动建议
4.1 乐于用学到的科学知识改善生活	调查家庭生活中有哪些不科学之处，并提出改进建议
4.2 关心日常生活中的科技新产品、新事物，关注与科学有关的社会问题	搜集有关科技新产品的信息资料，并与同学分享。调查工厂、农村、社区中科技与生产相结合的实例
4.3 意识到科学技术会给人类与社会发展带来好处，也可能产生负面影响	从自己家中一周用掉多少个一次性塑料袋，估算其对本地区可能造成的危害，并提出相关建议。调查化肥、农药、杀虫剂的使用情况，并作出评价

由表 7-10 可知，小学生的情感态度价值观需要在创设活动中培养，通过亲身体验让学生树立正确的价值观。譬如，为使学生"关心日常生活中的科技新产品、新事物，关注与科学有关的社会问题"，安排的活动建议为"搜集有关科技新产品的信息资料，并与同学分享"。具体内容标准与活动建议紧密相关，重视通过探究获得感性经验，可以激发学生的学习兴趣。

3.科学知识

中国和韩国均关注科学知识的教学，科学知识部分的内容标准丰富，比较详尽。

表 7-11 中韩两国科学课程内容（3—6 年级）

	中国《标准》	韩国《标准》
运动和能量		1.磁铁的性质　2.光沿直线传播 3.重量　4.热的传递　5.对象的速度 6.电路　7.光　8.能量　9.磁场
生命世界	1.多样的生物 2.生命的共同特征 3.生物与环境 4.健康生活	1.动物的生命周期　2.动物世界 3.植物的生命周期植物世界 4.植物结构和功能　5.世界微生物　6.人体 7.生态系统和环境
物质世界	1.物体与物质 2.运动与力 3.能量的表现形式	1.物体和材料　2.液体和气体　3.分离混合物 4.水的相变　5.分解和溶解 6.酸和碱　7.各种气体　8.燃烧和灭火
地球与宇宙	1.地球的概貌与地球的物质 2.地球运动与所引起的变化 3.天空中的星体	1.天气和我们的生活　2.地质地层和化石　3.火山和地震　4.地球表面的变化　5.地球和月亮 6.太阳系和恒星　7.天气变化　8.季节变化

由表 7-11 可知，韩国科学课程内容学习主题较中国多。这也是韩国第 7 次课程改革中的一个亮点："增加主题数量，减少课程内容。"[①]韩国小学科学内容以及主题分为运动与能量、物质、生命、地球，用通俗语言具体表述，主题明确。这样一来，能起到真正减少学习负担的效果。小学阶段的学习重点在于接近自然、观察自然、通过简单的操作体验自然，主题数尽管增加了，但学习时间却相对减少。另外，小学阶段设计小而多的学习主题有利于学生注意力集中，激发学生的学习兴趣，培养学生思维能力。下面以韩国科学课程具体内容四年级地质和石化为例，作些分析。

表 7-12 韩国科学课程内容四年级"地质和地层"

四年级　　　A 地层与化石	探究活动
(a) 了解地层的形成过程，推断出与其他的相比最早形成的地层	(a) 做地层沉淀顺序的实验
(b) 知道地层的特点，以及它们是如何变化的	(b) 观察沉积岩
(c) 了解沉积岩的形成以及通过其特性区分它们	(c) 做化石的仿真模型
(d) 知道化石如何形成并能举出化石的例子	

注意：（a）沉淀的岩石限定为岩石、沙石和混合物。

由表 7-12 可知，韩国科学课程具体内容主要包括三部分，一是"地层与化石"，二是"探究活动"，三是"注意"。"地层和化石"内容以螺旋式呈现，照顾了学生的认知特点。因为这部分内容理论性较强，学生不易理解和掌握，这样的安排方式较为理想。

综上所述，中韩两国科学课程具体内容难度不大，容易激发学生对科学学习的兴趣。注重科学探究，从日常生活中学科学，用科学，培养学生的科学素养。两国强调课程整合，注重与跨学科知识的联系，注重知识与

---

① ［韩］《初中课程解说Ⅲ——数学、科学、技术与家政》，韩国教育部，1999 年，第 108 页。

能力的整合，符合学生身心发展规律。科学课程内容最大的不同在于，韩国科学知识比中国科学知识多了一个板块——运动与能量（物理），并且主题较多。

五、实施建议比较

（一）教学建议

中韩两国标准中的教学建议大致类似，见表7-13。

表 7-13 中韩两国科学课程教学建议

中国科学课程学习建议	韩国科学课程教学策略
把科学课程的总目标落实到每一节	适当地利用各种教学和学习方法研究项目
把握小学生科学学习特点，因势利导	适应学生个体的能力、兴趣等差异
用丰富多彩的亲历活动充实教学过程	教有关基本元素的调查与元素的综合调查的学习内容
让探究成为科学学习的主要方式	使学生意识到合作在小组活动中的重要性
树立开放的教学观念	科学写作，讨论分配任务，培养科学素养
	提供以学生为中心的活动和发展他们的能力
悉心地引导学生的科学学习活动	提问激发学习动机和求知欲并且能频繁使用开放式的问题
	优先考虑以动手为主的实践活动和适当地利用计算机、实验室、网络、多媒体等
充分运用现代教育技术	引入先进的科学内容、科学家事迹和相关时事
	自由探究

中韩两国小学科学课程教学建议共同点在于：第一，强调教学设计要"用教材教"，以学生为学习主体；第二，教学建议都体现了学生对于知识的获取主要通过感性经验的积累，强调小学生科学学习要能激发学生的学习兴趣和符合儿童的认知规律；第三，强调以学生参加丰富多彩的活动为主要的教学形式；第四，重视运用现代教育技术。

中韩两国科学课程教学建议主要的不同点在于：一是中国科学课程教学建议涉及对教师的教学建议，譬如"教师的言语动作应力求形象、直观、生动有趣"，"一个优秀的科学教师常常会弯下腰来倾听儿童的心声"等；而韩国课程标准没有涉及，通篇以学生为主体，忽视了教师的作用和对教师的具体要求。二是韩国科学课程教学建议提及学生之间的合作是中国所忽略的，频繁使用开放问题也是目前中国教育望尘莫及的。由于中国长期受应试教育的影响，所有问题几乎都有"正确答案"，所以开放式问题也就流于形式，教师与学生的创造性都会由此被打压。正是开放性不够，课堂难以激起学生的学习兴趣，不能很好地培养学生的思维能力，难以达到情感态度价值观目标。

(二) 教材建议

中国教材编写在内容的选择上提出了六条建议："选择有利于学生亲历科学学习过程的内容"；"从小学生原有经验出发，选择学生便于体验、能够理解的内容"；"选择最必要的基础科学知识、基本技能"；"选择有利于培养学生情感态度与价值观的内容"；"选择具有时代感和社会普遍关注的有关内容"；"选择具有综合性、关联性的内容"。而韩国在科学教材适用和利用率方面也提出了以下六点：A.当指定材料没有准备好，或探究活动很难安排，与课程目标复合的材料或者活动可以根据情况被替换。B.为了提高对科学的兴趣和好奇心，在我们环境中，可以使用与先进科学相关的物体和材料。C .列出有关先进科学、科学家、科学历史有关的材料以供讨论阅读和科学写作。D.准备模型、视听材料、软件、互联网材料，以提高兴趣或增进了解，帮助学生认识到模型和自然现象在现实中的差异。E.当教学内容有时间要求，如连续观测植物或动物的生命周期、气候变化等，需要事先制订详细计划、准备材料，等等。F.学校提供必要的材料，以开展"自由探究"活动。

通过以上中韩两国科学课程教材建议的内容比较，不难发现，中国内容的选择还是围绕课程目标，是很妥帖的"要什么"便"拿出什么"的建议与原则，这一部分又与课程内容部分重复。而韩国跳出了内容选择的这个大框，教科书并不是科学学习的唯一材料，强调教材的可替性，更提到了教材不拘泥于课本，生活处处是教材的理念，教学资料的生命力得以加强。在教材编写上韩国的教材建议也很明显摆脱了传统的灌输制，将主动权交给学生，让学生自己设计一个完整系统的计划，独立完成，或者合作完成，这也是韩国教材建议的一个闪光点。

（三）科学教学建议

中国《标准》在"教学建议"主要部分表达了两个诉求，一是学校设置科学专用教室，配备相应的仪器设备；二是增设学生"动手做"的活动场所，既能成为学习材料室、活动工具室、成果展览室，也是学生们的科学活动中心。中国科学课程标准的科学教学只涉及设备和教室的配置，提出最基础的条件。而韩国将科学教学分为了两个点"实验科学"与"科学教学的支持"来详细阐述。

表 7-14 韩国标准中"实验科学"与"科学教学的支持"具体内容

4.实验教学

A.指导学生如何使用实验室设备，指导实验室安全，防止事故发生

B.提供化学品的安全预防措施，以防止事故发生

C.实地考察旅行，提前搜集必要的信息并提供有关安全指令

D.对废物回收进行实验，并提供具体的指示，以避免污染环境

E.引导学生仔细遵循指令并尊重生物

从表 7-14 内容中，我们可以发现韩国非常注重学生的健康安全，从小就培养学生的安全意识，规避风险，保护自己。环境保护意识、生命意识也融入学生学习过程中，这些都是中国课程标准中没有强调的。韩国科学教育支援体系也非常全备，除了具备科学教师能备课的良好条件，还建立了有效的科学教育教学、编修体制，科学教师培训制度，科学教育的研究、开发体制，创造社会条件支持学校科学教育。中国小学科学课程标准在这一方面做得确实不如韩国，需要加强。

六、课程评价比较

(一) 课程评价建议

斯塔弗尔比姆说过,课程评价最重要的目的是为了"改进",是为课程实施提供有效信息的过程。中韩两国标准课程评价建议具体内容如下表。

表 7-15 中韩两国科学课程评价建议

	中国科学课程评价建议 (实施建议)	韩国科学课程评估
评价目的	提高每个学生的科学素养。发生变化: 1.评价主体的多元化 2.评价内容的全面化 3.评价方法的多样化 4.评价时机的全程化	1.规划课程 2.改进教学策略 3.指导学生职业生涯
评价内容	1.科学探究方面:重点评价学生动手动脑"做"科学的心情、技能、思维水平和活动能力 2.情感态度与价值观方面:重点评价小学生对科学学习的态度 3.科学知识方面:重点评价对基本概念和技能的理解过程和应用情况	1.评估基本概念的理解和应用能力 2.评估查询的能力和在日常生活中应用它们解决问题 3.评估对科学的兴趣,对科学的价值的认识,能否积极参与科学学习、协作,科学地解决问题的态度和科学创造力等。
评价方法	1.教师观察 2.与学生谈话 3.杰出表现记录 4.测验与考试 5.活动产品分析 6.学生成长记录袋 7.评定量表 8.作业法 9.评议法	1.多项选择题测试 2.文章类型和编写测试 3.观察清单 4.报告 5.性能测试 6.面试 7.投资组合

(二) 比较与分析

评价目的方面,中国的课程评价目的围绕提高学生科学素养展开,但比较模糊宽泛。而韩国评价目的在于规划课程、改进教学策略、指导学生职业生涯,较为清晰。两国评价摒弃了甄别选择等功能,由结果性评价转变为过程性、体验性评价。无论对学生、对教学还是对课程都能有所改造,更好地完善。

评价内容方面,中韩两国小学科学课程均基于课程目标,中国从科学探究、情感态度价值观、评价方法三个方面予以阐述；而韩国也是从理解基本概念、解决日常问题、获得情感体验三个方面予以阐述，注重探究活动的体验，关注价值观培养。

评价方法方面，两国评价方法多样灵活，注重过程性评价，便于全面、多元反映学生学习情况。多种评价方法不仅能测验学生知识获得，同时通过观察学生学习过程，避免结果性评价带来的负面影响。中国详细列举了9种常用的评价方法；韩国列举7种，虽没有作详细的解释，但强调减少纸笔测验，更多运用观察清单、书面报告。

七、韩国《标准》对我国的启示

通过中韩两国科学课程标准文本的对比可以发现，中国小学科学课程标准仍有需要完善的地方。

（一）加强我国科学课程的连贯性

我国学者认为，课程是有计划的系统的教学内容，是一系列教学科目的集合，主张"课程编排的顺序应当在逻辑上、实践上与教学过程具有对应关系，为教学过程提供一个全面的蓝图。这就要求课程不仅符合知识系统的逻辑，而且要适应学生认识发展的逻辑"，以及"课程要促进知识和经验的综合和创新，加强各科知识的联系，引导学生解决交叉学科和跨学科问题，所以，课程要提高整体的综合化水平"。[1]韩国的科学课程标准作为"10年国民共同基本课程"，开发了3—10年级连续性的科学课程标准。韩国3—10年级科学课程与小学1—2年级"智慧生活"以及高中水平11、12年级的物理、化学、生命科学、地球科学、物理学、化学等课程有着密切的联系。多门学科互相联系和配合，把学校课程看成是一个有机整体，课程间相互影响，相互渗透，有层次地渐进，可以产生理想的教学效果。

然而，中国科学课程标准在小学（3—6年级）与初中（7—9年级）两

---

①李秉德主编《教学论》，北京：人民教育出版社，1999年，第155页。

个学段各自进行课程设计，两个学段具有各自独立编排的课程标准，1—2 年级也没有与 3—6 年级衔接的课程内容。科学课程与教学亦相对分立。不同学段的教材编制和教师教学各自为政，缺少整体观念。中国科学课程定位于科学启蒙课程，试想如果在 1—2 年级启蒙年龄段设置一个像韩国"智慧生活"等类似的、符合该年龄阶段学生年龄特征的科学课程，那么，就更能有效达到培养科学素养的目的。"教学过程的各个成分在适当情况下相互联系能够保证教学具有巩固的、理解的和实效的成果。"①教学成果的巩固性、理解性和实效性建立在相互联系的基础上。3—6 年级与 7—9 年级科学课程设计，能减少知识的断层，螺旋式的内容组织形式也利于学生对科学知识的接受，思维能力的培养以及情感态度价值观的形成。布卢姆认为，"在知识领域中，综合是对学习者的创造行为提出最明确要求的类别"②。当科学课程成为一个系统的、完整的体系，经过不间断的学习，能逐步使人进入更宽广的科学领域。

（二）设置主题多而学习量少的科学知识内容

通过中韩两国科学课程内容比较发现，中国的科学知识主题量与韩国的主题量差异明显。中国现行科学知识"生命世界""物质世界""地球与宇宙" 三部分主题内容与 1988 年《自然教学大纲》相比，并没增加。我国科学课程内容主题少而宽泛。譬如"地球与宇宙"中我国只有"地球运动与所引起的变化"等少量主题。而在韩国课程标准中，涉及的主题有"火山与地震""地球表面的变化""天气变化""季节变化"等。韩国科学课程内容选择遵循"增加主题量，减少课程内容"的原则，虽增加了主题数，但学习同一主题所需的时间却相对较少，体现了科学课程的综合性，这样的课程有助于小学生打开眼界，走进社会生活，并在实践中养成多方面的能力。降低内容难度，增加主题量，减少单个学习主题时间，就可以让学生更多地自己

---

①曹延亭编著《现代外国教育思潮》，长春：东北师范大学出版社，1990年，第17页。

②布卢姆《教育目标分类学》，罗黎辉等译，上海：华东师范大学出版社，1986 年，第 156 页。

动手，亲自体会、感悟、探究，学生就可以接触更广泛的知识，拓宽眼界，激发学习兴趣，达到科学素养的培养。

《墨辩》提出"亲知""闻之""说知"三种知识，亲知指亲身得来的知识，闻知、说知是指从旁人那里得来的知识。"行是知之始"，主题量多的课程内容与探究活动让学生乐于"亲知"，敢于尝试。陶行知先生说："我们先从小孩子说起，他起初必定是烫了手才知道火是热的；冰了手才知道雪是冷的；吃过糖才知道糖是甜的；碰过石头才知道石头是硬的。"①学生双手做多了，体验多了，看得多了，见识多了，根基才能打稳。闻知与说知必须安根于亲知方能发生效力。"凡属通过亲自努力获取知识的学生，第一能得到精神上的满足，第二从不在困难面前退缩。"②中国科学课程应降低难点，减轻学生的学业负担，让学生在做中学，在快乐中成长。

（三）强化学生规避危险的安全意识

韩国在科学课程标准教学实施建议中，将"实验教学"独立出来，作为一个专门的板块进行讨论，提出了活动准备、实验过程、活动材料、活动进行中的安全问题，培养学生规避风险、保护自己不受伤害的意识以及保护环境、尊重生物、尊重生命的意识。然而，中国科学课程标准却丝毫未提及安全教育。此外，韩国科学教育支援体系也十分完备，这也是对学生生命安全的负责。2005年5月，上海颁发的《上海市中小学生生命教育指导纲要》指出，"生命教育"要形成各学段有机衔接、循序渐进和全面系统的教育内容体系。小学阶段要注重帮助和引导学生初步了解自身的生长发育特点，初步树立正确的生命意识，养成健康的生活习惯。③可见，不论是上海还是全国的科学课程标准均未涉及培养学生的安全意识。

---

① 《陶行知教育文选》，北京：教育科学出版社，1981年，第74页。

② ［苏联］苏霍姆林斯基《论智育》，王义高译，北京：北京师范大学出版社：1985年，第222页。

③ 吴增强、高国希《上海市中小学生生命教育研究》，上海：上海教育出版社，2007年，第209页。

尤其重要的是，在"科学课程"这样的综合性课程中，学生在探究活动中，面对未知，容易遇到危险而不知如何处理。教师要提前培养学生自我保护的安全意识，指导学生正确、规范使用实验工具。在师生合作、生生合作过程中，也要时刻注意做好安全防护，切实保护学生的人身安全。在科学实践活动中，要培养学生良好的操作习惯，遵守操作规则，促进学生身心健康发展。

第八章 中国与新加坡小学科学课程标准比较

新加坡是一个多元化的移民国家，被称为"多种文化之城"。1819—1942年，新加坡先是隶属于英属印度殖民当局管辖，后来正式成为英国的直辖殖民地；1942—1945年，被日本占领；1959年新加坡成为自治邦；1963年又与马来西亚进行合并；1965年脱离马来西亚建立共和国。目前，新加坡公民主要由四大族群组成：华人（汉族）占人口的74.1%，马来族占13.4%，印度裔占9.2%，欧洲裔和混血人口占3.3%。[①] 新加坡殖民统治的历史、特殊的地理位置以及移民社会的特性，使得新加坡小学科学教育呈现出多元化特色。

一、新加坡小学科学教育概况

（一）新加坡基础教育的历史沿革

新加坡不但拥有先进的教育理念和别具一格的教育制度，而且追求顺应时代发展、契合国情的基础教育。建国至今，新加坡共进行了四次基础教育改革。

1965—1978年，推行免费教育和基础教育以解决劳动力素质问题。1965年，新加坡取得了完全独立，百废待兴的新加坡经济发展极其落后，失业率

[①] 郭燕《城市之国——新加坡》，武汉：武汉大学出版社，2003年，第13页。

也十分高，面对这样的国情，政府致力于建立一系列教育政策，其中比较有代表性的有：强化双语教学，特别强调英语的地位；加强技术教育；重视道德价值观培养。

1979—1984 年，实行"精英教育计划"以提高基础教育的质量。为了能够提高基础教育的质量，新加坡政府以"吴庆瑞报告书"为起点，开展了第二次教育改革，改革的核心为废除小学"自动升级制"，将其变为"分流制"。此次改革对新加坡的基础教育影响深远。

1985—1997 年，推行"教育储蓄计划"来优化基础教育。为了建立一个思考型和创造型的社会，选拔各个层面的人才和精英，新加坡实施第三次教育改革，改革的主旨是"优化教育"，其中比较有影响力的举措就是实施能够促进教育公平和均衡的"教育储蓄计划"；扩大免费教育范围，直至中学。[①]

1998 年至今，走向理想的基础教育。1991 年，新加坡政府对教育改革成果进行了一次全面检讨，报告指出，精英教育导致那些学习能力较差的学生被忽视，新加坡的教育应将目光转向重视能力水平低下的学生的发展。为了顺利完成这一转变，政府开展了一系列教育措施：大力推进"霸级小学"的建设；开通"直通车"课程计划；对华文教育改革，提倡课程的灵活性和满足学生的兴趣。[②]

（二）新加坡《大纲》的制定背景

新加坡小学科学教学大纲是根据新加坡的国情、学科体系和教学计划的规定编订的。它规定了小学科学课程的三维目标、教学内容、评价方法、教学建议等。其制定的背景主要如下：

1.新的教育方针的推行

1997 年开始，为了培养学生的思维能力和学习动力，新加坡开始推行"重思考的学校，好学习的国民"教育改革方针（TSLN）。这一方针的主要目

[①]柳水平《试析新加坡教育政策的基本理念，《武汉市教育科学研究院学报》2007 年第 5 期。

[②]刘雪莲《新加坡基础教育改革概况》，《文教资料》2007 年第 6 期。

标就是培养学生的创造力、加强学生的思维能力、保持学生终生学习的热情。为了响应这一方针，新加坡教育部制定了"理想的教育成果"教育纲领，这一跨世纪的纲领勾勒了 21 世纪新加坡的教育前景。纲领中规定了新加坡小学阶段、初中阶段、初级学院阶段（相当于中国的高中）应实现的相应标准，其中小学阶段需要完成八大目标：能辨别是非；愿与人分享、把别人摆在首位；能跟别人建立友情；有强烈好奇心；能独立思考、善于表达自己；以自己的学习为自豪；培养健康嗜好；热爱新加坡①。囊括了学生德、智、体、群、美等各个方面。然而，在这一方针的指导下，新加坡学校的课程大纲愈加冗繁。由教育部成立的学校课程及评估系统检讨委员会，针对这一问题呈交了一份报告书。报告提出，应对大纲做出相应的调整和削减，让学生有更多的时间开展提高创造力的专题作业等活动。这一措施减轻了学生学习的负担，让他们能腾出充裕的时间开展合作学习，进行调查研究，发展知识信息处理能力以及沟通和思考的技巧。但这一改变不可能一蹴而就，需要长期规划和实施。从 2000 年起，新加坡四大全国性考试都响应了这一建议，将考试的范围进行了调整。2001 年之后，新加坡全面启动中小学课程大纲的修订工作。

2004 年，新加坡总理李显龙强调："我们得少教一点，让学生多学一点，成绩固然重要，考试一定要及格，但成绩不是生命的唯一大事，在学校里还有许多生活上的事值得我们学习。""少教多学"的教育改革随即在小学和中学低年级开展，改革的重点就是缩减课程内容，缩减内容不再列入小学毕业会考和普通水平测试范围；课程时间也被消减了 10%~20%，目的是留给教师更多自由的空间进行教学设计。②截至 2007 年 2 月，新加坡共成立了 29 所"少教多学的示范学校"。到 2010 年，在不影响学生于中等教育结束后能够达到国家标准的前提下，中小学所有科目的内容都进行了缩减。

---

① 王学风《面向 21 世纪的新加坡基础教育改革》，《外国教育研究》2002 年第 2 期。

② 王学风《新加坡中小学课程与教材改革及其启示》，《课程教材教学研究》2002 年第 8 期。

2.倡导能力取向的科学教育

新加坡物质资源匮乏，政府十分重视人才的培养，特别是精英人才的选拔。20世纪90年代以来，为了满足经济发展的要求和挑战，新加坡的科学教育开始了新的转型，以严格的筛选为着力点，推行效率取向的科学教育，提出了几项重要举措，特别是三个计划：技术改进计划、思维训练计划和国情教育计划。

第一，"技术改进计划"。本计划的主旨是要让学校的教学和管理拥有一种技术密集的环境，1997年至2002年，学生电脑的人均占有率达到百分之五十；三分之一的课时要被用于科学技术教学。①这一大目标的实现，巩固了科学教育的地位，对科学教育的发展影响重大。

第二，"思维训练计划"。该计划希望学生获得科学思维的技巧，并在相关情境中灵活运用，进而发展创新能力。在此计划的影响下，新加坡的科学教育方式随之调整，机械重复书本知识被没有固定答案的开放习题所代替。该计划不但影响了科学课程的教学理念，而且促进了教学方式的转变。

第三，"国情教育计划"。为了使学生有共同的价值观和提高民族凝聚力，"国情教育计划"要求在科学教学中渗透新加坡国情教育。首先，科学课程设置的重点由知识的获得转为知识的运用，为了给思维训练和国情教育的渗透以及技术的应用提供更多空间，教育部还削减了20%~30%课程内容。其次，在科学课程逐步走向以学生为中心的同时，伴随着下列变化：从以应试为目标转向以探究为目标；从个别化学习逐步迈向协作学习；从以课本知识为基础的学习过渡为以探究和发现为主要形式的学习。

在上述新的教育方针与能力导向的科学教育背景下，新加坡《小学科学教学大纲2008》应运而生。下面笔者对新加坡《小学科学教学大纲2008》（以下简称"新加坡《大纲》"）与中国《全日制义务教育科学（3—6年级）课

---

①黄喜国《新加坡课程发展政策的启示》，《武汉市教育科学研究院学报》2007年第2期。

程标准（实验稿）》（以下简称"中国《标准》"）展开比较研究。

二、课程设计框架比较

课程标准的基本框架能够清晰地展现课程的各个基本板块和组成部分，它是课程标准的宏观结构，体现了课程设计的基本思路，决定了课程内容的展现形式及程度。分析和比较两国课程标准的基本框架，有利于我们对两国课程标准的整体把握。

（一）新加坡《大纲》基本框架

新加坡《大纲》的基本框架由两个部分组成：

第一部分，以图片的形式简洁明了、一目了然地进行展现。由图 8-1 可见，新加坡的科学教育强调科学探究，三维课程目标以发展学生的科学探究能力为宗旨。科学探究需要学生探索和发现知识，而这些科学知识就存在于日常生活、社会和环境中。另外，科学探究还是一个学生积极主动参与的过程，学生就像是一个个探索者，而教师的地位

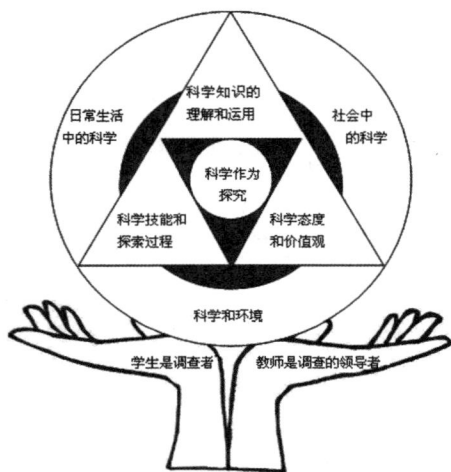

图 8-1 新加坡《小学科学教学大纲 2008》

则是探索的引导者，这两只"手"撑托起了整个课程。该图位于课程基本框架具体内容的说明之前，因此成为其指导性示图。

第二部分，新加坡《大纲》的主体部分，分为以下六个章节：

第一章"前言"。首先是阐述本教学大纲的作用和地位，其次是介绍该科学教学大纲的设计思路，最后是有关教师在课程实施中角色的说明。

第二章"课程架构"。介绍了培养学生拥有科学探究精神是课程框架的中枢，而这一目标的实现，依赖于三个领域，即科学知识的理解和运用、科学技能和探索过程、态度与价值观。

第三章"课程目标"。为学生提供一种建立在他们兴趣基础上以及能激发其对外界环境产生好奇心的经验;提供能够帮助他们理解自己和了解周围世界的科学术语、机会和思想;给予学生能发展其技能、思维习惯以及培养他们科学探究态度的机会;为学生能够运用科学知识和方法的教学决策做准备;帮助学生领会科学是如何影响人和环境的。

第四章"探究性教学"。本章不仅解释了科学探究、探究性教学的特点,还以表格的形式展现了探究性教学与传统教学的差异,介绍了探究性教学的相关策略,如示范、实地考察、角色扮演,等等。

第五章"教学评价"。主要围绕三个问题:为什么要评价、评价什么、如何评价。涉及评价的指导方针、评价方式、评价指标等内容。

第六章"教学内容"。分别阐述了普通阶段(低年级)、普通阶段(高年级)、基础阶段所要求的五大学习主题的教学内容以及相对应的三维达成目标。

表 8-1 新加坡《大纲》中的教学内容

	多样性	循环	系统	相互作用	能量
普通阶段(低年级)(3—4 年级)	生物和非生物	动植物的循环	植物系统 人类系统	力的相互作用	能量的形式和利用
普通阶段(高年级)(5—6 年级)		动植物的循环 物质和水循环	植物系统 人类系统 细胞系统 电路系统	力的相互作用 环境的相互作用	能量的形式和利用 能源保护
基础阶段(5—6 年级)		动植物的循环 物质和水循环	植物系统 人类系统 电路系统	力的相互作用 环境的相互作用	能量的形式和利用

(二) 中国《标准》基本框架

第一部分:前言。以培养学生的科学素养为主旨,介绍了课程改革的背景、课程的性质和基本理念。

第二部分：课程目标。包括总目标与分目标，以及各部分目标之间的相互关系。

第三部分：内容标准。这是中国《标准》的核心部分，是总目标和分目标的进一步具体化。它将科学探究、情感态度与价值观、科学知识三个领域分成了五个方面：科学探究、情感态度与价值观、生命世界、物质世界、地球与宇宙。分别阐述了每个领域的地位和作用，列出框架图，清晰地展现了彼此之间的相互关系，成为具体内容展开的线索。

第四部分：实施建议。包括教学评价、课程资源、教材编写、师资队伍建设、仪器设备、教室配置等方面的建议。

最后，附录部分还列出相关行为动词的定义、教学活动的设计和案例。

（三）分析与比较

1.课程框架结构相似，体现各自优势

两国的课程标准在编排上大体一致，都介绍了课程性质、基本理念、总目标、内容标准、评价建议等，可以说框架结构比较相似。

然而，在相似的同时，也体现了各自优势。新加坡《大纲》采取了与日本、加拿大相似的手段，按年级或者学段进行划分，将整个小学阶段分为普通低学段、普通高学段、基础阶段来设计和统筹规划，不同阶段都有相对应的课程目标、内容标准、评价指标等。而中国《标准》既没有运用按年级划分的手段，也没有依据学业水平进行划分，而是按不同内容领域分别列出了六年级课程结束时绝大多数学生应达到的程度。很显然，新加坡《大纲》的优势在于充分考虑了学生年龄特征和学习需求，在《大纲》的各部分明确划分每个学段不同的任务和要求，这就有利于课程在运行时更具有操作性，可以针对每个年级或学段的内容和特点开展有效教学和评价，让教师有章可循，心中有数，灵活操作。而这恰恰就成为中国标准的劣势。

不过，中国《标准》也有其明显的优势。首先，相较而言，中国《标准》的设计更加完整和全面，在介绍课程资源的开发和利用的同时，还向教师提供了具有代表性的参考案例。其次，像中国这样将小学科学课程标准进行整体规划和设计，让教材编写者和教师不被课程标准所钳制和限制，可以说为他们提供了广阔的创造空间。

2.课程定位不同，彰显文化差异

小学科学课程无论是在新加坡还是在中国都备受重视，但是两国对其的定位有所不同。新加坡以培养学生成为新科技时代合格公民为其定位，中国以培养学生科学素养为宗旨。不同的课程定位，彰显了新中两国的文化差异。

新加坡将小学科学课程作为培养学生成为新科技时代合格公民的基础课程，究其原因主要有两个方面，一开始新加坡的小学科学课程的定位受到英国的影响，后来加速和推动其课程定位转变的还是经济因素。

起初，新加坡小学科学课程受到英国的影响。新加坡是英国的殖民地，英殖民者为了自身利益在新加坡开设科学课程并加以监视和控制。20世纪70年代初期，英国开始进行一种新的教育STS即科学、技术和社会教育。80年代，英国《教育改革法》获得通过，科学课程被提升为与英语、数学地位同等的三大核心课程之一，所有公立学校5—16岁的学生都必须接受科学课程。[1]随后，英国掀起了一轮"科学为大众""为所有人的科学"的教育热潮，这些都对新加坡的科学课程产生了深刻的影响。

20世纪70年代末，新加坡的经济受到世界资本主义经济衰退的影响，为了走出困境，政府提出了新战略的总目标：全国开展技术革新，淘汰劳动密集型产业，着重发挥资本密集型，特别是技术和知识密集型的高科技工业，促使工业升级。这一目标对新加坡劳动力的素质提出了前所未有的要求。对技术人才的渴望使得政府大力开展科学教育改革，在提高公民素质的同时，重点培养科学技术人员，促进经济的发展。进入20世纪90年代，尽管新加坡的经济保持着良好的发展势头，但与发达国家相比，新加坡政府在劳动力

---

①李太平、翟艳芳《20世纪西方科学教育发展轨迹探源》，《湖北大学学报》2009年第9期。

素质、教育和科技水平方面还有较大的提升空间。为此，新加坡政府提出，到 21 世纪初，要使新加坡公民掌握电脑的基本知识，能够熟练地运用电脑与世界进行沟通。新加坡总理吴作栋在国会演说中说："教育是千秋大业，是保持竞争力的基础。我们需要不断学习新知识，人人掌握新科技，在千变万化的领域以求生存。"①然而，在信息化和科技化的同时，个人主义价值倾向被推向高潮，人性变得淡漠和功利，种种问题和隐患也伴随而来。

如果说新加坡小学科学课程的定位主要受殖民历史和经济发展的影响，那么中国小学科学课程的定位则主要受到相关教育思潮的影响。中国关于小学自然课程的定位始见于 1977 年的教学大纲："自然常识是小学阶段学生学习自然科学知识的一门主要学科。"1986 年《大纲》阐述道："自然课是对小学儿童进行科学启蒙教育的一门重要基础学科。"1988 年《大纲》写道："小学自然是对学生进行科学启蒙教育的一门主要科学。"1992 年《大纲》指出："自然是义务教育小学阶段的一门主要学科。"2001 年新《标准》指出："小学科学课程是以培养科学素养为宗旨的科学启蒙课程。"可以看出，从"自然"课程到"科学"课程，中国小学科学课程的定位也发生了相应的变化，"自然"课程在培养学生爱祖国、爱家乡、爱大自然的情感和关注学生学习兴趣的同时，主要以启蒙的方式让学生学习与周围环境相关的自然现象和常识。"科学"课程从重视知识向重视学生科学素养的培养转变。

20 世纪 80 年代，英美等发达国家普遍强调培养学生全面的科学素养，国际科学教育界也认为，"在基础教育阶段，科学素养教育应是学校理科教育的重要目标"。在此影响下，中国学者也认识到，科学课程应强调人的发展和关注科学素质的培养。但科学素养的形成不是一蹴而就的，需要长期培育，早期的科学教育恰恰对人的科学素养的形成具有基础性的作用。课程设计从学生的生活经验出发，从熟悉的环境中选取内容，有助于激发学生的好奇心，维持他们求知的热情，培养科学探究的兴趣，为系统的科

---

①高薇《新加坡教育改革与经济发展的关系》，《云南教育学院学报》1999 年第 6 期。

学学习打好伏笔，这就是"科学启蒙"的真正含义。因此，中国《标准》将课程定位为科学启蒙，启蒙的任务就是要保护和激发学生天生的好奇心，在保持和培养他们的求知欲望的同时，让他们学习和了解与他们密切相关的科学知识，感受科学探究的过程以及科学对生活世界的影响。

3.设计思路不同，反映课程设置的差异

为了尊重学生学习能力和倾向性的差异，实施因材施教，新加坡的教育体系一直沿袭着教育分流的特色，学生按照学业成绩和学习能力被分流到不同的学习组，接受不同深度和广度的小学科学课程。分流为学生提供了一个更加平衡、全面和完整的教育环境，使得他们的潜力得以充分发挥。

图8-2 新加坡小学课程设置

新加坡的小学教育大多实行半天制度，课程的设置比较多样与轻松，没有那么的繁忙。学生主要学习语言课程、数理和科学课程、生活技能课程、人文和艺术课程。小学阶段一共六年，为了能让学生在母语、数学、英语方面打好基础，从小一到小四被设定为"基础阶段"，这四年里，有33%的时间用于英文的学习，27%的时间用于学习母语，20%的时间用来学习数学和科学，其余是美术、手工、公民与道德教育、音乐和体育等科目学习时间（见

图 8-2）。小学头四年课程一律统一，四年后将实行分流，进入"定向阶段"。2005 年以前，教育部规定按照考试成绩将学生分成三个源流：英文和中文均为第一语文源流（EM1），英语为第一语文、中文为第二语文源流（EM2），英语为第一语文、中文为第三语文源流（EM3）。EM1 和 EM2 的学生必修英文、中文、数学和科学；EM3 源流的学生则修读基本的英文、数学和中文，课程的设置相对简单和浅显。到小学六年级期末，所有学生参加小学离校考试（PSLE），根据考试成绩将学生分入不同中学。

表 8-2 新加坡小学分流机制

年级	阶段或分流		
小一至小四	基础阶段（Foundation Stage）		
	学校按照家长的意愿与学生的成绩给予建议——第一次分流（小四分流）		
	定向阶段（Orientation Stage）		
小五	EM1 组	EM2 组	EM3 组
小六	EM1 组	EM2 组	EM3 组
小六末	小学离校考试（PSLE）——第二次分流（小六分流）		
中学	特别课程 EM1 组	快捷课程 EM2 组	普通课程 EM3 组
三个源流考试科目	考试：英语、母语、数学和科学。选考：高级华语、马来语、泰米尔语	考试：英语、母语、数学和科学	考试：英语、基础母语、数学

　　新加坡的教育分流制度使得学生的潜质得到充分的发展。分流制度的提出和推行有其特定的原因。首先，这是新加坡经济发展的需要。在经济发展的初期，新加坡政府认识到教育是推动经济的途径之一，在此背景下，教育充满了功利主义色彩，忽略了学生的个性发展，长此以往，在面对经济转型

时，教育体制已无力应对，这样实施教育体制的改革，进行分流就成为选项。其次，受到新加坡社会制度的影响。新加坡在经济上实行国家垄断资本主义，人力既是生产要素又是资本增值的手段和工具，在实行能者多劳的分配制度的背景下，学习无疑成为人们在社会中谋求一席之地、获取较高社会地位的重要手段。然而，不同种族、宗教的公民，在文化背景和语言能力上都存在着较大的差别，统一的课程根本不能满足和适应这种差异，这在客观上促使了教育的分流和精英教育制度的形成。最后，新加坡的教育方针与治国理念决定了教育分流。新加坡政府制定的教育方针主要有：教育应着重培养人民管理国家的能力，以及对国家的忠诚和责任感；在实行义务教育的基础上，努力发展中等、职业和高等教育，以满足国家的需要等。治国理念着力强调：国家至上，社会为先；家庭为根，社会为本；灌输全民居安思危的意识；坚持以全球竞争力为竞争目标的发展方针；培养以精英为核心的领导班子，确保新加坡的长期与时俱进。因此，教育分流体制应运而生。

　　但是，在2005年之后，小学分流制度发生了新的变化，EM1组及EM2组被合并；为了保证后进生能够继续按照自己的学习能力学习，EM3组仍被保留，而且学校可以自行通过小四年终考试来决定哪些学生最终进入EM3组。2008年，新加坡教育部长尚达曼在教育部工作蓝图研讨会上宣布废除"小学分流制度"，教育部将为全国小学五年级和六年级的英文、华文、数学和科学推出分"普通水平"（Standard Level）和"基础水平"（Foundation Level）两种不同程度的"科目分班"（Subject—based Banding）制度，来取代现有的EM1、EM2合并源流以及EM3源流的分流制度。

　　比较而言，中国科学课程并没有划分不同水平，尽管每个学生的学习能力和学习需要有所差异，但是他们所接受的是趋于统一的课程，最后学生被要求到达绝大多数学生应该达到的水平。这样即使在一定程度上给予了教师调控的空间，但没有能够真正做到从学生自身能力出发，给学生机会让其选择切合自身需要的课程进行学习，满足不了学生差异性发展的需求。这样就造成了学生更多地去适应课程，而不是课程来适应学生的状况。

三、课程目标和内容比较

课程目标是学生通过某门课程的学习所应达到的学习结果。课程目标决定了课程内容，课程内容在一定程度上又影响着课程目标。

（一）新加坡《大纲》的课程目标以及内容标准

新加坡《大纲》将小学科学课程的目标分为总目标和分目标。总目标主要阐述了课程对于学生的作用，以及学生在课程学习完应该达到的水平；分目标则从科学知识的理解与运用、科学探究技能和过程、态度和价值观三方面具体展开，分别呈现出低年级、高年级学生在这三方面应达到的相应目标。

1.总目标

为学生提供一种建立在他们兴趣基础上以及能激发其对外界环境产生好奇心的经验。

提供能够帮助学生理解自己和了解周围世界的科学术语、机会和意识。

给予学生能发展其技能、思维习惯以及培养他们科学探究态度的机会。

为学生能够用科学知识和方法做个人决定而做准备。

帮助学生领会科学是如何影响人和环境的。

2.分目标

新加坡《大纲》中所呈现的分目标，分别从科学知识的理解与运用、科学探究技能和过程、态度和价值观三方面呈现。

（1）科学知识的理解与运用

新加坡《大纲》的科学知识的理解与运用目标如表8-3。

表 8-3 新加坡《大纲》的科学知识的理解与运用目标

目标主题	低年级（3—4）	高年级（5—6）	空白空间
多样性	＊生物和非生物的多样性 ＊物质的多样性		
循环	＊动物和植物的循环（生命循环） ＊物质循环	＊动物和植物的循环（繁殖） ＊水循环	
系统	＊植物系统（各组成部分及功能） ＊人类系统（消化系统）	＊植物系统（呼吸和循环） ＊人类系统（呼吸和循环） ＊<u>细胞系统</u> ＊电子系统	
相互作用	＊力的相互作用（磁性）	＊力的相互作用（摩擦力、重力等） ＊环境的相互作用	
能量	＊能量的形式及利用 　（光和热）	＊能量的形式及利用（光合作用） ＊能量转化	

注：表中画横线的部分对基础阶段的学生不做要求。

（2）科学探究技能和过程

新加坡《大纲》的科学研究技能和过程目标如表 8-4。

表 8-4 新加坡《大纲》的科学探究技能和过程目标

技能	低年级（3—4）	高年级（5—6）
观察	√	√
对比	√	√
分类	√	√
运用仪器和设备	√	√
表达（口头形式、书面形式）	√	√
表达（表格形式）	√	√

续表 8—4

技能	低年级（3—4）	高年级（5—6）
表达（绘图形式）	√	√
推理	√	√
预测	√	√
分析	√	√
提出可能性	√	√
评估	√	√
证明假设	√	√
创造性问题解决	√	√
作出决策	√	√
调查	√	√

注：其中低年级的技能由教师选择在学生适合的年龄达成。

（3）态度和价值观

该部分没有分年级表述，只是列出了关键词，并对关键词进行了简单的解释，具体有：好奇心、创造力、推理能力、客观、开放性思维、责任心、恒心。

3.内容标准

新加坡《大纲》中的内容标准，围绕多样性、循环、系统、相互作用、能量这五大主题展开。在三年级至四年级，教学内容一致，四年级结束之后分为"普通阶段（5—6年级）""基础阶段（5—6年级）"，相对于普通阶段的课程内容，基础阶段的课程内容更精简、要求较低。

表 8-5 新加坡《大纲》中的内容标准

学段＼主题	多样性	循环	系统	相互作用	能量
普通阶段（低年级）（3—4 年级）	生物和非生物	动植物的循环	植物系统 人类系统	力的相互作用	能量的形式和利用
普通阶段（高年级）（5—6 年级）		动植物的循环 物质和水循环	植物系统 人类系统 细胞系统 电路系统	力的相互作用 环境的相互作用	能量的形式和利用 能源保护
基础阶段（5—6 年级）		动植物的循环 物质和水循环	植物系统 人类系统 电路系统	力的相互作用 环境的相互作用	能量的形式和利用

（二）中国《标准》的课程目标以及内容标准

中国《标准》中的目标也是以总目标和分目标的形式呈现的。总目标规定了在小学毕业时绝大部分学生应该达到的水平；分目标则围绕科学素养，从科学探究、情感态度与价值观、科学知识三方面展开，分条目具体描述每一项目标。

1.总目标

通过科学课程的学习，知道与周围常见事物有关的浅显的科学知识，并能应用于日常生活，逐渐养成科学的行为习惯和生活习惯。

了解科学探究的过程和方法，尝试应用于科学探究活动，逐步学会科学地看问题、想问题。

保持和发展对周围世界的好奇心与求知欲，形成大胆想象、尊重证据、敢于创新的科学态度和爱科学、爱家乡、爱祖国的情感。

亲近自然、欣赏自然、珍爱生命，积极参与资源和环境的保护，关心科技的新发展。

2.分目标

为了完成总目标，《标准》进一步以分目标的形式，将科学素养分为三个核心要素，以图表的形式勾勒出小学生科学素养的基本轮廓，让读者能够更清晰地梳理它们之间的关系。

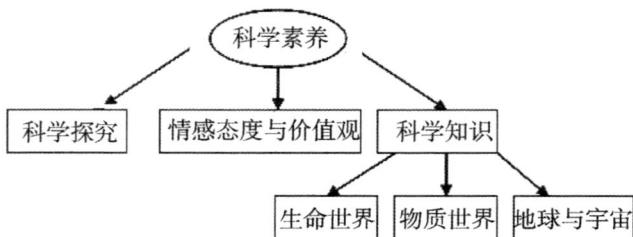

科学探究	情感态度与价值观	科学知识
1.知道科学探究涉及的主要活动，理解科学探究的基本特征 2.能通过对身边自然事物的观察，发现和提出问题 3.能运用已有知识作出自己对问题的假想答案 4.能根据假想答案，制订简单的科学探究活动计划 5.能通过观察、实验、制作等活动进行探究 6.会查阅、整理从书刊及其他途径获得的科学资料 7.能在已有知识、经验和现有信息的基础上，通过简单的思维加工，作出自己的解释或结论，并知道这个结果应该是可以重复验证的 8.能用自己擅长的方式表达探究结果，进行交流，并参与评议，知道对别人研究的结论提出质疑也是科学探究的一部分	1.保持与发展想要了解世界、喜欢尝试新的经验、乐于探究与发现周围事物奥秘的欲望 2.珍爱并善待周围环境中的自然事物，初步形成人与自然和谐相处的意识 3.知道科学已经能解释世界上的许多奥秘，但还有许多领域等待我们去探索，科学不迷信权威 4.形成用科学提高生活质量的意识，愿意参与和科学有关的社会问题的讨论与活动。 5.在科学学习中能注重事实，克服困难、善始善终，尊重他人意见，敢于提出不同见解，乐于合作与交流 6.意识到科学技术对人类与社会的发展既有促进作用，也有消极影响	1.学习生命世界、物质世界、地球与宇宙三大领域中浅显的、与日常生活密切相关的知识与研究方法，并能尝试用于解决身边的实际问题 2.通过对物质世界有关知识的学习，了解物质的常见性质、用途和变化，对物体的运动、力和简单机械，以及能量的不同表现形式具有感性认识 3.通过对生命科学有关知识的学习，了解生命世界的轮廓，形成一些对生命活动和生命现象的基本认识，对人体和健康形成初步的认识 4.通过对地球与宇宙有关知识的学习，了解地球、太阳系的概况及运动变化的一般规律，认识人类与地球环境的相互作用，懂得地球是人类唯一家园的道理

图8-3 中国科学课程分目标

3.内容标准

内容标准是中国《标准》的核心部分，它是总目标和分目标的进一步具体化。在《标准》中，三个领域（科学探究、情感态度与价值观、科学知识）的内容按五个方面（科学探究、情感态度与价值观、生命世界、物质世界、地球与宇宙）展开，并在每个方面提供了相应的活动建议。该内容标准并没有分年级设计，而是表述了到6年级毕业时绝大多数学生应掌握的内容。

表 8-6 中国《标准》中的内容标准

	科学探究	情感态度与价值观	生命世界	物质世界	地球与宇宙
1—6 年级	认识科学探究提出问题 猜想与假设 制定计划 观察、实验、制作 搜集整理信息 思考与结论 表达与交流	对待科学学习 对待科学 对待自然 对待科学技术和社会的关系	多样的生物 生命的共同特征 生物与环境 健康生活	物体与物质 运动与力 能量的表现形式	地球的概貌与地球的物质 地球运动与所引起的变化 天空中的星体

（三）分析与比较

1.目标具有弹性，均契合后现代主义视角

新加坡《大纲》中提出的课程目标，只是运用一些简单的词语描述，这种生成性的目标给教师和学生很大的主动权，让教师和学生在教学过程中可以不断调整，动态地把握课程目标，体现出了目标的弹性。更值得一提的是，在表8-3中，新加坡《大纲》中提及"空白空间"，它是专属于从教的教师的，"让他们在符合课程宗旨的基础上，创造性地落实大纲提出的标准，使得科学课程更加有意义和有趣味性"。中国《标准》提出的三维目标也是一个整体和最终的要求，因为考虑到教学的动态性和不确定性，目标规定的是在小学毕业时绝大多数学生应达到的水平和掌握的程度，没有将这些目标分级

规划到每个年级或是某个学习阶段。

两国课程目标的设定，均重视教育过程本身的价值，体现了后现代主义课程观。在现代范式下，预设的教育目标日益显现出其机械性，导致学生和教师受限于教育目标，教学活动缺乏应有的创造性。多尔推崇杜威关于"目标来源于并运行于行动之中……是活动中而非活动的转折点……"的观点，以及怀特海的"实体的'存在'由它的'形成性'所组成"的观点，他确信，目标是丰富多变的和不断生成的，是教师和学生在互动性活动中共同建立的，在过程开展之前，目标只能以一般的甚至是"模糊"的词汇来描绘。[1]这种生成性的课程目标能给教师和学生提供一定的弹性，允许课程的目标随时间情境、学生的学习状态的变化而调整，充分体现了教育教学过程的不确定性和动态性的特征。因此，教材编写者及任教者不必拘泥于僵死和硬性的规定，他们可以在教材编写及教学过程中补充、调整与创造。

2 均注重课程内容变革，突出综合性和生活性

新加坡《大纲》反映出小学科学课程内容具有综合性、统一性。《大纲》指出："课程内容最基本的宗旨是使小学生能意识到看似不同的话题之间的联系，因此允许科学想法的最终整合。"其科学课程内容的五大主题是多样性、周期性、系统性、能量、相互作用。这些主题涉及生物、物理、地理等方面的知识，其中有许多知识还是交叉的，如"能量"主题下的知识与物理和生物学科都密切相关。可以说，新加坡课程内容的设计是通过"五大主题"把各个学科内部的不同分支串联到了一起，体现出了课程内容的综合性与多样性。

相对于原《小学自然大纲》中关于课程内容的规定，中国《标准》中课程内容不仅被精简了，而且还打破了单纯地强调学科自身的系统性、逻辑性的局限，在降低难度的同时增强广度，加强了科学学科与其他相关学科的联系，突出了综合性。正如《基础教育改革纲要（试行）》中所提到的那样：要

---

[1]刘要悟《多尔后现代课程观质疑》，《比较教育研究》2006 年第 7 期。

"改变课程内容繁、难、偏、旧和偏重书本知识的现状，加强课程内容与学生生活及现代社会科技发展的联系，关注学生的学习兴趣和以验，精选终身学习必备的基础知识和技能"。因此，原本那种强调学科本位的课程内容受到调整，以往那种缺乏整合的状态也在《标准》中得到改善，这使课程内容更具有均衡性、综合性。

两国的课程内容之所以体现出综合性，是由于都受到了世界科学课程内容变革的影响。综观国际形势，在 20 世纪五六十年代，小学科学实施精英教育，以培养科学家为追求目标，普遍采用的是分科课程，注重学科结构和知识内容的更新及科学概念、原理形成的过程。[1]很显然，这是受到学科结构主义影响，这种视角的本质是将学生作为科学家中的新手，认为为学生提供学科的核心概念就可以使其获得清晰的理解。[2]到 20 世纪七八十年代，科学课程则受到建构主义视角的强烈冲击，在充分肯定个体的存在价值的同时，视个体为知识与文化的创造者，而不是接受者。因此，提倡培养学生的科学素养逐渐成为主流，科学与社会、科学与技术、科学与其他学科的关系受到了更强烈的关注，涌现出了一些类似于"苏格兰组合理科"那样具有世界代表性的综合性课程，并被不断推广。20 世纪 90 年代以来，科学教育趋向于精英教育与大众教育的统一，课程目标转向为提高每个公民的科学素养，并倡导科学本质与教育本质相统一，构建了以统一性为基础的综合课程。英、美、加、澳等发达国家都纷纷推行此项改革，掀起了科学课程改革的又一次高潮。在此推动下，中新两国都对科学课程内容进行了调整和变革，突出了课程内容的综合性。

如果说世界科学课程的改革更多地影响了两国课程内容的综合性取向，那么，相关哲学思潮和教育理论则为两国的科学课程内容生活化提供了背景。

———————————

[1]李太平、翟艳芳《20 世纪西方科学教育发展轨迹探源》，《湖北大学学报》2009 年第 9 期。

[2]［美］乔治·J·波斯纳《课程分析》，钟启泉、赵中建译，上海：华东师范大学出版社，2007 年，第 57 页。

在传统科学教育过程中，原本丰富、鲜活的课程活动被冷冰冰的知识传授和机械的理智训练所代替，"生活世界"里那种"生动的主观性"荡然无存，人的主体性失落了。从胡塞尔的《危机》一书的问世、"科学世界向生活世界回归"的观点提出，到哈贝马斯的"交往世界"、维特根斯坦的"生活形式"、海德格尔的"日常共在世界"，都批判了主客观分离的学科世界，为科学课程内容重返生活奠定了基础。在西方哲学发生转向的同时，杜威和陶行知的"教育即生活"与"生活即教育"的理论虽然存在着某些分歧，但都无疑坚定着教育回归生活世界的观点，这些都为科学课程内容走向生活化提供了可能。真正导致科学课程内容的变革，是因为生活世界与科学世界的分离致使学生被知识奴役，科学课程内容的选择不得不更贴近学生生活实际，不得不侧重知识和技能的实用性、时代性，从而强调科学、技术和社会的整合。

3.均关注人的发展问题，提倡可持续发展

新加坡《大纲》和中国《标准》无论在课程目标还是在课程内容方面都很重视人的发展，提倡可持续发展。

首先，在目标方面，两国不但在科学知识方面提出要求，更注重学生的情感态度价值观的培养。从人的本质特性来看，人的素质结构主要是由认知和情感两个层面组成，人的发展也应该是认知和情感全面的进步。作为一个高素质的人，不仅要有健康的体格、正常的智力，更需要有正确的世界观、人生观、价值观和积极的人生态度。后现代知识观十分重视知识与人的内在关系，它认为我们应该追求的是知识在学生的精神层面所起到的作用。与知识在提高学生认知和能力方面的价值相比，知识对生命的意义显得更为重要，我们应该崇尚的是知识对人生命和生活的启迪、滋养、维护。

其次，两国在课程内容方面，也充分重视人的发展问题。随着环境的不断恶化，人类的生存面临着挑战，走可持续发展的道路成为人们的必然选择，而可持续发展的着力点就是人。科学课程内容与可持续发展的相关度是其他学科无法比拟的，因此，科学教育有着不可代替的责任和使命。例如，中国《标准》在"土壤"这一单元中，涉及中国当地的水土流失、土壤荒漠化、土壤污染的情况及其危害性。在"环境与资源"这个单元中，中国《标准》向学生展现了可持续发展的思想及其意义，在"天气与气候"这一单元中，讨论到关注人类活动对气候的影响。再如，新加坡《大纲》在"能源"这个单元中通过讨论和探究，认识能源的利用与人类生存和社会发展的关系。

4.内容编排方式不一，呈现不同设计体系

新加坡《大纲》中内容标准是其核心部分，是对总目标进一步的具体化。

表 8-7　新加坡基础阶段 3、4、5、6 年级课程内容（"多样性"部分）

关于多样性： 学生应该领会到在世界中存在各种各样有生命或者无生命的东西，了解到维护生物多样性的重要性和必要性，从而更好地理解他们周围的世界。 ＊低年级（3—4） ＊＊高年级（5—6）		本主题主要探索的问题： 我们周围的环境是由什么组成的？ 为什么维护生物的多样性会如此重要？ 如何处理对生物与非生物这种多样的排列情况的认识？
学习结果		
科学知识的理解和运用方面	科学探究技能和过程方面	态度和价值观方面
描述生物的特征 需要水、食物和空气生存 生长、反应和繁殖 认识一些一般的生物分类 植物（如开花类、不开花类） 动物（如鸟类、鱼类、昆虫类、哺乳类） 菌类（如蘑菇、酵母） 细菌 将物质分类编列成表并了解它们的特性，如塑料、木头、橡胶等。	观察生物与非生物的多样性并推断它们的不同 通过观察相同点与不同点来讲生物分类 根据物质的物理特点进行分类 硬度 力度 弹性	表现出对生物和非生物探究的好奇心 重视个人努力和小组合作的价值 通过利用数据和信息来验证关于物质特性和用途的观察报告，从而展示客观判断力

可以看出，中新两国课程内容的编排思路不一，新加坡《大纲》中的内容标准，是以分目标的第一部分"科学知识的理解和运用"中的五大主题，即多样性、循环、系统、相互作用、能量为五大模块进行编排。以这五大主题为载体，融合科学知识、科学技能和过程、态度价值观三方面的要求，将

这三个维度的目标融合在五个内容模块中进行阐述，每一模块分若干主题和次主题。中国《标准》展现的内容标准主要包括五个方面:科学探究、情感态度与价值观、生命世界、物质世界、地球与宇宙。每一部分都设计了一张简洁而独立的框架图，框架图包括"具体内容标准"和"活动建议"两个方面，其中并没有将内容与分目标相对应。很显然，中国《标准》虽然突破了原《大纲》局限，不仅在科学知识点、观察、实验、操作等方面提出要求，还制定了"科学探究"和"情感态度与价值观"两方面的具体标准，但它们之间没有联系，没有像新加坡那样使其依附于具体的课程内容上，从而有机地"串联"起来。

相较而言，中国《标准》中的课程内容与目标是相对割裂的，仅仅在课程目标的部分对目标进行一些指导性原则的阐述，而新加坡标准将课程内容与目标相对应，并对达成情况有着详细的说明，这一做法更加合理。新加坡的这种设计明确规定了学生在该部分相应的学习目标，可以让教师在掌握学生应达的预期目标的基础上，了解学生与目标的差距，从而更有针对性地设计教学方式和个性化地制订教学方案。在这一点上，新加坡《大纲》确实体现出了其编排方式的优越性。

5.中新科学探究侧重不同，彰显主体性和情境性

科学探究已成为当今科学教育最重要的内容，在很多国家的课程标准中都被放在最醒目的位置，中新两国亦是如此。

中国《基础教育课程改革纲要（试行)》中提到"改变课程实施过于强调接受学习、死记硬背、机械训练的现状，倡导学生主动参与、乐于探究、勤于动手，培养学生搜集和处理信息的能力、获取新知识的能力、分析和解决问题的能力，以及交流与合作的能力"。为了适应这一精神，中国《标准》相对原《小学自然教学大纲》的一个突破性进展就是更加突出科学探究在科学课程中的地位和作用，探究既成为科学课程学习的目标，又是科学课程学习的方式和过程，这在课程的标准和内容中都显现了出来。

中国《标准》中分目标的第一部分就是科学探究，明确提出科学探究是

科学学习的中心环节，希望教师和学生都能重视科学探究。分析原因，首先，大量的理论研究和实证研究都表明，中国小学生的科学素养较低，缺乏科学精神，不敢质疑，不善于探究和验证，所以研究性学习势在必行。这一举措对丰富小学生科学精神将起到至关重要的作用。第二，中国《标准》中的内容标准也将科学探究独立出来，并将其置于与生命科学、物质科学及地球、宇宙与空间科学并列的位置，设置为一个单独内容领域。在中国《标准》中，科学探究还成为科学教学的中心环节，情感态度与价值观、科学知识都需要通过引导学生进行科学探究来实现。《标准》不仅提出开展科学探究活动，学习科学探究的方法，还涉及对科学探究的认识。

　　另外，中国所提倡的科学探究还体现了以学生为主体、强调学生探究的原则，究其原因，主要是受到建构主义理论的影响——知识并非由认知主体被动地接受而来，而是由认知主体主动建造而成。它拒绝了"白板说"，认为人们并不是被动地从他们的感官中接受信息；相反，他们是利用感官所输入的信息，在原有的观念和经验的基础上积极地建构知识和获得意义。建构主义视角还认为，课程本身就是一种思考、推理或者问题解决的形式。[1]教师在教育中所起的作用也不再仅仅是传授性的角色。建构主义者认为，教师是学习的"促进者"而不是知识的"给予者"，当新旧知识无法融合衔接的时候，学习者就会发生认知冲突，这时候"教师就需要为学生确定一个总的方向，并且可以安排一些阻拦学生进行不适当建构的限制因素"。[2]

　　如果说中国《标准》倡导的科学探究强调学生探究的主体性，那么新加坡则更注重学生探究的情景性，这就涉及了建构主义的另一个原则："认知活动是一种用来组织个人经验世界的适应过程，而不是用来发现独立于本体外先前存在的世界，必须在（掌握）学生经验背景的情境下教授技

---

　　① ［美］乔治·J·波斯纳《课程分析》，钟启泉、赵中建译，上海：华东师范大学出版社，2007年，第102页。

　　②丁邦平《建构主义科学教育观与学生创新能力的培养》，《教育研究与实验》2002年第1期。

能和概念。"① 因此，它十分强调学生经验背景、具体情境的作用。正是受到这一观点的影响，新加坡《大纲》中的科学探究更关注探究的情境性，这一点在新加坡课程目标和内容中都有表现。首先，在课程目标方面，新加坡《大纲》总目标的前三条并不是提出让学生了解、养成、学会什么，而是强调课程要给学生提供经验，为其创造探究的机会，关注探究的情景性。其次，在课程内容方面，教学内容以学生的兴趣为中心，结合学生的真实世界，从具象到抽象，并特别强调亲身实践。如《大纲》提到"亲身实践的探究方式""基于学生生活和与周围环境相关联的现实内容"等。在这样的情景下，学生的探究变得更加投入和积极。

6.《大纲》划分能力层次，反映科目分班制度

新加坡《大纲》无论在课程目标还是在课程内容方面，都体现了它特有的"科目分班制度"。2008 年，新加坡教育部为全国小学五年级和六年级的英文、华文、数学和科学推出"普通水平"和"基础水平"两种不同程度的"科目分班"，来取代现有的 EM2、EM2 合并源流以及 EM3 源流的分流制度。在这一新的制度下，学校按个别学生学习的能力，分配学生在某科选读"普通水平"或"基础水平"。我们可以观察到表 8-3 中，部分目标有"下划线"，这部分的意思是"被分配到基础水平科学课程的学生，不需要完成画线部分的要求"。另外，在新加坡《大纲》的课程内容部分，也是根据两种水平设计了两种相对应的课程内容。

这种"科目分班制度"，第一，有利于因材施教，培养精英。1993 年修订的《新加坡教育法》明确指出："教育的宗旨是充分发挥每个学生的潜力，培养每个学生健康的道德价值观，使学生具备雄厚的基本技能以适应飞速发展的世界要求。"无论是"分流制度"还是"科目分班制度"，都是通过选拔，让每个学生的潜力最大化。第二，有利于控制教育辍学。在"分流制度"之

---

① ［美］乔治·J·波斯纳《课程分析》，钟启泉、赵中建译，上海：华东师范大学出版社，2007 年，第 212 页。

前，新加坡一直推行自动升级制度。有相关调查显示，20 世纪 80 年代前，新加坡小学约有 29% 的学生中途辍学或者留级；实行分流后的 1986 年，全国只有 3772 名学生离校时受教育不足 10 年，占 16 岁以下学生的 10%；到 90 年代后，小学的辍学现象几乎完全消失。

相比而言，中国《标准》没有详细地规定各年级的孩子应该学什么，科学课程作为一个相对完整的阶段进行整体规划设计，在体现了统一性的同时，也带来了不少值得深思的问题。中国是一个多民族国家，少数民族学生占相当大比例，如果能效仿新加坡，根据民族、区域的实际情况，分阶段、分层次进行教育，因地制宜、因材施教，既能充分发挥各地区学生的潜能，调动学习的积极性，又能真正保证少数民族学生受教育的公平性。

四、评价建议比较

自 20 世纪 80 年代以来，越来越多的国家开始意识到建立与科学课程相适应的评价体系十分重要，教学评价的改革成为科学课程改革的焦点之一。因为教学评价不仅直接影响着教学目标的实现，而且还推动着课程功能的转变与落实。良好的评价体系不仅能够了解学生实际的学习状况，给教师提供反馈，弥补教学中的不足，还有助于课程的有效落实和不断发展。

（一）新加坡《大纲》中的评价建议

新加坡《大纲》的评价建议主要围绕三个问题进行阐述：为什么要评价、评价什么、如何评价。

第一部分，"为什么要评价"。该部分提出评价的目的是测量学生掌握科学知识、技能、态度的程度。这不仅能完善教与学的过程，而且可以向教师、学生、学校、家长提供标准化和总结性的反馈，并具体阐述了如何向上述四者提供反馈信息。

第二部分，"评价什么"。这部分与课程的三维目标相对应，评价科学知识的理解和应用，并将其放在首要位置；评价科学技能和探究过程；评价科学态度和价值观。

第三部分，"如何评价"。本部分强调教师在评价学生前要首先确定所选的评价模式和方法是否能反映出所评价的内容。接着，列举了一些评价方法，如实践、计划、教师观察、教育日记、树立典型、游戏与讨论等，其中，重点介绍了档案袋法。最后，该部分特别提醒"列举的方法并不详尽，采用哪一种方法取决于不同的教与学的情况。"

第四部分，"评价的指导方针"。评价的本质就是要与教学对应，无论是书面形式还是口头总结，都要完整地呈现一幅反映学生平时表现、学生发展以及教学效果的"画面"。

（二）中国《标准》中的评价建议

中国《标准》中的评价建议一共有三条：第一条，"充分明确评价的目的"，其中，强调评价主体的多元化、评价内容的全面化、评价方法的多样化、评价时机的全程化。第二条，"准确把握评价的内容"，具体表现在科学探究方面、情感态度与价值观方面、科学知识方面。第三条，"灵活运用评价方法"，主要提到教师观察、与学生谈话、杰出表现记录、测验与考试、活动产品分析等十余种方法。

（三）分析与比较

1.均采用灵活多样的评价方法

新加坡《大纲》和中国《标准》在评价建议部分都提出了许多灵活多样的评价方法，新加坡《大纲》中提及：实践法、制订计划、教师观察、清单、教育日记、榜样树立、公告、游戏与小测验、讨论、戏剧、学习踪迹、档案袋等，并在最后说明这些方法并不详尽。中国《标准》中也阐述了多种评价方法：教师观察、与学生谈话、杰出表现记录、测验与考试、活动产品分析、学生成长记录袋、评定量表、作业法、短周期作业、长周期作业、评议法，等等。

现代心理学研究表明，个体的心理潜能优势领域是各异的，并具有不同的表现方式，因此我们很难找到一种适合所有人的统一的评价方法。"多样化"是对科学教学评价的核心要求，单纯的书面测验和考试不能适应科学课程的发展，运用多种方法对不同目标、不同内容进行教学评价势在必行。除了提出要运用灵活多样的评价方法以外，两国都强调不能仅在学习过程结束后才进行评价，评价必须伴随教学过程，教师要时刻关注学生的表现与反应，作出相应的评价反馈。

虽然两国的评价方法都十分多样、灵活，但也存在着一定的问题。在新加坡的这些评价方法中，除了详细地对"档案袋"进行解释和强调，对其他的方法只是运用简单的英语单词进行罗列，并概括总结"采用哪种方法取决于教与学的情况"。评价变得开放和自由的同时，教师无章可循、无从下手。中国《标准》对每一种方法也仅是简单阐明，只是给出概括性的指导，并提出在进行评价时应注意的一些原则，没有详细阐述教学评价的实施问题。例如在与学生谈话方面，《标准》希望教育管理者、教师以及家长能够用平等的身份和学生进行沟通和对话，从而促进相互的理解，尤其是关注学生的想法。但是，对于教师如何与学生做到真正的平等，平等、开放的对话应该如何把握，《标准》缺乏进一步的阐述。如果能够针对不同水平、不同阶段的学习成果设计相应的评价指标，根据学生的学习水平开展教学，形成一种以教促学、以学促教的良性循环，更有利于帮助教师开展教学，有利于培养学生全面的科学素养。

2. 评价功能侧重不同，追求选拔性和发展性

新加坡《大纲》指出评价的目标主要是测量学生掌握科学知识、技能和态度的程度，这不仅能完善教与学的过程，而且可以向教师、学生、学校、家长提供标准化和总结性的反馈。可以看出，新加坡《大纲》中的评价功能，主要是甄别和选拔，评价内容侧重于理解、推理应用和动手操作能力。如要求小学五年级学生"知道地球和月亮存在规律性的运动；运用模型展示月亮围绕地球转动，并把月相与这个运动联系"。学生们要理解和应用概念，但不用记住定义。[1]再如，有学者去新加坡的格致小学进行考察后提到，在格致小

---

[1]赵苁蓉《新加坡小学科学教育的现状研究》，《新课程研究》2008年第10期。

学每年的期末考试中，实验是必不可少的测试项目，不同的实验在各小组中轮流开展，教师会根据学生的实验操作和报告给出成绩。不仅如此，即使是新加坡的全国统一测试，也会在试题中给出实验器材，间接考核学生的科学应用能力。比如，期末考试例题：一批学生在某一海岛野外露营中水用完了，附近又没有淡水，而他们随身的物品中有锅、塑料袋等，山上有石块、树木等，你用什么方法可以获取淡水？①可以看出，新加坡《大纲》中的评价方式更注重知识和技能的达标情况，并将此作为人才选拔的依据，认为评价的主要问题在于学生是否已经获得了课程所致力达成的技能。

中国《标准》倡导"立足过程，促进发展"的教学评价。《标准》对教学评价的目的予以明确的界定，其主要目的是了解学生实际的学习和发展状况，以利于改进教学、促进学习，最终实现课程宗旨，即提高每个学生的科学素养。这一变革不仅改变了科学课程的评价体系，而且更新了科学课程的评价理念，关注个体的进步和多方面的发展潜能，突出评价促发展的功能，保护学生的自尊心、自信心，体现尊重与爱护，关注个体的处境需要，注重发展和变化的过程。

3.较之新加坡，中国更倡导评价主体的多元化

新加坡《大纲》提倡评价的主体是教师。较之新加坡，中国《标准》中提出：学生将参与教学评价，反思自己的学习状况，并对教师的教学状况提出自己的看法；学生家长、教育管理部门、科技管理部门以及社区有关组织和人士也将被邀请参与对科学课程的组织、实施、方法和效率等方面的评价；教师在教学评价中仍将发挥重要作用，但是不再充当裁判员的角色，而是学生科学学习的伙伴和激励者，同时又是自己科学教学的调控者。

可以看出，中国在教学评价方面更注重评价主体的多元化，这恰恰体现了后现代主义所强调的观点。在泰勒模式中，评价是反应课程与教学计划实

---

①李万涛《新加坡小学科学教育给我们的启示》，《科学课（小学版）》2006 年第 10 期。

际达到教育目标的程度的过程，泰勒认为教育目标实质上是指人的行为变化，所以评价是一个确定实际发生的行为变化程度的过程，这种评价旨在确定"欠缺"与"差距"。后现代学者认为这样的模式会造成设计者、评价者与课程的实施者被完全分开，课程与教学、内容与过程、教材与教法、目的与手段处于对立的地位。因此，后现代主义消解了现代主义评价标准的简单性、封闭性、精确性，强调评价标准的多元性、动态性、模糊性，主张不能用一把尺度、一个标准来衡量所有的事物，认为不存在一个作为参照标准的中心。①长期以来，中国科学教育倡导评价由上而下依次为教育主管部门评价学校、学校评价教师、教师评价学生，而学生被排斥在评价主体之外，致使评价主体呈直线型和单一性。为了解决这一问题，《标准》明确提出评价主体要多元化，从单向转为多向，增强评价主体间的互动，强调被评价者成为评价主体中的一员，建立学生、教师、家长、管理者、社区和专家等共同参与、交互作用的评价制度，以多渠道的反馈信息促进被评价者的发展。

4.较之中国，新加坡更提倡信息技术手段的运用

1997年，新加坡教育部颁布了《信息技术在教育上应用的总蓝图》，蓝图规定了新加坡所有课程的评价都需采用信息技术手段，侧重对学生的思考和沟通能力及信息使用能力的评价。1999年，新加坡教育部推行"教育电子簿"试验计划，拓展信息技术在学校教学方面的应用。学生使用"电子书包"，通过"教育电子簿"翻看课本并完成作业。②2003年的二期规划又提出利用信息技术扩大评价的范围和方式，利用信息技术获取数据并进行分析处理，在更短的时间内以更有效的方式对学生的学习与表现作出诊断性评价。

很显然，相对于中国传统的评价手段，新加坡利用信息技术对小学科学课程进行评价，体现了以下优势：第一，评价更开放。能为学生的科学学习

① ［美］多尔《后现代课程观》，王红宇译，北京：教育科学出版社，2000年，第109页。

②杨延昭《新加坡基础教育课程改革的实践及启示》，《武汉市教育科学研究院学报》2007年第10期。

评价提供有效平台，学生可以反思自己的学习状况，教师能了解学生的学习效果，更重要的是家长、学校以及其他教学部门都可以利用这个平台关注学生的学习情况。第二，评价更全面。利用信息技术进行教学评价，不仅包含科学知识内容，同时通过"学生留言""学习论坛"等，考察学生的学习态度，是对学生的知识与能力和情感态度价值观的综合评价。[①] 第三，评价更主动。每个学生都可以利用平台主动及时地进行自我评价、小组评价。

现代信息技术具有视听合一、交互性强和图文并茂等特点，储存空间大，方便保存，没有时间、空间的限制，它的网络化和数字化特点，易于将学生的学习作品、相关评价资料进行整理、检索和共享；有利于师生、家长、社区等共同参与评价；促进学生自主学习、协作学习和合作学习。因此，利用现代信息技术对科学课程进行评价，确实能为学生的科学课程的学习提供新的评价环境，促进学生科学素养的提高。

五、新加坡《大纲》对中国的启示

新加坡和中国在社会制度、历史及观念上都存在较大的差异，但其地理位置、经济环境也有极其相似的地方。新加坡科学课程标准对我们的启示有以下几个方面。

（一）完善课程目标的设计

中国《标准》中将科学探究、情感态度与价值观和科学知识作为三个分目标，并把科学探究目标置于首位，贯穿整个课程标准体系，试图改变长期以来中国小学科学教育过分偏重知识传授的倾向。然而，将"科学知识"置于三维目标的最后，这样的做法势必会造成一线教育工作者的误解，即新课程重"过程"而轻"内容"，从而带来实践上的偏差。所以，我们应该对小学科学课程的目标进行重新审视，摆正"内容"与"过程"的关系。[②]

---

①鞠成丽《浅谈小学科学课程与信息技术整合》，《中国教育信息化》2008 年第 6 期。
②钟媚、高凌飚《小学科学课程改革中的问题与分析》，《课程·教材·教法》2007 年第 6 期。

另外，在实施建议中，《标准》将分目标作为一个完整的体系加以把握，与课程内容相独立，容易造成分目标的割裂，而且实际操作有困难。目标不等于目的，它应该是以具体的语言表述教学的不同阶段学生应达到的水平，应该具有较强的操作性。因此，我们应该考虑学段设定目标体系，将终极性目标按学生的年龄特点和认知结构分别规划，具体到每个年级，就如新加坡《大纲》那样对每个阶段的学生规定应达的目标，并螺旋上升，以体现课程目标的阶段性和层次性。另外，无论是科学探究目标，还是情感态度和价值观目标，都是伴随和依附在科学知识的基础上，不能独立完成。因此，还可以考虑借鉴新加坡《大纲》将课程目标与课程内容相对应。课程目标并不是空泛的，而是与课程内容相互依赖，使其结构完整，层次清晰，方便具操作性。

（二）设置不同类型的科学课程

中国是一个多民族、多文化的国家，地域宽广，但中国的科学教育采用统一模式，难以兼顾地区和民族差异，没有考虑多元文化的特点，也较少顾及学生的能力水平和学习需要的差异，让同年级的学生学习同样的内容，不利于学生潜能的发挥，难以让学生在学习活动中体验到成功的快乐。应该借鉴新加坡多层次的科学教育方式，为不同水平的学生提供不同类型的科学课程，从而保证所有学生在各自原有基础上得到不同程度的提高。建议中国的小学科学课程标准再次修订时，针对少数民族和有特殊要求的学生设置针对性的科学课程，在实施过程中照顾民族和地区的差异，尝试为他们"量身定做"不同类型的科学课程，使每一个学生学习的潜能都能得到充分的发展。

可以尝试把课程形式规划为普及课程、基础课程和高级课程三种，每一种形式又可采用学科结构式、问题中心式和综合式对课程内容进行组织，课程形式还可分为必修或选修。这样，不论是在形式、内容和要求上都有所差异，每一种科学课程都是多元化的，能够满足不同学生的需要。[1]另外，利用网络课程，利用现代教育技术的优势，可以让学生自选学习内容，自定学

---

[1]刘克文《中国中小学科学教育的价值取向》，《教学研究》2007年第6期。

习进程，选择合适的学习方法，以较好地体现课程人本化、个性化的特点。

（三）关注科学探究的情境性

情境性学习是近年来国际教育发展的趋势，"知识是具有情境性的，而且是被利用的文化背景及活动的部分产物，知识是在情境中通过活动而产生的"。[①]因此，在科学课程中，探究的情境不同，所产生的学习也不同。如果在科学课程中教师孤立、抽象地教授科学知识或是进行科学探究，会导致学习者学到的知识是呆滞的、凝固的、脱离生活的。心理学研究表明，问题情境是学生思维的起点，思维的发展依赖于问题，因为问题能够引起学生认知的各种冲突，激起学生的求知欲和探索欲，学生的思维在不断创设的问题情境中能得到充分的提升和发展。因此，在科学探究中应该试图创设一种能触及学生情感和意志领域的情景，并有意识地把学生引入一种最佳心理状态，通过心理上的接受，达到问题情景与学生心理情景的共鸣和最佳融合。

新加坡的小学科学课程非常强调情境性探究的意义，这也是值得我国学习的。我国的小学科学课程标准中的"教学活动内容设计"虽然也给情境性探究提供了一定参考，但比较宏观，应该将其更细节化、具体化、情境化，这样才能给教师提供更好的参考工具。例如，可以运用语言、实物、科学典故、多媒体等手段为学生创设探究情境。

（四）加强科学与技术的联系

20 世纪以来特别是"二战"以来，科学和技术已相互融合成为一个整合的系统，当代科学的发展离不开现代技术提供的支持，而科学的发展又推动着技术的不断创新与进步。如果细致地区分，可以发现，新加坡《大纲》中有些目标是针对科学方面提出的，有些是针对技术方面提出的，有些是将科学和技术知识有机结合并应用于实践。很显然，新加坡《大纲》十分重视科学、技术与社会的彼此联系，有利于培养科学精英。而中国《标准》对技术

---

①陈青、乌美娜《从抛锚教学看情境学习观点对教学及教学设计的启示》，《中国电化教育》1999 年第 4 期。

的性质、科学与技术的关系、技术对人类社会的影响等提及较少，可见，中国目前仍采取科学教育与技术教育分立的模式。对此，有必要进行讨论。

随着知识经济到来，在未来社会里科学与技术的融合将更加深入和广泛，打破科学与技术的割裂已成为必然，通过两者的相互作用和转化，单一的科学体系逐步迈向科学和技术相统一的体系。[1]这种体系的建立，能够让科学教育为技术的发展指引新的方向，开辟新的道路，两者的结合还将大力促进科技成果的产业化。可以说，这一结合将继续成为 21 世纪最耀眼的生长点。目前，将科学与技术相结合的典型，应该就是科学–技术–社会教育即 STS 教育（Science、Technology、Society）。在一些发达国家，STS 教育已被认可和推广，该教育在探讨科学、技术、社会三者关系的基础上，将其有机结合，改变了三者相互分离以及脱节的状态，促使科学和技术更全面、持久地服务于人类生活。或许，有人会持反对意见，认为 STS 的推行会降低科学的地位。其实，STS 教育着眼于提高公众的科学素养，强调科学、技术和社会之间的相互关系，提倡三者交叉和兼容，并不会顾此失彼。针对中国目前的科技教育现状，可以尝试开展 STS 教育。

（五）健全科学课程教学评价体系

中国小学科学课程标准中，对教学评价重视显然不足。中国《标准》教学评价部分，阐述了评价的主体、评价的内容、评价的方法等，但对具体的评价指标涉及很少。教学评价体系不但要描述期望学生应达到的学习成果，更重要的是要针对不同水平学习成果提供评价指标，帮助教师评价学生目前的学习状况，否则评价就易流于形式。新加坡《大纲》重点圈画出评价指标中的行为动词，列出学生应在该学段达到的标准，以便教师量化和评价。如低年级学段的要求是"观察""描述"，高年级则是"理解""运用"，并分别对应"*"和"**"的标记，让教师一目了然。另外，其评价建议重点说明了如何运用档案袋法进行评价，这是一种十分动态、完整的评价方法；而中

---

[1]袁运开《科学课程标准的特点和我们的认识》，《全球教育展望》2002 年第 2 期。

国《标准》对这种方法的阐述还不够深入和全面。

学生学习成果的评价标准是课程标准的重要组成部分，而评价指标在评价标准中也不可缺失。如果没有良好的评价指标，评价就缺乏可操作性。也许有人认为运用一根"固定的标尺"会显得生硬和僵死，其实，教师可以根据具体情况、针对不同学生进行上下"浮动"。所以，中国在小学科学课程标准中，必须尽快增设相应的评价指标，帮助教师客观、公正地评价学生学习成果，及时地得到教与学的反馈，让教师和学生做出相应的调整，形成一种良性的以教促学、以学促教的循环，从而全面培养学生的科学素养。

第九章 中国与澳大利亚小学科学课程标准比较

　　澳大利亚，全称为"澳大利亚联邦"（The Commonwealth of Australia），1788 年至 1900 年是英国的殖民地，1901 年殖民统治结束，成为一个独立的国家。澳大利亚地处大洋洲，面积约为 770 万平方公里，人口 2327 万（2013 年 11 月统计），属于高度发达的西方资本主义国家。澳大利亚是典型的移民国家，被社会学家喻为"民族的拼盘"，文化独特，其通用语言为英语。澳大利亚科技、教育发达，截至 2012 年年底，先后有 13 位科学家获得诺贝尔奖。澳大利亚中小学由各州教育部负责管理，联邦政府拨款资助，大学则由联邦政府统一管理。

一、澳大利亚小学科学教育改革历程

　　"二战"以前，澳大利亚小学科学教育局限于自然课。"二战"之后，随着科学技术的飞速发展，国际竞争日趋激烈，中小学生科学教育受到重视。20 世纪 70 年代末，澳大利亚开始广泛开设科学课程，但是绝大多数科学课程被认为是不合格的。1985 年，澳大利亚科学教师协会召开全国座谈会，科学教师们讨论了科学课程在 12 年学校课程中的地位。1986 年，澳大利亚尝试建立真正全国统一的、覆盖全部学校教育阶段的课程。1989 年，AEC 签署了《澳大利亚学校教育的共同和公认目标》（即著名的《霍巴特宣言》，后被

《阿德莱得宣言》取代）。根据 1988 和 1989 年颁布的各种课程文件，1991 年又发起了一项计划，对八个学习领域作出说明和规划，它们分别是：艺术、英语、健康及身体教育、外语、数学、科学、社会和环境研究，以及技术①。

为了让年轻人做好充分准备，迎接新世纪的挑战，同时为了统一澳大利亚目前存在的八种不同的课程安排，整个澳大利亚各州教育部长承诺制定一套教育目标，采取了一系列行动②。其中一项就是编制和实施世界一流的全国统一课程标准。全国统一的课程标准由澳大利亚课程设置、考评与报告管理局（ACARA）负责制定，已于 2010 年 3 月公布了幼儿园（1 年级的前一年）至 10 年级科学课程标准草案③《K—10 年级科学课程标准》（以下简称"澳大利亚《标准》"），并于 2011 年正式颁布实施。

二、课程设计框架比较

小学科学课程标准的基本框架是构成小学科学课程标准的基本组成部分。它是课程标准呈现给我们的最直观的表现形式。了解两国课程标准的基本框架，有助于从整体上把握课程标准的内容，为课程标准的详细比较提供基础。

（一）澳大利亚小学科学课程标准基本框架

澳大利亚《标准》的框架在基于原有各州课程标准框架的基础上进行了适当完善。框架层次清晰，使人一目了然。澳大利亚小学科学课程标准分为五大部分：

理念与目标。阐述了澳大利亚小学科学课程的性质以及六大理念，并且给出了科学课程的总体目标。总目标涉及三个维度的分目标，分别是科学探究目标、人类科学史目标以及科学知识目标。

课程标准的组成部分。具体包括：内容结构，总体思想，从幼儿园到 6

---

①阮晓菁《简析澳大利亚中小学科学教育》，《福建教育学院学报》2002 年第 10 期。

②徐玉红、高芳、周华松《澳大利亚科学课程标准分析与启示》，《当代教育论坛》2011 年第 4 期。

③ACARA. Australian Science Curriculum Draft ［EB/OL］.http: //www. Australian curriculum.edu.au/Documents/Science %20curriculum.pdf2010.3.

年级的科学，成绩标准，学习者的多样化，一般能力，跨学科重点，与其他学习领域的联系，对教学、评估和报告的启示。

幼儿园到 6 年级的课程。以年级分类，每一年级都给出科学知识、人类科学史以及科学探究技能这三个维度的学习内容，并且在每一年级内容阐述之后都给出这一年级可续学习的成绩标准。这样便于教师进行对照，及时了解学生的学习情况。

词汇表。对课程标准中运用到的一些词语进行解释，这样有助于读者更好地理解课程标准。

表格。显示了从幼儿园到 6 年级全部科学学习内容，包括科学知识、人类科学史以及科学探究技能三部分。通过表格可以纵向看出科学知识的逐渐深入，横向看出三个维度知识间的联系，以便从整体上把握知识。

（二）中国小学科学课程标准基本框架

中国《标准》基本框架共分为五个部分：

前言。叙述了科学课程改革的背景、3—6 年级科学课程的性质、科学课程的基本理念以及设计思路。在当今科学技术飞速发展的社会，科学教育理论和实践的发展给科学教育的改革提供了新的依据。

课程目标。叙述 3—6 年级科学课程的总目标、三个分目标以及各部分目标之间的互相关系。课程内容的选择和组织、课程的实施和评价均围绕课程目标来进行。小学科学课程目标不仅是课程理念的体现，同时也是小学科学课程设置、内容编排以及评价的准绳。

科学课程的内容标准。描述科学探究、情感态度与价值观、生命世界、物质世界、地球与宇宙五个方面的内容标准及活动建议。学科内容是课程标准的主体部分。

实施建议。由教学建议、评价建议、课程资源的开发与利用、教材编写建议、教师队伍建设建议、关于科学教学设备和教室的配置六个部分组成。

附录。包括具体目标中行为动词的定义、教学活动的类型与设计以及案例三个部分。这部分虽然不是课程标准的正文部分，但是不可忽视。教学活动的类型与设计以及案例部分能够给教师很好的案例示范，给予一线科学教师以直接指导。

表 9-1　中国与澳大利亚科学课程标准总体框架比较

中国	澳大利亚
前言	理念
课程目标	目标
内容标准	幼儿园到 6 年级的课程
实施建议	
附录	表格
	组成部分
	词汇表

（三）分析比较

通过以上对中国与澳大利亚小学科学课程标准基本框架的分析，可以看出两国科学课程标准有一些共同之处，同时也存在着差异。

1.两国内容安排相似，都强调课程的整体性与阶段性

课程理念和目标是两国课程标准的共有之处。在不同时期，世界各国的教育理念也不完全一样，这些理念指导着小学科学课程开发。两国《标准》都从基本理念出发，理念表述之后，课程标准给出了课程的目标，它们是科学学习所要达到的要求。两国都将内容标准作为课程标准的主体内容进行阐述，科学内容由浅入深、循序渐进，体现了科学学习的阶段性与连续性。

两国课程标准的框架如此相似，且都注重课程的整体性和阶段性，一是由于世界科学技术的飞速发展、国际竞争日益激烈，两国都十分重视小学科学教育；二是两国对小学科学教育的认识都很到位，有利于全面提高小学生

的科学素养；三是我国在制定课程标准之前，对国外课程标准进行过研究，并予以借鉴，吸取国外的成功经验，联系我国科学教育的实际进行制定。

2.课程定位不同，体现了社会背景差异

中国与澳大利亚小学虽然都开设科学课程，但是对于科学课程的定位却不一样。澳大利亚从1991年开始就将科学课程作为8门核心课程之一，十分注重小学生的科学教育。此次制定全国统一课程标准，最先制定的就是科学课程标准，可见对科学课程的重视程度。从我国科学教育的历程来看，在2001年以前只有自然教学大纲，没有正式的科学课程标准。近十几年来，世界各国都加大了科学课程改革的力度，注重小学生对周围世界与生俱来的探究兴趣和需要，强调用符合小学生年龄特点的方式学习科学，提倡科学课程贴近小学生的生活。在此理念和思想的指引下，我国制定了第一个小学科学课程标准。虽然有了科学课程标准，但是在实际应用中，科学课程一般被视为"副科"，在整个小学课程中所占的比重很少，有时甚至会让位于语文、数学、英语这些"主科"。

两国对于科学课程的定位不同，很大程度上是由于不同的社会文化背景差异决定的。澳大利亚原是英国的殖民地，早期就有科学教育，随着经济的发展，澳大利亚意识到科学教育对于提高公民基本素质以及提高国家的综合竞争力的重要性。所以，澳大利亚将科学、艺术、英语、健康及身体教育、外语、数学、社会和环境研究，以及技术视为八门核心课程，促进学生的全面发展。而我国应试教育愈演愈烈，教学内容大都是为考试服务，忽视了学生的全面发展。

通过两国科学课程定位的分析，我们发现，目前我国对科学教育的重视程度远远不如澳大利亚。我国应更加重视小学生的科学教育，真正落实科学课程的理念，全面提高小学生的科学素养。

三、课程定位与理念比较

在当今科学技术飞速发展的社会，科学教育理论和实践的发展给科学教育的改革提供了新的思想观念，科学课程标准需要在基本思想上提供正确而鲜明的指导。

（一）课程定位比较

随着科学技术的飞速发展，各个国家越来越重视本国的小学科学教育，人们对于小学科学课程的定位也有了不同的见解。小学科学课程应该以从小培养学生的"科学素养"为整体目标，以"探究"为教学的重点，关注探究学习过程[①]。

澳大利亚全国统一国家课程标准没有对科学这门课程的课程定位单独进行详细论述，而是在基本理念中加以渗透。澳大利亚《标准》强调：科学课程为学生们明白重要的科学概念和过程，增长科学知识，明白科学对于社会的贡献，知道科学在我们生活中的应用提供了机会；这门课程不仅使学生学习科学知识、应用科学知识，而且强调学生个人价值的追求，形成学生的"科学素养"。小学科学课程标准没有对"科学素养"进行详细说明，但是将"科学素养"作为一般能力加以要求，更强调培养小学生"科学素养"的重要性。

我国《标准》强调指出："小学科学课程是以培养科学素养为宗旨的科学启蒙课程。"所谓宗旨是指课程所要达到的主要目的。我国科学课程标准对如何培养科学素养进行了详细描述。首先，我国科学课程标准强调，科学课程教育的目的是"培养学生的科学素养"。"科学素养"比科学知识的内容更加丰富，除了科学知识，它还包括科学过程、科学方法、科学态度、科学价值观、科学伦理等内容。以培养学生的科学素养为宗旨，在目标上涵盖了知识、技能、情感、态度、价值观、能力等要素。以往的"自然"学科主要以学习与周围自然现象相关的知识为主，包括有关的技能、兴趣以及热爱祖国、爱家乡、爱大自然的情感，而当代小学科学教育则强调通过学习当代科学知识、科学探究技能以及科学的情感态度与价值观，使小学生不仅能够理解科学知识，而且掌握科学技能、培养科学态度、树立科学价值观，正确解决现实生活中遇到的科学问题。其次，我国小

---

①熊艳《中英小学科学课程标准比较研究》，北京：首都师范大学（硕士学位论文），2006 年。

学科学课程定位为科学启蒙。"启蒙"是指科学教育不是单调进行知识的传授和方法的练习，而是在小学生已有的知识经验基础之上，从小学生熟悉的身边事物中提取科学内容，让他们在活动中获得知识，养成兴趣，练习方法，为后继的科学学习打下坚实的基础①。科学素养的形成过程是漫长的，而小学阶段是儿童身心发展的关键时期，所以，这阶段的科学教育将对他们后来的科学学习以及科学素养的形成有着决定性的影响。

（二）基本理念比较

小学科学课程的基本理念是指小学科学课程的总体原则。随着社会的进步、科学技术的发展，对小学科学教育也提出了不同的要求，研究者们从不同的角度为本国科学教育的发展出谋划策。在不同时期，世界各国的教育理念也不完全一样，而这些理念指导着小学科学课程的发展。

表 9-2 中国与澳大利亚科学课程基本理念比较

中国	澳大利亚
面向全体学生	科学课程注重学习者的多样性，面向全体学生
学生是科学学习的主体	要求学生追求自己的个人价值
科学学习要以探究为核心	让学生经历科学发现的喜悦
科学课程的内容要满足社会和学生双方面的需要	
科学课程应具有开放性	科学是不断变化的、合作的和富有创造力的
科学课程的评价应能促进科学素养的形成与发展	
	科学课程注重与其他学习领域的联系
	培养他们对周围世界的自然好奇心，并在此过程中发展批判性思维和创造性思维

澳大利亚全国统一科学课程标准关于基本理念的具体阐述很少，所以对于科学课程基本理念的探究必须考虑到澳大利亚小学科学课程标准的整体要

---

①潘洪建《小学自然·科学课程 60 年（1949—2009）》，长春：吉林出版集团有限责任公司，2012 年，第 192 页。

求。其科学课程标准强调："科学是不断变化的、合作的和富有创造力的；且科学知识是可争论的和改进的，是经过提炼的，并且在新证据出现时是可以扩大的。"指出了科学知识的动态特点，教给学生正确的知识观。另外不仅要求学生学会应用科学，还要求学生追求自己的个人价值："让学生经历科学发现的喜悦，培养他们对周围世界的自然好奇心，并在此过程中发展批判性思维和创造性思维。"除此之外，科学课程注重学习者的多样性，面向全体学生。根据学生当前的学习来制订教学和学习计划，且不受学生个人的性别、语言、性取向、怀孕、文化、种族、宗教、健康或残疾、社会经济背景或地理位置的限制。另外，科学课程注重与其他学习领域的联系，"科学的学习包括使用在其他领域学到的技能，尤其是在英语、数学和历史方面"[1]，强调加强学科之间的联系，通过科学课程的学习促进其他领域的学习。

我国小学科学课程标准以《基础教育课程改革纲要（试行）》为依据，从小学科学课程的性质、特点出发，提出小学科学课程的基本思想，改变了过去的"知识中心""课本中心""课堂中心""教师中心"等传统思想、传统观念，代之以主体教育观、开放教育观、科学探究等新思想、新观念[2]。

可以看出，相对于澳大利亚而言，我国《标准》对基本理念的阐述更为细致和详细，一目了然，使教师能够准确地把握科学课程的思想。

（三）比较分析

1.两国都以学生为主体，以探究为核心，体现了世界课程开发的共同趋势

我国与澳大利亚科学课程的基本思想方向一致，都强调以学生为主体，以探究为核心的精神。如我国《标准》指出：学生对周围的世界具有强烈的好奇心和积极的探究欲，学习科学应该是他们主动参与和能动的过程。科学课程必须建立在满足学生发展需要和已有经验的基础之上，提供他们能直接

---

①ACARA《澳大利亚科学课程第 3 版》，澳大利亚教育部网站，2012–1–23。
②郝京华《全日制义务教育科学（3—6 年级）课程标准解读》，武汉：湖北教育出版社，2002 年。

参与的各种科学探究活动，让他们自己提出问题、解决问题。探究既是科学学习的目标，又是科学学习的方式。亲身经历以探究为主的学习活动是学生学习科学的主要途径。科学课程应向学生提供充分的科学探究机会，使他们在像科学家那样进行科学探究的过程中，体验学习科学的乐趣，增长科学探究能力，获取科学知识，形成尊重事实、善于质疑的科学态度，了解科学发展的历史。

其原因在于两国科学课程的设计都基于建构主义理论。建构主义认为：知识是由人主动建构的，而不是被动接受的。与一般人们所认为的"外部输入—内部生成"模式相反，建构主义认为知识不是从外部输入到人的心灵的，而是在人与外界相互作用的过程中从人的心灵内部建立起来的。而且每个人都从自己特定的经验背景出发来建构知识，给世界赋予意义。由于各人的经验背景不同，构建出来的知识也必然不同。我国强调学生的主体性，澳大利亚要求学生"经历科学发现的喜悦，并且培养他们对周围世界的自然好奇心，发展批判性思维和创造性思维，并且挑战自我：发现问题、找出证据并用科学方法进行总结"。建构主义是两国课程标准的主导理论基础，普及科学、以学生为主体、以探究为核心等理念都是建构主义所持有的观点。

2.都注重课程的开放性，满足学生的不同发展需要

科学课程应具有开放性。我国《标准》指出，课程的开放性体现在两个方面，一是课程在学习内容、活动组织、作业与练习、评价等方面应该给教师、学生提供选择的机会和创新的空间，使得课程可以最大限度地满足不同地区、不同经验背景的学生学习科学的需要。二是要引导学生利用广泛存在于学校、家庭、社会、大自然、网络和各种媒体中的多种资源进行科学学习，将学生的科学学习置于广阔的背景之中，帮助他们不断扩展对周围世界科学现象的体验，并丰富他们的学习经历。澳大利亚则致力于为所有学生发展高质量的课程，促进卓越和教育公平。

我国强调课程应具有开放性，这是我们教育的历史所决定的。在新课改之前，我国的教育一直是封闭式的教育，教师的教学活动都是紧紧围绕教科

书进行，不敢越雷池半步。在这种教育环境下，学生们是"读死书"，虽然可能考试成绩优秀，但是自身全面素质得不到发展，与发达国家学生之间的差距也越来越大。在这种背景下，我们强调课程的开放性要求，根据学生的不同学习程度灵活教学，并且学生的学习不能仅仅局限于课本，还可以利用学校、家庭、社会等资源进行学习。

澳大利亚是不同民族的独特组合，除了澳大利亚原住民，还有许多移民和移民的后代，他们在过去的两个世纪中来到澳大利亚。迄今为止，已有来自二百多个不同国家的人民在澳大利亚安家落户。澳大利亚接受并尊重全体澳大利亚公民所享有的展示和共享其各自文化传统的权利；尊重所有文化，赋予全体澳大利亚人在不违反法律的前提下表达其各自的文化和宗教信仰的权利；全体澳大利亚人享受平等待遇和机会，共同创造没有种族、文化、宗教信仰、语言、居住区、性别或出生地歧视的国家生活。澳大利亚复杂的文化背景决定了科学课程具有开放性，无论是教学还是课程评价方面都比较灵活，体现了教育公平原则。

3.课程各有侧重，体现不同的发展需要

我国小学科学课程标准一开始就指出了科学课程的性质：小学科学课程是以培养科学素养为宗旨的科学启蒙课程。强调培养学生的"科学素养"。"科学素养"比科学知识的内容更加丰富，除了科学知识，它还包括科学过程、科学方法、科学态度、科学价值观、科学伦理等内容。澳大利亚科学《标准》指出：科学为学生们明白重要的科学概念和过程、增长科学知识、明白科学对于我们文化和社会的贡献、知道科学在我们生活中的应用提供了机会。澳大利亚科学课程更强调学习科学知识，知道科学与现实生活的联系以及实现个人价值的追求。

两国的侧重点不同，是因为两国小学生的科学素养现状存在差异。澳大利亚一直非常重视对小学生进行科学教育，小学生的科学素养较高，澳大利亚根据时代发展的需要，将小学科学课程的学习重点放在与现实生活的联系方面，更体现了科学课程的现实意义。而我国一直缺乏对科学教育的重视，公民的科学素养水平与发达国家相比较存在很大差距。目前，我国公民科学素养水平还很低，所以我国在此次科学课程标准中将提高小学生的科学素养作为科学课程的最终目标。

四、课程目标与内容比较

澳大利亚科学课程总目标在于促进学生发展，在七个方面对学生发展提出了要求。为了便于实现这些发展，课程目标被分为三个维度，这三个维度分别是科学理解、人类科学史和科学探究技能。我国小学科学课程目标分为总目标和分目标两部分。总目标要求"通过科学课程的学习，知道与周围常见事物有关的浅显的科学知识，并能应用于日常生活，逐渐养成科学的行为习惯和生活习惯；了解科学探究的过程和方法，尝试应用于科学探究活动，逐步学会科学地看问题、想问题；保持和发展对周围世界的好奇心与求知欲，形成大胆想象、尊重证据、敢于创新的科学态度和爱科学、爱家乡、爱祖国的情感；亲近自然、欣赏自然、珍爱生命，积极参与资源和环境的保护，关心科技的新发展"。分目标则从三个维度：科学探究、情感态度与价值观和科学知识详细阐述。

表 9-3 中国与澳大利亚三维目标

中国	澳大利亚
科学知识	科学探究技能
情感态度与价值观	科学知识
科学探究技能	人类科学史

澳大利亚小学科学课程内容是按照年级段分别进行阐述的，每一个年级段内容都包括科学理解、人类科学史和科学探究技能三个维度的内容。其中科学理解包括生物科学、化学科学、地球和空间科学、物理科学等内容。标准对每一年级的科学学习内容都作了详尽的阐述。我国小学科学课程标准的内容则没有依据每个年级段进行阐述，而是综合分成五个方面进行描述，这五个方面分别是：科学探究、情感态度与价值观、生命世界、物质世界、地球与宇宙，并且每一方面的内容要求逐渐深入。

表 9-4　中国与澳大利亚小学科学课程内容

中国	澳大利亚
科学探究	科学探究
情感态度与价值观	人类科学史
生命世界	生物科学
物质世界	物理科学
	化学科学
地球与宇宙	地球与空间科学

由表 9-4 可知，我国和澳大利亚两国科学课程在内容安排上都符合小学生的年龄特征，不仅有小学生需要学习的科学知识，还注重小学生科学精神的培养以及科学探究技能的学习，课程内容安排相似。只是澳大利亚将物质世界细分为"物理科学"和"化学科学"两部分，这样安排更有利于学生对物质世界进行分类学习。此外，澳大利亚科学课程中的"人类科学史"的引入给我国提供了很好的借鉴，在以后的科学课程改革中，我国也应意识到科学史是当代科学教育不可或缺的一部分，并在科学课程中渗透科学史的教育。

（一）科学探究

1.科学课程目标中的科学探究比较

科学课程标准把科学探究作为一种课程目标，其实这更应当是一种学习方式。教师在科学教学活动中应创设合适的情境，引发学生的兴趣，学生主动参与科学活动，感受科学、领悟科学，从而增长科学知识，培养科学情感。科学探究包括两层含义，一是作为一种教学方式的科学探究，这种方式在于帮助学生理解科学知识；另一种是作为学习结果的科学探究，使学生根据已学的科学内容开展探究活动，形成科学素养。

澳大利亚《标准》在探究技能目标中详细介绍了科学探究的技能，主要包括以下方面：发问和预测，即识别和构建问题，提出假设并猜想可能的结果；计划和实施，即作出有关如何调查和解决问题的策略并实施调研；操作和分析数据信息，即处理数据，确定数据间的趋势和关系；评估，即参考证据考虑可用数据的质量或重要性；交流，即以合适的方式、文本形式或模式呈现所要传达的信息或思想①。在这些过程中，特别强调搜集和分析数据是至关重要的，包括以表格、曲线图、流线图、标会图、散文、要领、电子数据表和数据库的形式重组数据。

我国《标准》中，科学探究目标同样贯穿在探究能力的培养之中。不仅要学会科学探究，同时也要理解科学探究，并有一定的思维判断能力，对探究结果予以分析。强调小学生对科学探究本身意义的理解。科学探究的目标在于小学生不仅动手而且动脑，以达到科学素养的培养要求。相较而言，我国对科学探究技能的要求更加深入。

2.科学课程内容中的科学探究比较

科学探究已经成为当今科学教育最主要的内容，我国《标准》中的"内容标准"的第一部分就是科学探究，体现了对科学探究技能的重视；澳大利亚《标准》中的第三部分也强调科学探究技能的学习。科学探究过程不仅仅包括提出问题、猜想结果、制订计划、观察、实验、制作、搜集证据、表达与交流等活动步骤，还包括认识科学探究。由此可见，探究式学习已经成为世界各国学习科学课程的主要方式。

表 9-5 中国与澳大利亚科学探究技能比较

中国	澳大利亚
认识科学探究	
提出问题	提问与预测
猜想与假设	
制订计划	计划和执行
观察、实验、制作	
搜集整理信息	处理和分析数据和信息
思考与结论	评估
表达与交流	交流

①ACARA《澳大利亚科学课程第3版》，澳大利亚教育部网站，2012-1-23。

从表 9-5 可以看出，我国和澳大利亚科学探究技能的步骤相差不大。但是我国对科学探究的描述更为详细，并且在探究教学的 8 个步骤中都有具体的内容标准说明，同时还带有"活动建议"，特别是增加了"认识科学探究"这一环节。"认识科学探究"能使学生们对科学探究有初步的了解，为接下来探究过程的实施作铺垫。我国科学探究过程有利于教材编写人员和小学科学教师从整体上理解科学探究，以便小学科学教师在教学活动中更好地开展教学。相比之下，澳大利亚的科学探究技能的阐述则比我国简洁得多，在每个年级首先总体说明内容，然后具体阐述。澳大利亚的科学探究内容更倾向于指导小学科学教师进行教学，对小学科学教学中科学探究活动的指导更直接。

（二）情感态度与价值观

1.科学课程目标中情感态度与价值观比较

是否关注小学生的情感态度与价值观发展，是当代科学素养目标与过去科学教学目标的一个重要区别，情感态度与价值观目标体现了时代精神。传统的科学教学目标更关心的是小学生在知识、技能等方面的发展，极少关注他们对于科学的态度以及内心的情感体验。如果涉及情感态度与价值观也仅仅是关心学生的兴趣而已。学生对于科学的情感态度与价值观是科学素养中最重要的部分。因此，要注重对小学生情感态度与价值观的培养。

澳大利亚《标准》中的"人类科学史"目标是一个比较新的发展目标。科学史反映了科学的产生、发展以及演变的规律，同时也是人类认识自然和改变自然的历史。它是人类发展历程中的一份宝贵财富，也是科学教育的重要组成部分。人类科学史不仅仅包括情感态度价值观，而且还包括了科学史观、科学伦理观等，充分体现了科学史、科学社会学和科学哲学的教育思想[1]。重视科学史教育，把科学的思想观念、典型事例、演变发展过程融入科学课程与教学之中，已成为当代科学教育改革与发展的一大特点。综观当代世界

---

[1] 徐玉红、高芳、周华松《澳大利亚科学课程标准分析与启示》，《当代教育论坛》2011 年第 4 期。

范围内的科学教育改革实践，人们越来越重视科学史在科学教学中的作用，科学史正在从科学教育的边缘进入科学教育的中心①。澳大利亚科学课程人类科学史主要有两方面：科学的本质和发展、科学的用途和影响。在科学史方面，我国小学科学课程还没有涉及，澳大利亚将人类科学史引入科学课程是科学课程上的一大创新，非常值得我国借鉴。

我国《标准》第一次出现"情感态度与价值观"目标。情感态度与价值观是科学素养的重要组成部分。情感主要是指一个人的感情指向和情绪体验；态度是指一个人在自身道德观念和价值观基础上对事物的评价和行为倾向；科学价值观是指用科学的世界观和方法论来看待某一事物所具有的价值，它决定着人们的外在表现，情感目标是科学素养的重要构成部分。

2.科学课程内容中情感态度与价值观比较

澳大利亚科学课程中的情感态度与价值观内容是蕴含在"人类科学史"这一部分中的。人类科学史不仅包含情感态度与价值观，还包含了科学史观、科学伦理观等内容。人类科学史内容包括两部分：科学的本质和发展、科学的应用和影响。这两部分不仅能够发展学生的科学精神，同时让学生关注与他们生活密切相关的问题，关注原住民的历史和文化。

我国《标准》单独将情感态度与价值观作为学习内容，包括：对待科学学习，对待科学，对待自然，对待科学、技术和社会的关系这四个方面。对情感态度与价值观的描述非常详细，不仅包括具体内容标准，还包括活动建议，这有助于教师在实际科学教学中操作，对教师的教学提供了有益指导。与我国更关注对小学生科学的情感态度与价值观的培养不同，澳大利亚小学科学则更倾向于培养小学生的科学史观以及让小学生了解科学的影响，至于科学情感态度与价值观的教育则融合到了整个科学的学习中。

（三）科学知识

小学科学课程内容的选择，不仅要考虑当今飞速发展的科技，将最新的

①张磊《关于生物学科学史教育的一些思考》，《生物学教学》2009年第1期。

科学研究成果呈现给学生，而且要选取那些最贴近学生生活并促进学生发展的知识，更重要的是，科学内容的安排要充分考虑小学生的身心发展特征，并以他们感兴趣的方式进行编排。这些科学知识应当来源于儿童身边的自然、社会和生活。

表9-6　中国与澳大利亚科学总体课程内容比较

中国	澳大利亚
生命世界	生物科学
	化学科学
物质世界	物理科学
地球与宇宙	地球、太空科学

由表9-6可以看出，澳大利亚小学科学内容主要有生物科学、化学科学、地球空间科学和物理科学。大纲对每一个年级均从四个方面进行说明与详细阐述。澳大利亚根据每一年级学生的身心发展特征编排学习内容，符合学生的认知特点，且反映当代和未来问题，例如可持续、澳大利亚的水资源、健康、遗传学应用、可再生资源、全球变暖、气候变化、技术创新和工程等。

1.生命世界内容比较

"生命世界"的内容旨在让小学生们认识多种生活在不同环境中的不同种类的生物，进而对与我们息息相关的多种生物有比较全面的认识。学生们对这些事物有很强的好奇心，可以激发起他们学习的兴趣与自信心。

澳大利亚小学科学按年级对每一年级分别阐述"生命世界"的内容，而我国小学科学课程则将"生命世界"内容分为"多样的生物""生命的共同特征""生物与环境""健康生活"四部分进行阐述。

表 9-7 中国与澳大利亚小学科学"生命世界"内容比较

中国《标准》			澳大利亚《标准》（小学部分）		
主题	主要内容	细分内容	主题	学段	主要内容
生命世界	多样的生物	常见的植物	生物科学	幼儿园至 1 年级	生物有基本的需要；生物具有各种各样的外部特征，因不同的需求生活在不同的地方
				2 年级	万物生长、变化并且会有类似于他们自己的后代
		常见的动物		3 年级	根据生物的显著特征，可以对生物进行分组，可以将生物从非生物中区分出来。
		常见的其他生物		4 年级	所有的生物都有生命周期；所有生物包括动物和植物是相互依存的，而且它们还要依赖环境而生存
	生命的共同特征	动植物的一生		5 年级	所有的生物都有其结构特征，以帮助它们在环境中适应、生存下来
		生物的繁殖			
		生物的结构和功能			
		生物的基本需要			
		遗传现象			
	生物与环境	生物对环境的适应		6 年级	生物的生长、存活是受它们所处环境和物理条件影响的
		进化现象			
	健康生活	生理与健康			
		生长发育			
		良好生活习惯			

从表 9-7 可以看出，我国与澳大利亚小学科学"生命世界"的内容相近，体现了两国对生命世界内容的理解是一致的。但是，我国比澳大利亚多出了"健康生活"这部分学习内容。"健康生活"旨在培养小学生良好的生活习惯，这部分内容与小学生的日常生活密切联系，从而使"生命世界"内容贴近小学生的生活，并且"健康生活"内容的学习能为小学生品德的形成奠定

坚实的基础。在编排上，我国将"生命世界"分成四个子部分进行阐述，化整体为部分，照顾到了小学生学习的特点，有利于小学生知识的获得。而澳大利亚对于"生物科学"的安排则是按年级进行叙述，内容由浅入深，循序渐进，有利于学生系统地学习。虽然两国课程内容在编排上不一样，但均有利于学生进行学习，促进学生的发展。

2.物质世界内容比较

物质世界和生命世界一样，同样精彩纷呈。通过对"物质世界"的学习，可以使学生们加深对周围世界中物质的理解，不仅仅知道表面特征，并且懂得它们的内部特征以及变化原理。

表 9-8　中国与澳大利亚小学科学"物质世界"内容比较

中国《标准》			澳大利亚《标准》（小学部分）		
主题	主要内容	细分内容	主题	学段	主要内容
物质世界	物体与物质	物体的特征	化学科学和物理科学	幼儿园	由材料做成的物体具有可观测性能；对象在多种因素下移动的方式；对象的大小和形状
		材料的性质与用途		1年级	日常材料可以通过各种各样的方法发生物理上的变化；光和声音是一系列感官的来源
		物质的变化		2年级	不同的物质可以组合在一起；物体通过推力或拉力可以移动或改变形状
		物质的利用		3年级	增加或减少热量会引起物质固态和液态的相互转化；热量可以以多种形式产生并从一个物体转移到另一个物体

续表 9-8

中国《标准》			澳大利亚《标准》（小学部分）		
主题	主要内容	细分内容	主题	学段	主要内容
物质世界	运动与力	位置与运动	化学科学和物理科学	4年级	自然及合成材料都有一系列的物理属性；力可以通过直接接触或从一定距离下从一个物体施加于另一个物体上
		常见的力			
		简单机械			
	能量的表现形式	声音的产生与传播		5年级	固体、液体和气体都有不同的可观察的特性，它们以不同的形式表现出来；光从源头发出来会形成影子，会被吸收、反射和折射
		热现象			
		光的传播			
		简单电路		6年级	可逆性物质变化，诸如熔化、结冰、蒸发；或者不可逆的物质变化，诸如燃烧和生锈；电流提供了一种电能的转移和转化方式
		磁现象			
		能量的转换			

　　从表 9-8 可以看出，我国小学科学"物质世界"主要涵盖物理科学，而没有涉及化学科学，而澳大利亚小学科学内容则将"物质世界"分为"物理科学"和"化学科学"两类，内容更加深入。之所以有这样的区别，是因为澳大利亚将科学课程作为学生学习的主要科目之一，与英语、数学等课程居同等地位，对学生学习科学课程的要求比我国高，相应的科学内容也就比较深入。我国虽然开始重视科学在小学课程中的地位，但是由于长期以来对科学课程的忽视，重视程度没有澳大利亚高，学习内容也没有澳大利亚深入。但是，我国在物理科学上比澳大利亚增加了"简单电路"和"磁现象"内容，这使得对于物理科学的学习又更加深入。通过对"物质世界"内容的分析，我国在小学阶段可以适当加入"化学科学"的内容，为以后进一步学习做铺垫。

　　3.地球与宇宙内容比较

　　在日常生活中，小学生们经常接触到"地球""宇宙"等词，但是他们对于这些词缺乏具体了解。通过"地球与宇宙"内容的学习，学生们可以了解他们生存的地球以及整个宇宙，知道地球的概貌和组成物质以及因地球的运动而引起的各种变化。

表 9-9 中国与澳大利亚小学科学"地球与宇宙"内容比较

中国《标准》			澳大利亚《标准》		
主题	主要内容	细分内容	主题	学段	主要内容
地球与宇宙	地球的概貌与地球的物质	地球的概貌	地球与空间科学	幼儿园	我们环境的日常和季节性变化包括天气变化，影响日常生活
		地球的物质			
	地球运动与所引起的变化	地球运动与天气变化		1 年级	观察发生在天空中的变化和景观
		地球运动与昼夜变化		2 年级	地球的各种物质包括水有各种利用途径
		地球运动与地表变化		3 年级	地球的自转引起包括昼夜交替在内的规律性变化
		地球运动与四季变换		4 年级	地球表面会随着时间变化，而这些变化是由自然发展和人类活动共同带来的
	天空中的星体	太阳和月球		5 年级	地球是围绕太阳运转的众多星球中的一颗
		太阳系、银河系及宇宙空间		6 年级	突如其来的地质变化和极端气候条件对地球表面的影响
		探索宇宙的历史			

观察表 9-9 可以发现，我国小学科学课程"地球与宇宙"内容不仅仅介绍了地球的概貌与运动等等，而且延伸至整个宇宙，包括太阳、月球、太阳系、银河系及宇宙空间。范围更为扩大，更开阔了小学生的视野，知识也更为丰富。而澳大利亚则仅仅是学习地球的有关特征，并没有延伸至整个宇宙空间，学习范围比我国小。这是由两国对于"地球与宇宙"学习内容要求的不同决定的。但是有关地球的知识两国相差不大。

我国小学科学内容与澳大利亚相比，相差不大。具体内容包括生命世界、物质世界、地球与宇宙三个部分。对于每一部分都给予详细阐述并且给出活动建议，有利于教师进行实际操作。两国科学课程内容差别不大，内容趋向一致，虽然在内容安排上略有不同，但是实质内容是相同的。这反映了两国的科学课程都旨在让学生接触生动活泼的生命世界，了解生存的环境，知道物体的属性以及物体的变化特性。

（四）比较分析

1.三维目标相似，体现课程开发共同理念

我国小学科学课程标准中将目标分为三个方面，分别是科学知识、情感态度与价值观、科学探究技能。三个方面的目标相互联系，共同形成了学生的科学素养要求。在科学知识内容中也分别对这三个方面内容进行阐述，三维目标贯穿于整个科学课程内容。澳大利亚科学课程也有三个方面目标，分别是科学知识、人类科学史、科学探究，并且科学内容也是围绕这三个方面展开，两国的三维课程目标极其相似。科学知识、科学探究技能是两国《标准》共有的部分，唯一不同的是我国有情感态度与价值观，而澳大利亚有人类科学史。仔细分析发现，虽然名称不一样，但是这两个维度蕴含的内容有很多相似之处。人类科学史内容包括情感态度与价值观内容，同时还包含了科学史观、科学伦理观等内容。与我国相比，澳大利亚人类科学史内容更加深入。

两国科学课程目标相似，体现了科学课程开发的共同理念。科学课程理念强调"科学学习要以探究为核心"，探究既是科学学习的目标，又是科学学习的方式。亲身经历以探究为主的学习活动是学生学习科学的主要途径，所以两国在科学课程学习中均注重学生探究技能的学习。科学课程让学生们在学习科学知识的同时，还要让他们经历科学发现的喜悦，并且培养他们对周围世界的自然好奇心。在此过程中，他们发展了批判性思维和创造性思维，并且挑战自我，培养了情感态度与价值观。

2.课程目标取向多样化，促进学生全面发展

中澳两国小学科学课程目标既有普遍性的目标取向、行为目标取向，同时又有生成性目标取向，目标取向的多样化将有助于学生的全面发展。

所谓"普遍性目标"是"基于经验、哲学观或伦理观、意识形态或社会

政治需要而引出的一般教育宗旨或原则，这些宗旨或原则直接运用于课程领域，成为课程领域一般性、规范性的指导方针"。课程标准中"爱科学""爱家乡""爱祖国的情感"等表述都是普遍性目标取向的很好体现。

"行为性目标"是从具体的、外显的行为角度提出的目标，它指出课程或某一阶段学习内容结束后学生行为发生的变化。如我国《标准》中"知道与周围常见事物有关的浅显的科学知识，并能应用于日常生活，逐渐养成科学的行为习惯和生活习惯"；澳大利亚《标准》中"了解科学探究的性质和使用一系列科学调查方法，对当前和未来科学应用中的问题作出明智的、基于证据的决定"，这些都是行为性目标的要求。

"生成性目标"是指在实际教学情境中随着教学过程的展开而自然生成的目标，它是教育情境的产物，产生于教育过程当中。如我国《标准》中"能运用已有知识作出自己对问题的假想答案""能根据假想答案，制订简单的科学探究活动计划"；澳大利亚《标准》中"基于证据基础作出判断的能力"，这些都是生成性目标要求，这一目标有助于学生发展，但是在实际操作过程中对教师和学生的要求较高。

从以上分析可以看出，我国与澳大利亚小学科学课程目标都是基于行为主义和建构主义的视角之上，而建构主义视角又占主要地位。行为主义目标强调的是学习者行为的改变，我国小学科学课程目标的"知识与技能"目标以及澳大利亚科学课程目标中的"科学知识"目标都是行为目标的体现。建构主义的视角关注的是学习者内部智力结构和过程（有时分别以"图式"和"认知结构"命名）的习得，它们都是成功的学习所必需的[①]。在我国科学课程目标中，"过程与方法""情感态度与价值观"目标，以及澳大利亚科学课程目标中的"科学探究技能"和"人类科学史"目标，都是建构主义视角的很好体现。

---

① ［美］乔治·J·波斯纳《课程分析》，钟启泉、赵中建译，上海：华东师范大学出版社，2007年，第150页。

3.科学内容循序渐进，符合学生的认知发展规律

西方国家在小学科学内容选择上已经积累了丰富的经验，为我国提供了很好的借鉴。所以，综观世界小学科学课程内容的设置，存在着很大的相似性，如都强调"大科学观"，即强调科学知识的内在联系、与社会生活的联系、与学生经验的联系，科学知识的范围较广。中澳两国科学内容相似。

在内容安排上，两国都遵循知识的内在联系，课程内容循序渐进，符合小学生的认知发展规律。澳大利亚在安排课程内容时以年级为单位，在每一年级都给出三维目标的具体学习内容，随着年级的增长，知识深度也逐步递增。我国课程内容不是以年级进行划分，而是以三维目标进行分类，详细阐述每一目标所要学习的内容。在每一维度中，课程内容由浅入深，层层递进。

两国课程内容的安排，一是受知识间的内在联系的制约，新知识的学习必须建立在原有相关知识的基础之上，复杂知识必须以简单知识为依托。二是由学生的认知发展规律决定。学生的认知发展制约着教学的内容和方法。学科教学应研究如何对不同发展阶段的学生提出既不超出其能力，又能促进他们向更高阶段发展的内容。两国课程内容的安排符合小学生的认知发展。

（四）课程目标侧重不同，凸显不同教育水平

我国课程标准首次提出"情感态度与价值观"目标，非常重视小学生科学的情感态度与价值观的培养。而澳大利亚则更侧重于科学知识、科学探究技能的学习，以及注重科学在日常生活中的运用。

我国对培养学生的情感态度与价值观高度重视，这是因为科学精神的发源地是在西方，相对于发达的西方国家而言，我国公民的科学精神在一定程度上是有所欠缺的。所以我国更加重视对学生科学精神的培养，这也是符合我国当前科学教育国情的。我国小学生的科学精神还很欠缺，远不及发达国家，所以必须重视小学生情感态度与价值观的培养。而澳大利亚则相对重视科学理解、科学探究技能的学习，这也是根据澳大利亚科学教育的现状决定的。澳大利亚的小学科学教育历史悠久，小学生已经养成了一定的科学精神，所以课程标准中对于学生科学精神的要求则不那么突出。当今社会对科学技

术要求日益提高，而密切科学与实际生活的联系，将科学知识、方法运用于现实生活，符合社会发展的要求。

综上所述，中澳两国课程目标相似，课程内容循序渐进、逐步深入，符合小学生的认知发展规律，课程目标取向多样化。但是两国的课程目标侧重不同，凸显了两国不同的科学教育水平。

五、课程评价比较

澳大利亚科学课程的评价有几个不同的层次：①以检测为目的的、在教室正在进行的形成性评价，教师告知学生学习的结果，学生对教师的评价作出反馈；②以学校告知家长的每年两次的报告为形式的终结性评价，且照顾学生的进展和成就；③每年对3、5、7和9年级学生在识字和算术方面的成绩水平的测试，是进行全国评估计划——识字和算术的一部分（NAPLAN）；④在澳大利亚课程学习的具体地区的定期抽样测试，作为国家评估计划的一部分（NAP）[①]。

我国小学科学课程标准设有"评价建议"这部分，并且从"充分明确评价的目的、准确把握评价的内容、灵活运用评价方法"三个方面加以阐述。"评价建议"部分强调评价体系能够为教师的教学提供反馈、提高教学质量，不仅如此，还能够促进学生的全面发展，突出了评价的发展性功能，从而有别于以往评价只注重甄别和选拔的功能。

（一）评价方式比较

单一的评价方式已经不再适应当今科学课程发展的需求，取而代之的是多样化的课程评价方式。澳大利亚科学课程标准中没有具体列举评价方式，但是强调评估要经过长期的了解，既有以检测为目的的在教室正在进行的形成性评价，同时也要有学校告知家长的每年两次的报告这样的终结性评价。同时强调评价方式的多样化。澳大利亚特别注重收集详细的诊断信息，信息

---

①ACARA《澳大利亚科学课程第3版》，澳大利亚教育部网站，2012-1-23。

显示了学生已经知道、理解了什么并且能够证明，还显示了学生需要做什么来提高。特别强调"科学探究技能"和"人类科学史"需要这种评估方法。

我国科学课程的评价方法主要有：教师观察、与学生谈话、杰出表现记录、测验与考试、活动产品分析、学生成长记录袋、评定量表、作业法、短周期作业、长周期作业、评议法。可以看出，我国科学课程评价方式多种多样，教师可以根据科学学习的具体内容以及学生的情况选择最适合的评价方法。在运用评价方式进行评价时也要注意评价主体的多样性，教师不再是唯一的评价主体，学生、家长、关心教育事业的有关组织和人士也可以加入到评价过程中来，在评价中发挥重要作用。

（二）评价内容比较

评价内容是评价的对象，科学课程评价不仅要评价科学知识的掌握情况，而且要评价学生情感态度与价值观的培养，以及科学探究技能的获得，重视知识以外的其他科学素养的评价。

澳大利亚科学课程标准中没有具体说明评价的内容，但是在每一学年对于科学学习的三个维度都给出了评价标准，可以看出，科学内容评价比较全面，不仅有科学知识，而且还有科学探究技能和人类科学史的评价。两个国家的科学评价内容都非常全面，不仅有传统的对科学知识的评价，而且有对科学精神以及科学探究技能的评价标准。我国科学评价的内容主要是三个方面：科学知识、科学探究技能、情感态度与价值观。

（三）评价目的比较

科学课程评价不仅仅是为了考查学生实现课程目标的程度，更是为了改进师生的教与学，改善教学设计，最终促进学生发展。现代评价目的改变了以往过分注重评价的甄别和选拔功能，强调评价促进学生发展、实现自身价值。现代评价更具有激励和调节功能。

澳大利亚小学科学课程标准没有单独说明评价目的，但是可以从描述评估的内容中得知。"教师使用澳大利亚的课程内容和成绩标准首先确定当前的学习水平和成就，然后选择最合适的内容（可能来自数年的水平）来教导学生个人或学生群体……教师应在当前学习基础上建立计划[1]"，由此可以看出，评价的目的是使教师了解学生当前的学习水平，并且根据当前的学习水平制订合适的计划来促进学生的发展。两国的评价目的相似，都是为了更好地促进学生发展。

（四）比较分析

1.两国评价方式多样化，关注个体差异

中澳两国在对学生进行评价时，都强调评价方式的多样化。不仅仅是评价的手段，还包括评价主体、评价时期都不再是一成不变的。包括定性评价与定量评价相结合、形成性评价和终结性评价相结合，等等。

强调评价方式多样化，首先是因为以往我国的课程评价太过于单一。以往都是通过期末考试的形式来评价学生，这种评价只看考试分数。片面的评价方式使得优生受宠、差生受到排斥，影响差生的学习积极性，不利于学生的全面发展。其次，多样化的评价方式有助于关注学生的个体差异。例如形成性评价，即在教学过程中为改进和完善教学活动而进行的评价。这种评价使教师能够及时知道学生的学习情况，对于不同学生的学习情况给出正确指导，全面促进学生进步。

2.两国对评价实施的指导不同，体现不同的重视程度

澳大利亚在教学中实施的具体教学评价有：诊断性评价，教师使用课程内容和成绩标准首先确定当前的学习水平和成就，然后选择最合适的内容来教导学生；形成性评价，及时了解学生的学习进展与问题，提供详细的诊断信息；终结性评价，教师使用成绩标准，在一段时间的教学结束后，对学生表现出的学习质量作出判断。每一年级的科学内容后都有这个年级学生所要达到的成绩标准，教师可以对照成绩标准，运用评价方法进行有效的评价[2]。

而我国的小学科学评价只是一些指导，概括地说明了可以运用的评价方

---

①ACARA《澳大利亚科学课程第3版》，澳大利亚教育部网站，2012-1-23。

②同①。

法以及一些注意事项，却没有详细描述在教学工作中的具体实施。而且科学内容没有与之相对应的成绩标准，教师在实际评价时很难把握学生是否达到评价标准。

澳大利亚高度重视评价在实际教学工作中的实施，并给出具体指导，这方面值得我国学习。

六、澳大利亚《标准》对我国的启示

澳大利亚小学科学课程标准对我国科学教育的启示有以下几点。

（一）重视低年级科学教育，实现课程连贯性

从两国标准可以看出，我国小学阶段科学课程开设是从 3 年级到 6 年级，澳大利亚从幼儿园到 6 年级都开设科学课。我国的小学科学课程是科学启蒙课程，那么既然定位为启蒙课程，就应当重视小学低年级学生的科学教育。

发达国家非常重视低年级科学课程。澳大利亚非常重视小学科学教育，小学科学课程开设已久。加拿大从 20 世纪 80 年代以来就对本国小学科学课程给予高度重视，全国几乎所有的省份都制订了科学教育计划。英国从 20 世纪 60 年代以来就逐步提高了对小学科学课程的重视，并在《1988 年教育改革法》中将"科学"确定为三门核心课程之一。此外，发达国家充分认识到，在小学阶段，儿童对周围事物都有强烈的好奇心和探索欲望，他们乐于动手操作。这一时期是培养小学生的科学兴趣、体验科学过程、发展科学精神的重要时期。

所以，我国小学科学课程应当从小学一年级开始开设，充分利用低年级阶段小学生的好奇心与求知欲望，培养他们的科学兴趣，为他们以后更好地学习科学课程做铺垫。除此之外，还要意识到科学的学习是一个长期的、连贯一致以及不断深化的过程。重视小学低年级的科学教育，建立起从整个小学到中学的连贯的科学教育体系，是十分必要的。

（二）渗透"科学史"内容，跟上科学课程改革步伐

学习科学史不仅仅是了解自然与科学的发展历史、培养学生的情感态度

与价值观，同时包含着科学知识、科学探究技能的学习以及科学在日常生活中的运用。此外，学习科学史可以增加科学教学的趣味性。历史故事总会使课堂变得生动活泼。澳大利亚小学五年级科学课程中学习"描述科学家是如何在一定文化下提高对太阳系的认识"这一内容时，就讲述了哥白尼和伽利略对太阳系的研究。通过讲述这段科学历史，不但可以使学生了解自然与科学的发展，同时增强了学习的趣味性，诱发学生对神奇科学世界的向往，使学生们在轻松、愉悦的氛围中学习知识。可以说，人类科学史正逐步渗透到科学课程中去，学习科学史是了解科学最好的方法。因为科学史反映了科学的产生、发展以及演变的规律，它是人类发展历程中的一份宝贵财富，也是科学教育的重要组成部分。人类科学史不仅仅包括情感态度价值观，而且还包括科学史观、科学伦理观等，包含了科学社会学和科学哲学思想。

综观当代世界科学教育实践，科学史研究日益受到重视。将科学史融入科学课程的教学中去，已经成为欧美发达国家科学教育的重大改革趋势。澳大利亚在 2011 年的全国统一科学课程标准中极大地强调了"科学史"在科学课程中的重要地位与作用，并将此作为科学课程三维目标中的一个，足见澳大利亚科学课程对"科学史"内容的重视，这也顺应了当今世界范围内科学教育的大趋势。

我国的小学科学教育落后于发达国家，科学史的学习还是一片空白。鉴于此，我国应当充分认识到科学史对学习科学的意义，在小学科学课程中渗透科学史教育，这样才能顺应时代的发展，才能使我国的小学科学教育跟上发达国家的步伐。

（三）加强与其他学科联系，实现知识间的融会贯通

澳大利亚《标准》明确强调："科学的学习包括使用在其他领域学到的技能，尤其是在英语、数学和历史方面。"

英语是澳大利亚的母语，科学由识字技能来支持和巩固。学生们在科学学习中需要描述对象和事件、解释说明、阅读并给予指示、给别人解释看法、写报告和程序账户、参与小组讨论并提供论述，这些都需要英语的支

持。在科学中，学生使用简单的表、列表、图片、图表，简单的柱图和线图处理数据。学生们在数学和科学课程中获得使用公制单位的能力。在数学中，学生学习简单的统计方法，这些技能将使学生在科学中能够进行定量数据的分析，加强数学与科学课程密切联系。历史提供了理解科学如何作用的另一种途径。人类科学史是历史发展的一个重要环节。科学技术的历史研究从早期埃及、希腊、中国、阿拉伯等一直延伸到现代不同国家、地区，将帮助学生了解来自世界各地人民的贡献。历史课程对于学生学习科学史有很大帮助。

澳大利亚将科学课程与其他学科密切联系，充分说明了小学生的全面发展是建立在各学科联系的基础之上的。科学课程的学习会使学生发展他们的观察力和想象力，而母语课程的学习使学生获得极大的记忆力、注意力，数学课程的学习则使学生的思维能力得到很大发展，这些科目的综合学习能够促进学生智力的发展。除了智力发展，学生思想道德、身体素质等方面的发展也离不开各学科之间的密切联系。

我国小学科学课程标准则没有强调科学与其他学科的联系，更多的是将科学课程作为一门独立的课程，这样将不利于小学生的全面发展。因此，我国小学科学课程要注重与其他课程的沟通与联系，各学科知识融会贯通，这样能够更好地促进小学生科学课程的学习，进而促进学生的全面发展。

（四）重视评价实施，真正将评价落实到位

澳大利亚《标准》在每一年级都给出了具体的评价标准。如在一年级学习结束后要求学生"能描述他们日常生活中遇到的事物受到材料和物体的影响；识别一些生活环境，并描述生活地方的改变以及建议如何科学地帮助人们关心环境；作出预测，并调查日常现象；按照指示记录和排序观察结果并与他人分享"。二年级的评价标准为"在第二学年末，学生能描述物体、物质和生物的变化；能区分某些物质和资源有不同用途，并且能举出科学在人们日常生活中运用的实例；提出有关自身经历的问题，同时预测调查结果；通过日常测量进行对比观察；按指导记录展示观察报告并和他人交流想法"。这样，教师能够很准确地把握每一阶段的教学目标，并且对照标准分析学生知识获得情况，及时对教学予以调整。

相比之下，我国《标准》中的评价实施部分不是很具体，仅仅是给出了一些评价建议，包括充分明确评价的目的、准确把握评价内容、灵活运用评价方法这三方面。但是这三个方面总体而言比较空泛，对教师的指导性不强。所以，我国应重视评价的实施，给教师以详细指导。例如，在每一年级学习内容后给出本年级的成绩标准，这样，教师就能够对照评价标准，灵活运用评价方法对学生的学习进行有效评价。教师也就能够及时得到反馈，从而更好地促进小学生科学课程的教学。

第十章 中国与新西兰小学科学课程标准比较

新西兰（New Zealand）是一个高度发达的资本主义国家。国土面积268,680平方公里，人口447万（2013年统计）。新西兰国立中小学实行免费教育，对6~15岁青少年进行义务教育。公立学校遍布新西兰各地，由新西兰政府提供全部经费。接受特殊教育的学生（有残疾、学习和行为障碍）年龄可延长到21岁。

一、新西兰小学科学课程标准制定的背景

同多数发达国家一样，新西兰经济、社会、教育改革最直接的诱因也是战后福利国家所面临的危机，其中科学技术的进步是很重要的因素之一。由于福利国家经济面临危机，引发了人们对国家职能和作用的批评和反思。一种自由主义的政治和经济理论，即"新自由主义"的理论思潮逐步占据支配地位。"新自由主义"认为，通过国家干预来促进平等的社会目标的做法应对国家面临的经济萎缩负责，主张限制和减少国家干预。新西兰教育的变化也是受这种新思潮的影响。新自由主义的原则反映到教育领域的结果是按照市场的逻辑对教育进行有争议的结果调整。自20世纪80年代中期起，新西兰政府着手制定国家课程，推进小学课程改革。著名商人Brian Picot发表的皮库特报告（The Picot Report）和政府回应的《明日的学校》通常被视为发起

新西兰教育改革的两个官方政策文件。[①]随后，新西兰进行了一系列的教育改革，于 1993 年正式颁布《新西兰课程框架》，其中科学作为七个基本学习领域之一。

之后，《新西兰国家科学课程标准》代替了新西兰原来一系列的科学课程纲要和指导[②]——科学（1961）、科学（1978）以及科学教育大纲草案和指导（1978）、标准四实验稿（1980）。

二、课程设计框架比较

（一）新西兰小学科学课程标准的基本框架

《新西兰国家科学课程标准》（以下简称"新西兰《标准》"）分为三大部分：

第一部分为前言。包括说明、科学教育的总目标、较高要求的科学教育、大众科学、科学课程的形成与展示、高中和科学、课程实施建议。其中，"大众科学"部分又涵盖"女孩和科学""毛利人和科学""对科学有特殊能力的学生""特殊学生和科学"四个方面。科学课程的形成与展示部分包括学习内容的目标，达到的层次、目标，完成的目的。

第二部分为科学课程内容标准。涵盖科学课程六个领域的具体内容，即"科学本质和科学与技术的关系""科学技能和科学态度""有生命的世界""物理的世界""化学的世界""地球及其他星球"以及活动建议。

第三大部分为附录。包括毛利人词汇表以及通过科学发展本质学习技能与态度的要求。

（二）中国小学科学课程标准的基本框架

我国《全日制义务教育科学（3—6 年级）课程标准（实验稿）》（以下简称"中国《标准》"）的基本框架分为五个部分：

前言。主要阐述了课程性质、基本理念以及设计思路。

---

①余懿《中国与新西兰小学科学课程标准的比较研究》，北京：首都师范大学（硕士学位论文），2007 年。

②占小红、王祖浩《新西兰国家科学课程述评》，《全球教育展望》2005 年第 12 期。

课程目标。分总目标、分目标和各部分目标的相互关系。

内容标准。从科学探究、情感态度与价值观、生命世界、物质世界和地球与宇宙五个方面进行介绍。

实施建议。主要从教学建议、评价建议、课程资源的开发与利用、教材编写建议、教师队伍建设建议和关于科学教学设备和教室的配置进行阐述。

附录。介绍了关于具体目标中行为动词的定义、教学活动的类型与设计以及案例。

表 10-1 中国与新西兰小学科学课程标准组织框架

	中国《标准》	新西兰《标准》
组织框架	前言	前言
		说明
	课程目标	科学教育的总目标
		较高要求的科学教育
		大众科学
		科学课程的形成与展示
		高中和科学
	实施建议	课程实施建议
	内容标准	课程内容标准
	附录	附录

（三）比较与分析

通过对比可以发现，中国和新西兰的科学课程标准均包括前言、课程目标、内容标准、实施建议和附录，但新西兰的框架较中国丰富与复杂。尤其是"课程目标"部分，新西兰标准包含"科学教育的总目标、较高要求的科学教育、大众科学、科学课程的形成与展示、高中和科学"这五个分目标。

中国《标准》则将课程目标分为三个部分：总目标、分目标以及各部分目标的相互关系。旨在让学生通过科学课程的学习，知道与周围常见事物有关的浅显的科学知识，并能应用于日常生活。学生通过学习科学课程，在科学探究、情感态度与价值观和科学知识三大领域有所建树。同时，注重将总目标落实到课程的教学组织、教材编写、教师培训及课程资源配置之中，在实践中，各分目标形成一个完整的体系，融为一体。

三、课程理念比较

（一）基本理念梳理

科学课程标准的基本理念决定了科学课程的改革方向与指导思想。表 10-2 给出了中国与新西兰小学科学课程基本理念的相关描述。

表 10-2　中国与新西兰小学科学课程基本理念的相关描述

	中国《标准》	新西兰《标准》
基本理念	1. 科学课程要面向全体学生	1.科学教育的最高标准必须适用于所有新西兰学生，不论男性还是女性，任何种族和民族，健全或残疾
	2. 学生是科学学习的主体	2.科学课程设置应当承认、尊重和回应对教育有需求、有经验、有成果和观点的学生
	3. 科学学习要以探究为核心 4. 科学课程的内容要满足社会和学生双方面的需要	3.适用于那些在校期间进行正式科学学习的学生，适用于那些对科学特定方面感兴趣并且能够选择一个与科学相关的职业的学生，还适用于那些擅长科学和可能成为我们未来的科学家、技术专家、技术人员、科学教育工作者的学生 4.突出科学知识与技术、社会相融合
	5. 科学课程具有开放性	
	6. 科学课程的评价应能促进科学素养的形成与发展	5.有质量的科学教育要求所有学生消除成就的壁垒并且鼓励他们继续参与科学 6.强调学习评价的诊断性和形成性

（二）比较与分析

从以上叙述可以看出，中国《标准》与新西兰《标准》在基本理念上有一些相同之处。

1.显著突出面向全体学生

科学教育应当面向全体学生，顺应世界课程开发的共同趋势。新西兰

《标准》强调"科学教育的最高标准必须适用于所有新西兰学生，不论男性还是女性，任何种族和民族，健全或残疾"，体现了新西兰源于英国的传统教育体制中对于人权的充分尊重。中国《标准》强调面向全体学生，意味着每一个学生都可拥有学习科学的机会，不论性别、天资、兴趣、生活环境、文化背景、民族、地区，体现了我国义务教育课程的普及性和基础性。

2.突出学生科学学习的主体地位

学生是科学学习的主体。学生的科学学习应当是一个主动参与和能动的过程，科学课应当建立在学生已有的经验基础之上。教师作为科学学习活动的组织者、引导者，应当对学生科学学习中所迸发出的新奇想法给予鼓励与支持，充分理解和尊重学生的想法。新西兰《标准》强调"科学课程设置应当承认、尊重和回应对教育有需求、有经验、有成果和观点的学生"，充分体现了学生作为科学学习的主体地位。中国《标准》强调"学生对周围的世界具有强烈的好奇心和积极的探究欲，应当让他们自己提出问题、解决问题，这比单纯的讲授训练更加有效"。

3.突出科学学习立足学生的发展

学生的发展包括全体学生的思维、能力、劳动技能、心理、身体、道德、文化等全面和谐的发展，它关注学生的终身学习、自学能力的可持续发展，同时，在全面发展的基础上还应注重有个性的发展。科学课程应当满足社会和学生双方面的需要，无论是在校学习科学的学生还是有志从事科学方面工作的学生，无论是对科学感兴趣还是对科学暂无兴趣的学生，科学课程的设置都应当给予学生发展的可能。新西兰《标准》强调"科学课程知识适用于那些在校期间进行正式科学学习的学生，适用于那些对科学特定方面感兴趣并且能够选择一个与科学相关的职业的学生，还适用于那些擅长科学和可能成为我们未来的科学家、技术专家、技术人员、科学教育工作者的学生"。这充分体现出科学学习立足学生发展的基本要求。中国《标准》指出："科学课程的内容应选择贴近儿童生活的、符合现代科学技术发展趋势的、适应社会发展需要的和有利于为他们的人生建造知识大厦永久基础最必须的内容。这些内容需加强科学各领域之间的有机联系，强调知识、能力和情感与价值观的整合。"

4.突出科学课程的评价应促进科学素养的形成

科学课程的评价既要关注学生的学习结果，更要关注学生学习的过程。学生学习过程中难免碰壁，产生挫败感，评价时应当注重优化评价指标，涵盖科学素养的各个方面，用多种方法对学生进行评价。新西兰《标准》认为："有质量的科学教育要求所有学生消除成就的壁垒，鼓励他们继续参与科学，并且强调学习评价的诊断性和形成性。"充分体现科学课程的评价应当促进学生科学素养的形成。中国《标准》指出："科学课程评价应能促进科学素养的形成与发展。评价既要关注学生学习的结果，更要关注他们学习的过程。评价指标应该是多元的，要包括科学素养的各个方面；评价方法应该是多样的；评价主体则包括教师、学生、家长等。"

四、课程目标比较

（一）中国与新西兰小学科学课程总目标的比较

表10-3 中国与新西兰小学科学课程总目标比较

	中国《标准》	新西兰《标准》
总目标	1.知道与周围常见事物有关的浅显的科学知识，并能应用于日常生活，逐渐养成科学的行为习惯和生活习惯	1.帮助学生开发知识和形成对生活环境中生命、物理、材料和相关成分的理解
	2.了解科学探究的过程与方法，尝试应用于科学探究活动，逐步学会科学地看问题、想问题	2.鼓励学生形成通过科学的方法研究生命、物理、物质和科技的技能 3.科学既是一个过程，也是人们所形成的解释日常和陌生现象的思想
	3.保持和发展对周围世界的好奇心与求知欲，形成大胆想象、尊重证据、敢于创新的科学态度和爱科学、爱家乡、爱祖国的情感	4.为学生提供形成科学调查所需要的机会 5.鼓励学生考虑使用科学的知识和方法来满足特定的需求 6.帮助学生就科学和技术在环境中的使用作出负责任和慎重的决定 7.培养学生对知识的兴趣和理解，了解形成他们未来职业生涯基础的科学过程
	4.亲近自然、珍爱生命，积极参与资源与环境的保护，关心科技的新发展	8.推动科学成为所有人日常生活中的一项活动 9.发展学生对不断发展的科学技术的本质的理解 10.培养科学人才，以确保未来科学界后继有人

表 10-3 一目了然地展示了中国《标准》与新西兰《标准》中课程总目标。

1.两国科学课程总目标凸显知识、过程与情感

两国的总目标都强调通过科学课程的学习，学生应当掌握适应日常生活需要的基本科学知识与技能，能够用符合自己能力的语言解释一些科学现象；学生经历科学探究的过程，逐渐掌握研究科学的方法，体会科学是"解释日常和陌生现象"的思想，逐步学会用科学的眼光看待问题，用科学的思想解决问题；学生在亲近自然、感悟科学中，领略科学的博大精深，品尝由好奇心引发的对未知探索的乐趣，体会大胆假设、小心求证的科学态度，陶冶爱祖国、爱家乡、爱科学的性情，最终学会珍爱自然、珍爱生命，关注科学的进程。

2.新西兰科学课程总目标更为详细，且有更高要求

新西兰标准中的总目标在描述时较中国具体与详细。新西兰《标准》对学生的科学学习还提出了更高的要求，如下所示：

学生、教师、同伴、家庭和更广泛的群体对学生的成功保持很高的期望。

学生有机会理清思路，分享和比较，提问、评估和修改这些想法，最终形成科学认识。

学生开始在各种熟悉的环境和有挑战性的情况下，有机会使用他们的新想法和技能。

学生们意识到有效学习的方式。

学生体会到科学对他们和社会的相关性和有用性。

教师和学生在相互尊重和支持的气氛中工作。

教学策略要应对多样化的学习方式。

以上内容作为新西兰《标准》框架中的"较高要求的科学教育"，较好地补充了新西兰科学课程总目标，同时也为新西兰其他课程标准的制定提供了参考，在适当的时间、设施和资源满足的条件下，可以更好地促进学生科学的学习。

（二）中国与新西兰小学科学课程分目标的比较与分析

科学课程标准的分目标是在深刻领会总目标的基础之上进行的有效细化，勾画出小学生科学素养的大致轮廓，有效地推进科学课程的教学组织、教材编写、教师培训及课程资源配置。

表 10-4 中国与新西兰小学科学课程分目标比较

		中国《标准》	新西兰《标准》
分目标		科学探究	科学本质和科学与技术的关系
		情感态度与价值观	科学技能和科学态度 发展调研技能和态度
	科学知识	生命世界	有生命的世界
		物质世界	物理的世界、物质的世界
		地球与宇宙	地球及其他星球

从表 10-4 中可以看出，中国与新西兰科学课程目标分目标非常接近，但仔细比较可以发现，新西兰《标准》在"科学探究"层次，提出了解科学本质和科学与技术的关系要求，较中国要求更高；在"情感态度与价值观"层次上，新西兰《标准》也更为细致地提出发展调研和科学技能与态度的要求；在"科学知识"层次上，新西兰《标准》比中国多了"物理的世界"的要求。

五、课程内容比较

新西兰《标准》中将所有课程的达成目标划分为八个水平，即水平 1、水平 2、水平 3……水平 7、水平 8。这八个水平是小学至高中阶段逐步要达成的目标，小学至高中阶段 13 年都属于义务教育。小学阶段为 1—6 年级，初中阶段为 7—10 年级，高中阶段为 11—13 年级。随着时间的推移，学生科学学习的要求和内容也有所不同。考虑到学生的个体差异，学生在同一年级有不同的内容和目标要求。从总体上看，小学阶段的目标要求包含水平 1—4。

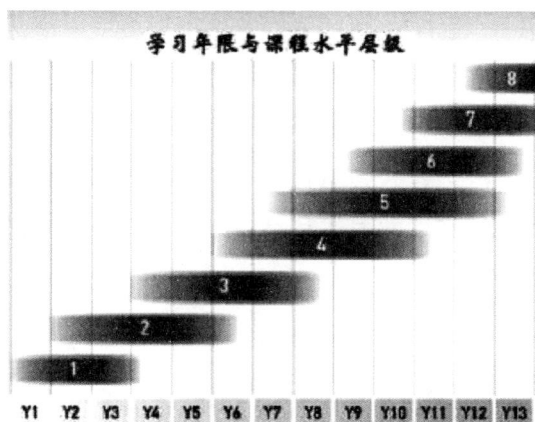

图 10-1 学习年限与课程水平层级关系图

中国小学课程标准没有分层目标要求，忽视了不同学段学生学习能力的不同，忽视了相同学段学生的个体差异，致使教师在教学过程中难以把握，造成超纲或未达标，不利于学生科学素养的阶段养成，反而对学生在中学阶段后续有关科学课程的学习产生消极影响。

就小学阶段而言，两国内容标准对比如下：

表 10-5 中国与新西兰小学科学课程内容标准比较

中国	新西兰
科学探究	科学的本质及其与技术的关系
情感态度与价值观	科学技能和科学态度
生命世界	有生命的世界
物质世界	物理的世界 物质的世界
地球与宇宙	地球及其他星球

需要指出的是，新西兰科学课程内容部分共分六章，前两章可以理解为综合方面，后四章理解为学习方面。综合方面是学习方面的基础，其具体内容在教材编写和教学中渗透到了学习领域各分支之中。科学探究技能的掌握

是学生学习各分支内容的基础，情感态度价值观的养成是学生学好各分支内容的动力，给学生的学习提供情感支持。反过来说，学习内容又体现了对学生在科学本质认识、科学技能掌握、科学态度养成方面的要求。两者相互影响、交叉、融合和渗透，共同组合成一个完整的内容标准体系。当然，这种划分只是新西兰《标准》的表述和呈现方式，并不代表教学内容的先后顺序和教材的组织结构①。

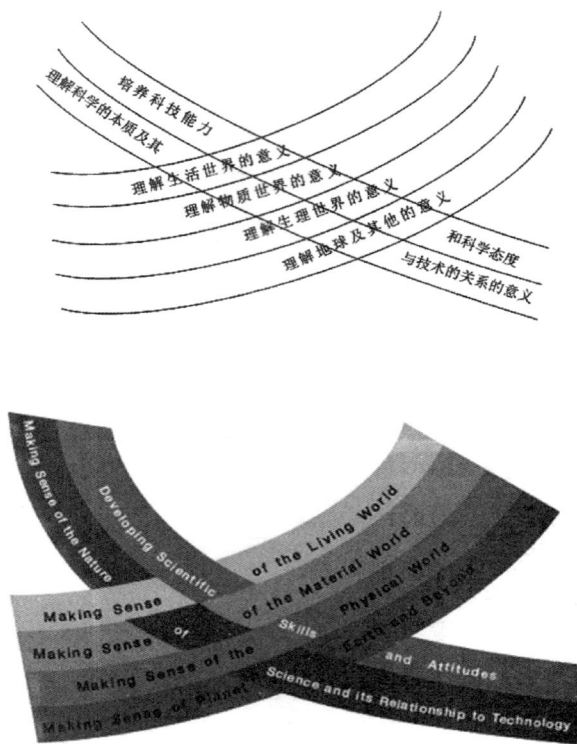

图 10-2　新西兰内容标准六部分相互融合图

（一）科学探究

在新西兰《标准》中，没有出现"科学探究"这样的字样，但是，其相

---

①张荣、陈娟《新西兰〈科学课程标准〉简介及启示》，《学科教育》2004 年第 9 期。

应内容出现在"科学的本质及其与技术的关系"中。在这一部分，新西兰《标准》有一个总的成就目标：与科学相关的批判性评价思想和流程，要意识到对科学的理解是通过思想随时间变化的人的发展；通过调查科学技术的应用，探索科学和技术之间的关系以及技术对科学的影响；了解科学技术的应用对于人、社区和世界的影响。新西兰《标准》还提出，科学探究要有对其自身特点的认识，包括对于科技进步、人类社会发展等带来的影响，并且着重强调通过调查的手段来获得这样的认知。它还着重强调了"对于科学的理解是通过思想随时间变化的人的发展"，这一点对于帮助学生建立正确的科学观非常重要。科学理论不是绝对的，不是一成不变的，它的获得是通过人类一次次的实验验证先前假设而得来的，是一个不断无限逼近真理的过程。

中国《标准》对于"科学探究"部分总的内容标准有这样一段描述："科学探究是科学学习的中心环节。科学探究不仅可以使小学生体验到探究的乐趣，获得自信，形成正确的思维方式，而且可以使他们识别什么是科学，什么不是科学。科学探究不仅涉及提出问题、猜想结果、制订计划、观察、实验、制作、搜集证据、进行解释、表达与交流等活动，还涉及对科学探究的认识，如科学探究的特征。科学探究能力的形成依赖于学生的学习和探究活动，必须紧密结合科学知识的学习，通过动手动脑、亲自实践，在感知、体验的基础上，内化形成，而不能简单地通过讲授教给学生。在小学阶段，对科学探究能力的要求不能过高，必须符合小学生的年龄特点，由扶到放，逐步培养。在具体的教学实施过程中，可以涉及科学探究的某一个或某几个环节，也可以是全过程。"中国《标准》对于学生科学探究方面的要求分两部分，一部分是科学探究能力，另一部分是对科学探究本身的认识，即一个是认知，另一个是元认知。

具体而言，两国在科学探究方面都提出了一些具体的内容标准，中国是按照科学探究的一般步骤展开叙述的，而新西兰则是按照学段从高到低对科学本质认识的整体要求展开叙述的。具体对比如下表：

表 10-6 中国与新西兰"科学探究"的内容要求对比

		中国《标准》	新西兰《标准》
科学探究	认识科学探究	1.知道科学探究可为进一步研究提供新经验、新现象、新方法、新技术 2.知道不同的问题要用不同的探究方法	1.承认通过"公平测试"、简单的调查，可以被分类，并且作出一些有价值的决定 2.用多种方法调查相同对象或事件的两面性
	提出问题	3.能从"这是什么""为什么会这样"等角度对周围事物提出问题	3.计划和执行一个"公平测试"并决定结论是否来自于基础良好的调查 4.调查一些著名的技术创新或科学发现对人们和/或当地的环境的影响，调查熟悉的技术的用途 5.调查和描述简单的技术是如何工作的 6.研究常见的物品技术开发的方法 7.调查简单的技术设备的例子 8.调查科技的发展改变社区的成员旧的生活方式或让特定智力障碍的人生活变得更容易
	猜想与假设	4.能应用已有知识和经验对所观察的现象作假设性解释	
	制订计划	5.能提出进行探究活动的大致思路	
	观察、实验、制作		
	搜集整理信息	6.会查阅书刊及其他信息源 7.能利用简单表格、图形、统计等方法整理有关资料	
	思考与结论		
	表达与交流	8.能表述研究过程和结果 9.能倾听和尊重不同观点和评议 10.能对研究过程和结果进行评议，并与他人交换意见	9.分享和比较他们的新兴科学思想 10.探索和建议简单的技术可以做什么

　　科学探究的一般过程是提出问题→猜想与假设→制订计划→实施计划→收集证据→思考总结→交流讨论。中国《标准》在这部分按照科学探究的一般步骤展开对科学探究内容标准的叙述，脉络清晰，叙述详细而具体。这样安排有利于教师按照课程标准展开相应的教学活动，有利于学生形成科学探究的技能，在探究的过程中逐渐认识科学探究的特征，形成对科学探究本质的认识。新西兰没有刻意强调科学探究活动，其原因可能是

由于新西兰科学教育的发展较为成熟，探究活动已经深入人心，没有必要刻意强调。这也体现了中新两国科学教育发展的差距。但科学探究在新西兰《标准》中反复出现，例如"调查简单的技术的例子"在级别 3 和级别 4 中各有一次，体现了一种螺旋式的课程编排方式。美国教育家布鲁纳主张一门学科的基本概念和基本原理可以从小就开始教授，以后随着学年不断递升，在更高的层次上重复它们，直到学生完全掌握该门学科为止。所以，新西兰对科学探究如此安排不但有利于教师利用课程标准指导教学，而且能减轻学生学习负担，让学生在不断学习的过程中逐步深入理解。

（二）情感态度与价值观

在新西兰《标准》没有单独列出"情感态度与价值观"，但是科学观的培养在"科学技能和态度"部分有所涉及。该部分提出"作为学习科学的学生，应该鼓励他们去培养科学调查所依赖的态度。这些态度包括：好奇心，诚实的记录和数据的确定性，灵活性、持久性、批判性的思想，开朗，愿意延缓判决，愿意容忍不确定性，并且接受临时性的科学解释"。

中国《标准》在"情感态度与价值观"部分的内容标准有这样一段描述：

情感态度与价值观既是科学学习的动力因素，影响着学生对科学学习的投入、过程与效果，又是科学教育的目标。通过对千姿百态、引人入胜的自然现象的学习，改变学生的行为倾向，激发他们对科学学习的兴趣，陶冶爱科学、爱家乡、爱祖国的情感，并为他们形成正确的科学价值观打好基础。

科学教育中情感态度与价值观的目标主要包括对待科学学习，对待科学，对待科学、技术与社会的关系，对待自然四个方面。

培养小学生的情感态度与价值观，不能像传授知识一样直接"教"给学生，而是要创设机会，通过参与活动，日积月累，让学生感受、体验与内化。

由此可以看出，中国特别强调情感态度价值观培养，有利于增强学习动力，培养学生的学习兴趣。

表 10-7　中国与新西兰"情感态度与价值观"的内容要求对比

	中国《标准》	新西兰《标准》
情感态度与价值观	对待科学学习 对待科学 对待自然 对待科学、技术与社会的关系	发展调研技能和态度 聚焦和规划的成就目标 信息收集的成就目标 处理和解释的成就目标 报告的成就目标

（三）学习领域

学习领域也即具体学习内容，两国课程标准中对此分类各有不同。

表 10-8　中国与新西兰学习领域分类对比

	中国	新西兰
学习领域	生命世界	有生命的世界
	物质世界	物理的世界 物质的世界
	地球与宇宙	地球及其他星球

就学习领域的编排体系而言，两国课程标准呈现出不同。新西兰《标准》在对学习领域每一部分的阐述中包含如下内容："成就目标""学习环境样本""可能的学习经验""评估实例"。中国《标准》将对学习领域每一部分的阐述分为两部分，第一部分是内容标准框图，第二部分是具体内容标准。内容标准的呈现方式是根据内容标准框图，按照一定的逻辑顺序而定的。

以"生命世界"为例，新西兰给出的标题是"有生命的世界"（making sense of the living world），先提出整体的达成目标（achievement aims），包括科学发展知识、技能和态度多方面；其次，则按照层次由低到高，对学生要求由易到难，从内容标准、学习资源、学情分析和评价参考这四个角度依次给出相应标准，为教师教学的各个方面包括校本课程的编排、教学情境的创设、教案的编制、习题的选择、试卷的编制提供了指导。中国《标准》先是进行总体阐述，提出该部分课程的总体目标，也就是"让学生尽可能多地去认识不同种类、不同环境中的生物，进而对多种多样的生物有比较全面的认识"；其次，按照"认识生物→总结多种生物的特点→对生物进行分类→生物与周围环境的关系→人作为一种特殊的生物有什么不同"的主线画出了生命世界内容标准框图。

表 10-9 中国"生命世界"具体内容标准

	标题 1	标题 2
生命世界	多样的生物	多样的生物之一：常见的植物
		多样的生物之二：常见的动物
		多样的生物之三：常见的其他生物
	生命的共同特征	生命的共同特征之一：动植物的一生
		生命的共同特征之二：生物的繁殖
		生命的共同特征之三：生物的基本结构和功能
		生命的共同特征之四：生物的基本需求
		生命的共同特征之五：遗传现象
	生物与环境	生物与环境之一：生物对环境的适应
		生物与环境之二：进化现象
	健康生活	健康生活之一：生理与健康
		健康生活之二：生长发育
		健康生活之三：良好的生活习惯

（四）比较与分析

经过整体对比，发现中新两国在该部分内容标准编制方面有如下相同点：

1.相同点

（1）两国都关注学生学习兴趣的培养

兴趣是最好的老师。两国《标准》各学习领域的活动探究及内容标准都注意激发学生兴趣。新西兰《标准》在可能的学习经验中提出"访问一个农场并观察各种各样的生物""在操场上寻找小动物，例如、蜗牛、蜘蛛""观察和记录喂养习惯、熟悉的动物""在学校操场进行实地调查，在路边或动物园观察各种动物的主要特征及其食性""访问 SPCA 找出一系列不同类型的猫和狗"等。中国《标准》对生命世界部分的活动建议中也提出"在校园内为树木挂标牌""在教室内布置生物角""参观动物园，观看各种媒体资料""举办动物种类图片展，观看多媒体资料""自制展示典型生物生命过程的标本""测量统计全班同学身高、体重数据，并作分析"等。两国课程标准在内容安排上都安排或建议各种各样内涵丰富、形式多样的课外活动，活动空间已经大大突破了传统的教室，倡导在家里、操场、路边、公园、动物园、农场甚至任何你能想到的地方，活动的时间也已经超越了传统课堂的40 分钟，短则数小时、数天，长则数月。实践表明，学生参加各种课外活动，不但能动手动脑，而且会发现一些异常现象，从而增强学习动机，引发新的学习需要；同时也能让学生学会观察，体验科研的艰辛，对科学家产生崇拜之情。尤其是对于小学生而言，缺少基础理论知识，有些课程内容单靠教师讲解学生难以接受，而且学生注意力容易涣散。多让学生实践，增强学生的感性体验，符合小学生的成长规律。

（2）两国都强调学生科学探究能力的养成

21 世纪国际科学教育改革的共同趋势是明确把培养和发展学生科学素养作为核心目标，突出科学探究、科学过程、科学方法的教育，这与 21 世纪教育的目标"培养世界公民"不谋而合。一个合格的世界公民，必须要具备一定的情感与价值观、知识与能力，还要有一定的行动力，其中一定的科学探究能力是必然要求，而小学阶段也正是培养科学探究能力的关键时期。科学探究能力内涵丰富，是由提出问题并形成课题的能力、提出假设的能力、制订探究方案的能力、收集证据的能力、分析证据并形成结论的能力、评价与反思的能力和合作与交流的能力等七种基本能力要素组成的[1]。

新西兰《标准》提出"调查不同球的弹跳高度""设计和制作显示电话

---

①姚蕾《高中生化学学习中科学探究能力的研究》，扬州：扬州大学（硕士学位论文），2004 年。

的工作原理海报""调查冰箱和一个温暖的房间保持新鲜的时间"等。中国《标准》则在具体内容标准中提出"探究怎样才能让天平和杠杆保持平衡""调查材料的导热性能"等，对于小学阶段，学生还没有能力开展多环节的科学探究，因此两国标准更多的是对单个科学探究环节提出了要求，具体见表10-10。

表 10-10 中国、新西兰科学探究各环节

探究环节	中国《标准》	新西兰《标准》
提出问题	讨论可以用什么方法证明地球在自转	
形成假设		预测在阳光下留下不同的食物的结果，并基于预测在团队工作计划中实施"公平测试"
制订方案	设计不同土壤对植物生长影响的实验	设计和制作简单的橡胶带驱动装置和测试它们的性能；设计最有效的方法来冷却一杯热茶
实施计划	分组实验，用干电池、开关、灯泡和导线连接电路，并能演示开关的作用；观看从月球上拍摄的地球照片；做水的溶解性实验	慢慢蒸发干燥的糖或盐溶液
搜集证据	使用简单仪器测量物体常见特征，测量并记录一个沿直线运动的物体在不同时刻的位置	在操场上进行团队合作，用粉笔勾勒出一天不同时段内孩子影子的轮廓；使用温度计、雨仪表、风向指标等工具记录每日的天气条件一个月
得出结论	说出一些常见物体工作时需要什么形式的能量，输出什么形式的能量	
评价反思		
交流讨论	讨论对各种声音的感受以及减小噪音和保护听力的方法	讨论和记录人们在不同季节的活动；表达他们自己和倾听他人关于月亮或太阳的想法

对于评价反思一栏没有对学生做要求可能也是基于对学生元认知能力未达到一定水平的考虑。

（3）两国都注重课程内容的生活性

当代教育关注回归生活世界，学对生活有用的科学、学生活中的科学、在生活中学科学成为科学教学的根本出发点和归宿点，让学生感受科学、体验科学、感悟科学，认识到科学对人类生产生活的重大作用。两国标准都体现了课程内容的生活性。

以"生命世界"为例，新西兰《标准》重视课程内容与生活的紧密联系。中国《标准》同样提出"要让学生接触生动活泼的生命世界，去田野树林、山川湖泊，看花草树木、虫鱼鸟兽，感受生命的丰富多彩、引人入胜"，突出了学习科学要去真实的世界里，融入真实的环境里，观察、触摸、感受真实的生命物体，也即体验真实的环境，感悟真实的道理。

2.不同点

（1）新西兰注重培养学生环境保护意识

新西兰《标准》中设计的环境活动有"解释物理是怎样影响人们和周围环境的""研究物质例如石油产品、化肥、酸雨对人和环境的积极和消极影响""访问一个回收工厂或污水处理工厂遵守的废物处置方法""测量和报告当地娱乐区固体形式的污染"等，从对污染的认识、哪些物质对环境会造成哪些污染、治理污染的方法等各维度来培养学生对环境的关注。通过长时间的熏陶，培养爱护环境、保护环境、防止污染的习惯，逐渐培养学生的环境保护意识。

（2）新西兰重视培养学生的社会性

科学课程的开设不是为了培养未来的科学家，更多的是一种通识教育，培养合格的公民。作为一个合格的公民，他应该具有一定的社会性，也即与人交往的能力、合作能力、社会责任感等。新西兰《标准》注重培养学生"承担养护室内植物和动物的责任"，从小处着眼，随着年龄的增加逐步升华为社会责任感。同时也安排多种探究活动培养学生的交流能力、表达能力、与人合作能力等。当前，中国学生的社会性发展已经成为一个迫切需要解决的普遍问题，因此，小学阶段，要注重培养学生的表达能力、合作能力、责任感等。

六、实施建议比较

中国标准将实施建议分为学习建议、评价建议、课程资源的开发与利用、教材编写建议、教师队伍建设建议和关于科学教学设备和教室的配置6个部分。而新西兰标准没有把实施建议单独列为一个章节，而是在具体的学习内容中，针对每一个级别要求给出"学习环境样例""可能的学习经验"以及"评估实例"。

(一) 中国与新西兰小学科学课程标准实施建议的比较分析

新西兰《标准》提出："学习的环境样例：当学生有机会首先在各种熟悉的环境，然后在其他具有挑战性的情况下培养和使用他们的科学思想和技能时，他们便能有效地学习，并且看到学习科学的相关性。每一层次中所建议的环境并不详尽。老师被期望不仅会从样本中选择学习环境，也会辨别哪些是适合学生的并且能反映当地社区和资源特征的学习环境。""可能的学习经验：选择适当的经验依赖于许多重要变量。它包括目标成就的性质，每一级的成分，学校作为其一部分的社区，教师和学生的利益，时事事件和每年的时间。每一级都有建议的一系列的示例学习环境。这允许通过一个综合学习方法获得成就目标。这个综合方法可以使用来自学习链中或之外的成就目标，以进一步推动综合学习方法的使用。在其他基本的学习领域中获得的成就目标也可以在特定的学习环境直接帮助学习。"

中国《标准》给出7条学习建议：把科学课程的总目标落实到每一节课；把握小学生科学学习的特点、因势利导；用丰富多彩的亲历活动充实教学过程；让探究成为科学学习的主要方式；树立开放的教学观念；悉心地引导学生的科学学习活动；充分运用现代教育技术。在每一条学习建议下又分别陈述了若干条教学建议。

通过比较可以看出：

1.两国均强调学生在学习中的主体地位

新西兰《标准》强调："学生需要参加各种各样的活动，以确保他们有机会培养成就目标中所描述的科学技能、知识和态度。学生体验参与性、丰富性和具有挑战性的科学是很重要的。所有的学习链中的每一层在都提供一些初步的想法、一些可能的学习经历。任何层次的学习经验被认为是共同的，他们会在适用于该层次的概念、语言、方法、技术、材料和设备方面给予指导。教师被鼓励合并这项计划中可能的学习经历。为了实现一个完整的和平衡的科学计划，所有教师都必须作出慎重的选择，可能还包括所列之外的合适的学习经验。"

中国《标准》强调："科学课程最基本的特点是从儿童身边的自然事物开始学习活动，以形成对自然进行探究的态度、技能和获取关于自然的知识。在科学教学中教师应注意：低估儿童学习科学的潜能比高估更可怕；鼓励儿童通过动手动脑'学'科学；科学课的教学方法要富有儿童情趣和符合儿童的认知规律；尊重儿童在科学学习中所表现出来的个别差异，根据他们的兴趣爱好、情感态度、知识能力等方面特点，因材施教。"

2.两国均强调环境在科学学习中的重要性

新西兰《标准》指出："当学生有机会首先在各种熟悉的环境，然后在其他具有挑战性的情况下培养和使用他们的科学思想和技能时，他们便能有效地学习，并且看到学习科学的相关性。"

中国《标准》强调，以培养小学生科学素养为宗旨的科学教育，应以学生参与的丰富多彩的活动为主要教学形式，这些活动应当是学生熟悉的、能直接引起他们学习兴趣的、精心选择和设计的、具有典型科学教学意义的。

由此可以看出，两国均强调在具有教育意义的环境下，用丰富多彩的亲历活动来充实教学过程。

(二) 中国与新西兰小学科学课程评价建议的比较分析

新西兰《标准》列举了评估案例："校本评价的主要目的是为了提高学生的学习和学习课程的质量。评估任务和程序应符合科学教育的一般目标，并且适合常规课堂活动。这样的评估将是学习计划不可或缺的一部分。评估任务的例子已经在六条学习链中的五条里的每个层级被建议，这个学习链中培养科学技能和态度这一目标没有给出评估例子，需要结合别的学习链中的目标一起发展。所列出的评估任务提出了一些适当的方式以确定学生的成就。认识到这些列表既不详细也不明确是很重要的。通过样本学习环境和可能的学习经验，评估的例子表明评估任务的潜在性质和范围。教师也需要为他们自己的诊断、监控和审查的目的定位，并设计其他评估任务。在任何课程的学习中，评估信息被系统地收集来去判断每个学生所达到的相关的成就目标中描述的知识、技能和态度是很重要的。这需要使用各式的和一系列评估程序有关的评估任务。在选择评估任务时，对于不同的学习和交流风格的学生，教师要区别对待。这是使用广泛的评估任务和程序的一个更进一步的理由。"

中国《标准》中的评价建议分为：①充分明确评价的目的：评价主体的多元化；评价内容的全面化；评价方法的多样化；评价时机的全程化。②准确把握评价的内容，在科学探究、情感态度与价值观、科学知识三个方面进行阐述。③灵活运用评价方法：教师观察、与学生谈话、杰出表现记录、测验与考试、活动产品分析、学生成长记录袋、评定量表、作业法、短周期作业、长周期作业、评议法。

通过比较可以看出：

1.两国均认为评价不是目的，而是一种手段

中国《标准》指出："科学课程的教学评价，其主要目的是了解学生实际的学习和发展状况，以利于改进教学、促进学习，最终实现课程宗旨，即提高每个学生的科学素养。这样的评价不同于传统的评价——单纯由教师对学生的学业成绩进行分等排队的做法，势必引起评价主体、评价内容、评价方法和评价时机等方面的一系列变化。"

新西兰《标准》指出："校本评价的主要目的是为了提高学生的学习和学习课程的质量。评估任务和程序应符合科学教育的一般目标，并且适合常规课堂活动。这样的评估将是学习计划不可或缺的一部分。"

由此可以看出，中国与新西兰的小学科学课程评价的目的不在于给学生排名，而是借助评价更好地改进教学、促进学生的全面发展。

2.两国均认为评价主体应当多元，评价方式应该多样

新西兰《标准》指出："老师也需要为他们自己的诊断、监控和审查的目的定位，并设计其他评估任务。在任何课程的学习中，评估信息被系统地收集来去判断每个学生所达到的相关的成就目标中描述的知识、技能和态度是很重要的。这需要使用各式的和一系列评估程序有关的评估任务。在选择评估任务时，对于不同的学习和交流风格的学生教师要区别对待。"

中国《标准》指出："学生将参与教学评价，反思自己的学习状况，并对教师的教学状况提出自己的看法；学生家长、教育管理部门、科技管理部门以及社区有关组织和人士也将被邀请参与对科学课程的组织、实施、方法和效率等的评价；教师在教学评价中仍将发挥重要作用，但是不再充当裁判员的角色，而是学生科学学习的伙伴和激励者，同时又是自己科学教学的调控者。"单纯的书面测验和考试已经不能适应科学课程的发展，运用多种方法对不同目标、不同内容进行教学评价势在必行。多样化的评价方法可以参考本《标准》的建议，可以借鉴他人成功的经验，也可以由科学教师、学生和其他相关人员来发明、创新——凡是有利于提高学生科学素养的评价方法都应得到肯定与赞赏。

由此可以看出，两国均认为科学课程的评价主体应当多元，评价的方式应当多样化。

七、新西兰《标准》对我国的启示

1.提高科学课程地位

泰勒曾经说过，就基础教育而言，一门学科的价值在于它对于一般的公民，而不是未来这个领域的专家的贡献。新西兰《标准》在阐述过程中就有一个显著的大标题——"为所有人的科学"。这也正反映了新西兰科学课程的服务对象。中国《标准》的基本理念是全面提高每一位学生的科学素养，在义务教育阶段开设的科学课程有助于学生科学知识的获得、科学素养的养成，为学生成长为一名合格的世界公民做准备。所以，小学阶段的科学课程意义十分重大。

在新西兰，学生从入学就学习科学课程；而在中国，到三年级才为学生开设科学课程。也就是说在三年级以前，学生只有初步的关于生物、物质、物体、地球等的生活体验和感受，而同时他会产生很多困惑。所以，及时指导学生进行科学探究，帮助学生解决困惑，对学生科学兴趣的培养、科学素养的养成是非常必要的。

2.注重课程目标的阶段性

在两国标准比较时，新西兰显著的不同点在于它按照年级对学生课程水平层级提出要求，随着年级的增加目标要求逐步提高。例如：一年级的目标要求是层级 1，这是学生入学之前的目标要求，既是最高要求也是最低要求，到了二、三年级，对学生的最高要求提升为层级 2，到了四、五年级最高要求是层级 3，到了六年级最高要求是层级 4。整体来说，层次要求较低（水平 1 至水平 4）。而中国《标准》在"课程目标"这部分的描述中有总目标、分目标及各部分目标的相互关系，都是从宏观上对所有学生最终发展提出目标，即使分目标也是分科学探究、情感态度与价值观、科学知识这三个领域提出了整体的发展目标。

中国《标准》缺少对课程目标按学段的阐述，可能导致的问题有：教师在教学时不能准确把握内容深度，难以准确评价阶段性教学成效，同时也就无法参照目标来调整教学进度等。中国《标准》有必要对课程目标进一步展开具体的、阶段性的叙述，增强课程标准对教学的指导价值。

3.尊重学生的差异

新西兰《标准》对课程目标描述还存在一个特点，即尊重学生的个体差异。可以发现，在对一个年级提出目标要求时，往往会存在 2 至 3 个层次跨度的要求，同一个水平层级会跨越不同的年级，例如：水平 1 跨越了近 3 个学年，水平 2、水平 3……则跨越了更多的学年。这样设置是因为考虑到学生的性别差异、种族差异、地区差异、能力差异，真正体现了"面向所有学生的"课程理念。

与新西兰相比，中国的多民族融合、东西部地区经济水平差异大、城市农村教育资源分配不均等特征更为明显。世界上没有两片相同的树叶。同样，学生也是千差万别的。虽然课程标准对目标提出了总体的要求，但是由于缺乏对学生差异的认识，很有可能导致对处在同一年级的不同学生进行一刀切，没有最高目标，没有最低目标。一旦如此，则会导致拔高对学习能力低的学生的要求，让其产生厌学心理；或降低对学习能力高的学生的要求，让其失去对科学学习的兴趣。果真如此，科学教育又何谈"全面提高每一位学生的科学素养"呢？所以针对不同水平的学生要采用不同的教学方式，提出不同的目标要求，让其在原有的水平上得到不同程度的发展。因此，我国应借鉴新西兰多层次、多水平的科学教育理念。

4.加强课程内容的生活性

新西兰科学课程理念之一是"突出科学知识与技术、社会相融合"。因此，在课程标准中随处可见科学知识与生活世界、社会环境的融合。在具体学习领域中对课程内容的安排有诸如"观察和识别部分常见的动物和植物的主要部分，如爪子、鼻子、尾巴、鳍、翅膀、叶、种子、花、茎"；"在学校周围的不同的地方放置干燥湿布以建立最合适的干燥条件"；"采访当地垃圾处理公司的成员，用他们的方法处理一个特定的化学物质"；"构造一个以照片拼贴的当地的地形，如河流、湖泊、沙滩和山等当地熟悉的特性环境"等。

中国课程标准对内容的选择则刻板得多，内容标准多有如下表述："用不同标准对……进行分类""设计实验研究……对……的影响""能设计简单表格，做定量记录，使用适当单位"等。这样的表述看似严谨，其实不符合小学生的心理特点。对于小学生而言，需要的恰恰是生活性。因为小学生没有学科基础，仅有的基础就是生活经验。如果内容标准缺少与生活的联系，将科学与日常生活、社会环境割裂开来；如果缺少从生活中学科学的过程，必然会削弱对学生科学探究技能、科学态度和社会责任意识的培养。这样教师的教学可能仅仅是纸上谈兵，学生的学习则成为空中楼阁。

第十一章 中国与南非小学科学课程
标准比较

南非共和国位于非洲大陆最南部，是非洲最发达的国家。南非是一个多民族、多种族国家，主要由黑人、白人、有色人和亚裔四大种族构成。由于长期实行种族隔离政策，南非的教育完全承袭了英国的教育体制。1994 年，新南非成立，新政府废除了长达数十年的种族隔离制度，建立新的教育管理体制，从此，南非开始了一段崭新的历史①。

一、南非小学科学教育发展历程

（一）南非小学科学教育的历史沿革

长期的种族隔离给南非人民带来了深重的灾难，当隔离政策被废除时，统治南非多年的白人政府下台，而南非新政府要面对的是一个支离破碎、发展极不平衡的教育体系。在种族政策的影响下，其教育体系被种族、地理及观念分隔成了十九个教育部，每个教育部因为教育对象的人种不同，所以其实施的课程都不相同。1994 年民主选举之后，取消了种族隔离政策，教育部门随即进行了变革，由国家教育部统一管理基础教育与高等教育。20 世纪末，南非政府结合国家的具体国情，开始了一项以学生学业成果为基础的课程改

---

① 金清苗《南非多元文化教育的发展及其启示》，《中国民族教育》2007 年第 9 期。

革。新政府陆续颁布了《南非教育与培训发展白皮书》《南非质量法案》和《南非教育法案》，全面阐述了南非新政府对学校有关课程的政策与规范化的要求。在此基础上，南非国家教育部对原有的课程标准进行修订，开始对课程科目合理化的改革。1997 年，《2005 课程：21 世纪的终身教育》报告出台（即《2005 课程》）。报告内容主要是在新的世纪里对教育政策的改革和对终身教育发展的展望。与此同时，针对南非教育系统内存在的缺陷，教育部组织教育专家对新的课程政策进行了严格评审，并于 2000 年 5 月针对评审结果出台了《2005 课程评审委员会报告：21 世纪南非课程》。

种族隔离时期，南非白人学校的小学科学教育延续欧洲教育方法，采用实物教学，由于教师在科学方面所受到的训练不高，无法让学生真正掌握科学原理，所以多数教学只是描述现象，学生死记硬背普遍。到了 20 世纪，随着科技革命在全世界广泛传播，南非开始关注科学教育改革，把现代知识编进教材，提高小学科学教育的质量。

进入 21 世纪，南非的教育改革进入一个新的阶段，在科学课程改革和设置过程中，"以学业结果为基础"的教育可以说是南非国家教育科学课程的最主要的特色。这种教学模式建立在三种对南非新课程改革影响最大的理论基础之上，这三种理论分别为：以学业成就为基础的教育、杜威的实用主义哲学以及融合课程理论[①]。以"学生学业结果为基础的教育"的教学理论是由斯派蒂提出的，是在 20 世纪 80 年所流行的"以能力为基础"或"以绩效为基础"的教育上发展起来的[②]。一些教师认为，"能力"或"绩效"是教学或评估学生的基础。"以学业结果为基础的教育"要求教师清楚地知道课程结束时学生应达到什么样的结果，然后通过寻找、设计有效的内容与方法让他

[①]方展画、吴岩《南非国家课程的实施、调整及启示——评南非"2005 课程改革"》，《课程·教材·教法》2004 年第 10 期。

[②]康建朝、尤丽雅《新南非国家教育政策制定机制探微》，《比较教育研究》2013 年第 3 期。

们接受教师所传授的知识，并努力达到这些结果。当结果出来后，就由教师根据结果来评估学生的学习成绩。在学习的过程中，教师和学生只负责学习，而不用关心是否能完成学习任务，直到学生能证实他们能达到事前规定的结果，才算学业合格。对于成绩优秀的学生来说，书本知识已经被他们所掌握了，就需要额外对他们进行教育，重点培养他们成长所需要的能力。在"以学业结果为本"的课程设计中，课程设计、教学内容、学业评价等都是围绕学业结果设计的，这样的教育方法体现了以学生为中心，而不是以教材或是时间为中心。由于废除了种族隔离政策，白人和黑人以及有色人种的教育不再有区别，而相比较之下，黑人的学习基础是不如白人的，所以，在如何评价学生能力和学习结果方面，就有很大的难度。

在这种教育思想的指导下，南非小学科学课程的标准规定在第一阶段，以观察自然为主，教师要把自然的特征教给学生，让学生能领略到自然界中最具普遍事物的科学。在第二个阶段，要让学生掌握科学技能，让小学生在学习科学理论的同时，在行动中探寻自然现象。教师有责任对每个学生的学习进行维护和讲解，并用正确的方法促进学生学习。南非教育标准强调科学课程和其他课程一样，其核心都是通过知识传授，让学生养成基本的思考能力，培养他们的判断和创新能力以及激发学生的学习兴趣。

1994 年推行新课程以来，南非科学教育发生了很多变化，南非的小学科学教育在提高南非儿童科学素养方面已取得了不错的成绩。南非全国 1—12 年级的科学统考情况显示，学生考试通过率在 60% 及以上的学校已从占全部学校的 38% 上升到 50%，通过率在 40%~59% 的学校减少到占全部学校的 23%，但还有 9% 的学校通过率在 16% 以下[1]。这说明新课程改革虽然取得了成绩，但仍存在问题。针对该问题，南非教育部对教育政策做出了调整，从关注数量的教育转移到关注质量的教育。在南非国家教育方针、政策的引

---

[1]Mary Grace Flores Villanueva.*Integrated Teaching Strateg Ies Model For Improved Scientific Literacy In Second-language Learners*. January 2010.

领下，南非逐渐形成了切合国家实际的科学教育模式，为其优质教育增益许多。

（二）南非小学科学课程标准制定的背景

1994 年民主大选之后，南非废除了种族隔离政策，课程改革迅速展开。《通过国家课程框架实现终身学习（1996）》（Lifelong Learning Through a National Curriculum Framework)"是南非民主政府的第一个主要课程标准。该标准制定的原则来源于南非政府颁布的《南非教育与培训发展白皮书》(1995)、《南非任职资格法案》（1995）和《南非教育政策法案》（1996)，这三个法案全面阐述了南非新政府对学校有关课程的政策与规范化的要求。在此基础上，国家教育与培训论坛（Nation Education and Training Forum）开始修订课程标准和进行科目合理化改革，主要目的是为制定统一的国家核心课程奠定基础。

《课程 2005》（Curriculum 2005）于 1998 年正式颁布实施，两年后，内阁委员会审核了这一课程标准，对其实施过程也进行了考查。2000 年 5 月 31日，审核委员会递交了《2005 课程评审委员会报告》，其内容主要是提议建立国家标准。7 月，委员会作出了开发国家课程标准的决策。在对《课程 2005》进行修订的基础上，R—9 年级国家课程标准（修订版）草案出台。2001 年 7月 30 日，该草案开始面向社会征求意见。2001—2002 年，根据社会意见对课程标准进行后续修订。2002 年 5 月，南非正式颁布 Revised National Curriculum Grades R—9 （NCS)。NCS 是对《课程 2005》的修订和强化，它保留了《课程 2005》的原则、目的和实质，并强调实施"以学习结果为本的教育"。南非 NCS 的颁布终止了地方教育部门对课程的决策权，使得基础教育课程内容设置混乱这一情况得到了显著改善，促使南非中小学课程的发展进一步规范化。

南非自从摆脱种族隔离的政治制度以来，通过结构调整基本清除了人为压制弱势群体发展的制度性因素。但是要做到消除贫困，减少不公，形势依然严峻。弱势群体是否能够享有机会已经不是制约南非社会进一步走向民主、繁荣的关键，是否拥有把握机会的能力才是关键①。而教育是解决问题的关键。2009 年祖玛出任南非总统，开始了新一轮国家发展的战略计划。新一届政府将基础教育置于国家发展战略中最为优先的地位。其首先将国家教育部一分为二，一为基础教育部，二为高等教育和培训部，并于同年出台了《国家战略规划绿皮书》，即新南非公立普通学校的课程政策。2010 年 1 月，在内阁会议上，祖玛政府确定了 2010—2014 年以结果为导向的国家发展战略优先目标，焦点是质量的提高。2011 年，南非教育部又出台了《2014 行动计划》，即有关基础教育的全面性阶段计划。为了保障教学的质量与有效性，南非进行了课程改革，用更加符合实际的《课程与评价政策声明》（Curriculum and Assessment Policy Statement）（简称 CAPS），简化了原先过于复杂的《国家课程标准》（NCS）。从 1997 年 3 月的《课程 2005》（白皮书）（Curriculum 2005）到 2002 年 4 月的国家 R—9 年级课程标准修订本（白皮书）（NCS），再到 2011 年 9 月的《R—12 年级课程与评估政策声明》（Curriculum and Assessment Policy Statement R—12），南非政府多次修订课程标准。其中，《R—12 年级课程与评估政策声明》相当于我国学前到高中阶段各年级各正式科目的课程标准。

二、课程设计比较

中国和南非小学科学课程设计包括课程性质定位、课程理念、课程设计思路三方面。

（一）课程性质的定位比较

我国《标准》在前言部分明确规定："小学科学课程是以培养科学素养为宗旨的科学启蒙课程。"它包含了两个方面的内容。第一，科学课程教育的目的是培养学生的科学素养。小学科学课程的名称从"自然"到"科学"，不

①王琳璞、徐辉《提高质量、夯实基础：南非祖玛政府的基础教育战略》，《比较教育研究》2013 年第 3 期。

是简单地替换了一个名词，它反映了学科培养目标的变化。课程改革前，"自然"学科的目的是了解自然现象以及培养对大自然的热爱之情，未能突出科学素养的内涵，而"科学"的内涵更加丰富，能准确地概括该课程的内容，体现了现代科学教育的理念。"科学"要求学生在掌握基本科学知识的同时学会用科学方法思考问题，逐步养成严谨的科学态度，懂得运用相关科学与社会知识解决生活中的问题，注重将科学精神与人文精神相结合，处理好现代科技与日常生活、科学内容与科学过程、知识教育与能力的关系。其次，小学科学课程的定位是科学启蒙课程。小学阶段是知识学习的关键期，同时也是身心发展的重要时期，在这一阶段，教师必须督促学生养成良好的学习习惯、掌握有效的学习方法，这样才能为今后的发展打下坚实基础。同时，小学生因为年龄小，认知水平处于形象思维阶段，知识积累与思维能力的发展都受到客观限制，因此对小学生进行科学教育，不能一味地强调知识的传授，只能从他们所熟悉的东西入手，根据小学生的身心特点和认知发展的特点，为他们讲授生活中所看到和关心的内容，逐渐培养他们的兴趣和思考能力，教会他们用科学的方式进行思考，为后继的科学学习打好基础，尤其是引发学生产生开启科学这扇大门的兴趣。

在南非，国家基础教育部将小学科学课程定位为"促进和发展学生的科学和技术素养，为学习者提供能贯穿终生的有意义的科学知识与技能的基础课程"。[①]它也包含了两个方面的内容：第一，南非将促进与发展学生的科学与技术素养作为小学科学课程的教学目的。同我国一样，南非也十分强调科学素养的培养，顺应世界各国科学课程改革的基本趋势。第二，为学习者提供贯穿终生的有意义的科学知识与技能，运用科学知识在日常生活中作出明智的决策。这就表明小学科学课程的设计应注重培养学生运用科学技术知识解决日常生活中遇到问题的能力，这种能力应为未来生活做准备，增加未来

---

① Basic Education Republic of South Africa.*Curriculum and Assessment Policy Statement* (*CAPS*) *natural sciences and technology Grades* 4-6.http://www.education.gov.za,2011.

生活的意义，并且作为在未来的生活中运用科学技术的基础，注重知识和能力的实用性。另外，南非将科学与技术作为基础课程，可见南非政府比中国更加重视科学教育的开展。

两国都将小学科学课程定位为基础课程，重视培养学生的科学素养，但南非更加强调科学与技术的综合及科学技术知识的实用性。这种差异主要是由两国承袭不同的课程模式所导致的，中南两国现在的教育模式都是模仿他国而逐渐演变而成的。中国的科学课程模式承袭苏联，实行分科教学，科学课程也不例外，虽然已将"自然"改为"科学"，开始重视综合课程，但仍然分别设置了科学课与劳动技术课。国际上已有许多国家将科学与技术合并为一门学科，更加强调小学课程的综合性。我国小学科学教育针对以往过于强调"双基"（基础知识和基本技能）的缺点，提出了"科学启蒙"的要求，经过多年的探索和实践，现已开始强调过程与情感体验的重要性，但还未设计出较好的综合实践科学课程。南非小学科学课程重视科学技术的实用性。一方面南非曾为欧洲的殖民地，深受美国实用主义以及杜威的学生中心论的影响，并完全复制了英国的课程模式。另一方面，南非虽然白人属于少数种群，却掌握了国家的经济命脉，在种族隔离时期，白人占据国家资源，享受着最好的教育，而广大黑人和其他有色人种几乎没有受教育的机会。种族隔离政策废除后，新宪法规定每一个公民都有受教育的权利。为了让更多的黑人摆脱愚昧和扩大教育基础以及让南非的经济发展拥有高素质的劳动力，南非小学科学课程强调基础教育和技能培养，以培养学生的创造性为主，目的是让每一个受到教育的南非人都会在将来成为一个富足的人。

（二）课程的基本理念比较

我国在《标准》中将基本理念归纳为六点。第一，科学课程要面向全体学生。为他们提供有效的指导和公平的学习科学的机会。第二，学生是科学学习的主体。科学课程以学生已有的认知经验和学生发展的实际需要为基础，为他们提供多种形式的探究活动，使他们能够有机会在活动中运用知识解决实际问题。第三，科学学习要以科学探究为核心。让学生在学习中体验科学的乐趣，增长科学探究能力。第四，科学课程的内容要面向社会和学生双方面。应选择既符合社会科学技术发展，又贴近儿童生活的内容。第五，科学课程应具有开放性。第六，科学课程的评价要能促进科学素养的形成与发展。评价既要关注学生学习的结果，更要关注他们学习的过程。

南非没有针对小学科学课程专门提出基本理念，而是在 CAPS 的前言部分对小学设置的所有学科提出了基本原则，相当于我国的基本理念。除了延续前课标"以教育结果为本"的基本理念，其他可归纳为：第一，纠正过去的教育失衡现象，对所有人提供均等的教育机会。第二，学会主动地、批判地学习，而不是死记硬背地接受知识。第三，注重高知识、高技能的培养。课程标准中规定了知识和技能在每个年级要达到的最低标准。第四，学科内容应遵循循序渐进的原则①。中南两国小学科学课程设计的理念有以下异同。

1.相同点

（1）强调教育的公平性，面向全体学生

中南两国在课程理念中均明确提出科学课程要面向全体学生，为他们提供有效的指导和公平的学习科学的机会。南非把"促进均衡发展"作为基础教育战略的核心议题和焦点。我国也把"公平"作为国家基本教育策略，这是由中南两国的国情决定的。儒家文化提倡的"学而优则仕"，使得我国从古至今一直强调精英教育。然而小学是基础教育，不是精英教育，要为每一个学生提供公平的学习机会。针对我国以往过于重视教育的甄别和选拔的功能，新课程特别强调小学的科学课程是面向全体小学生的，让每个学生在学习过程中都能展现自己的潜能。

（2）强调学生学习的主动性，反对被动的学习

中南两国在基本理念上都强调发挥学生在学习过程中的主观能动性，提倡学生主动地进行知识建构，而不是被动地接受教师教授的知识。

---

① Basic Education Republic of South Africa .*Curriculum and Assessment Policy Statement* (*CAPS*) *natural sciences and technology Grades* 4-6.http://www.education.gov.za,2011.

南非科学教育认为，死记硬背不能培养学生的创新能力。没有怀疑地看待书本上的知识，就没有真正的思考；通过怀疑和证明能更加深入地掌握知识。这样的教育理念有利于培养学生的创新精神。

我国把科学探究作为科学学习的核心，要培养学生的科学探究能力，就必须把学生放在科学学习的主体地位，充分发挥学生的主观能动性。在科学教学中，教师要转变对学生的态度，树立新课改倡导的学生观，逐步改善师生之间的关系，在教学中充分体现学生的主体地位。

（3）重视课程评价在教学过程中的发展性功能

南非 CAPS 虽然不再将"以结果为本"的教育理念作为核心，而把"提高质量、夯实基础、均衡发展"作为基础教育战略的核心议题和焦点，但从南非 CAPS 的设计来看，南非小学科学课程仍然重视课程评价在教学过程中的作用。其在课程标准中规定了知识和技能在每个年级要达到的最低标准，并且遵循循序渐进的教学原则制定学习内容，在教育发展的合目的性与合规律性之间不断寻找平衡[1]。南非的课程评价模式源于布鲁姆的"掌握教学"理论，教师和学生不用考虑他们何时达到需要达到的学习结果，直到学生达到预期结果，才算成功[2]。我国针对以往过于注重课程评价的甄别性，为了选拔优秀人才，以牺牲大部分学生的发展为代价的问题，提出了关注学生学习的过程，努力改变教育为少部分人服务的局面，从而使精英教育走向大众教育。

2.不同点

（1）民族文化传承不同，体现不同的侧重点

南非受西方教育观念的影响，更加注重学生自身的发展，强调个人本位论，将满足个人的发展与需要视为教育价值的根本所在，重视人的价值、个性发展及其需要，把课程目标定位为"个人的自我发展"。南非在 CAPS 的基

---

①康建朝、尤丽雅《新南非国家教育政策制定机制探微》，《比较教育研究》2013 年第 3 期。

②Mary Grace Flores Villanueva.*Integrated Teaching Strateg Ies Model For Improved Scientific Literacy In Second—language Learners*.January 2010.

本原则中，对于教育在社会方面没有提出特别的要求，但从整个标准的设计上看以及对学习者的高知识、高技能的要求来看，南非也开始注重教育为经济发展提供高素质的劳动力的作用，但更多的还是关注让每一个受了教育的南非人在将来都能成为一个富足的人。

我国受儒家文化的影响，强调教育应从社会需要出发，根据社会需要来确定教育目的。经过几次课程改革，我国已慢慢开始注重学生的发展，但仍然重视教育对社会的作用。我国《科学课程标准》提出："科学课程的内容要满足社会和学生双方面的需要。"这种平衡不再将社会与个体作为对立面，既使学生能够更快的适应社会，又使社会得到需要的人才。

（2）基本理念的针对性不同，体现不同的内涵

我国《标准》提出的基本理念是针对小学科学课程而言的，而南非在CAPS 中提出的基本原则是对小学所有开设的学科而言的。因此我国基本理念的内涵自然要更加丰富，更有针对性。而南非的基本原则比较笼统，没有针对性。例如我国《标准》指出科学学习要以科学探究为核心，抓住了科学学习的主要方面，而南非则没有这样的表述，使得南非的小学科学课程标准缺少主线。

（三）课程设计的思路比较

1.南非 CAPS 的设计思路

南非 CAPS 简化了原先过于复杂的国家课程标准（NCS）的设置，其主要内容包括四个部分。第一部分为国家课程设置的概况。主要叙述国家课程设置的背景和总原则，以及各科目在各年级段的时间分配。第二部分为自然科学与技术概述。主要说明科学课程在整个教学过程中的地位以及总目标和分目标。第三部分为科学课程的内容标准。本部分是最重要的部分，包括四、五、六三个年级，对每个阶段的学习内容和要达到的目标都作了规定，包括物理科学、生命科学、能量的转换、地球和宇宙、技术构成、机械和电气系统的控制六个部分，三个分目标贯穿始终，形成一个有机整体。第四部分为评估要求。即经过几年的科学课程的学习，学生需要达到什么样的程度。三、四部分为 CAPS 的

核心部分，体现了该标准的设计理念。南非的科学课程的评估要求比较具体，对基础不同的学生最后的学习效果评价，都有详细的规定，便于教师掌握。

南非实行九年一贯制教育，基础教育由基础阶段（学前—3 年级）、中间阶段（4—6 年级）、高级阶段（7—9 年级）组成[①]。南非在 CAPS（4—6 年级）中单独将评估要求列为一章，并在这一章中规定了知识和技能在每个年级要达到的最低标准，以及评估的具体内容和方式。

2.中国《标准》的设计思路

我国《标准》由五部分内容组成：①前言。主要是对科学课程改革的历史背景的简介，并对科学课程的性质和基本理念进行了阐述。②课程目标。由科学课程的总目标和三个子目标构成，这一部分主要是对科学探究、情感态度与价值观和科学知识相互之间的联系展开的讨论。③内容标准。内容标准是课程目标的具体化，主要从分目标的三个维度展开，包括科学探究、情感态度与价值观和科学知识。其中科学知识涵盖了生命世界、物质世界、地球与宇宙三方面的内容。该部分除了内容标准，文本还对每个主题内容都设计了活动建议。④实施建议。由教学建议、评价建议、课程资源的开发与利用、教材编写建议、教师队伍建设建议、关于科学教学设备和教室的配置等六个部分组成。⑤附录。包含有三块内容：对某些特定行为动词进行解释，教学行为和活动的分类与设计以及案例。

我国《标准》将 3—6 年级的科学课程作为一个相对完整的整体，强调课程内容的系统性与衔接性，按学段而非年级划分具体内容，仅对 6 年级结束时绝大多数学生应达到的程度作要求，具有灵活性和可行性，给任课教师一定的自主空间；具体内容标准是围绕国际上认可的科学素养——科学探究、情感态度与价值观、科学知识制定的，不仅单独列出科学探究和情感态度与价值观的具体内容标准，还将科学探究和情感态度与价值观的具体内容标准与科学知识的具体内容标准有机结合。

---

①柯珂《非洲及发展中国家基础教育论坛会议纪要》，《比较教育研究》2010 年第 4 期。

表 11-1　中国与南非小学科学课程设计思路比较

地区	中国	南非
设计思路	前言	国家课程设置的概况
	课程目标	自然科学与技术概述
	具体内容标准	具体内容标准
	实施建议	评估要求
	附录	

　　我国和南非的小学科学课程设计思路大体相同，都对课程性质、基本理念、课程目标、内容标准以及实施建议和评价做了详细的描述。中南两国都非常重视小学科学课程与中学阶段的衔接，使得科学素养的培养能在一个较长的时间里保持连贯性。但两国小学科学课程的设计思路略有些区别，主要体现在三方面。

　　第一，两国课程改革的方向不同。南非以前由于种族隔离、地方教育自治，各地方水平差距较大，没有统一的标准。面对各地区教育发展不平衡的问题，南非延续以教育结果为本的教育理念，对结果做了统一的要求，放宽对过程的设定。CAPS 对每个年级段的学生都提出了应达到的要求，规定了评估方式以及所占比例。一放一收是两国课程标准最大的区别。我国以前对学业的要求过于整齐划一，新标准不再针对年级提出学习要求，而是划分年级段，也没有具体规定如何考察，只说明学生在小学学习结束时应具备的能力。我国采取国家、地方、学校三级管理制度，鼓励地方课程和校本课程的制定，强调发展学生的自主性，给教师自由发挥的空间，适应各地区政经文教方面存在的差异。

　　第二，南非将科学与技术并为一体，趋向综合性课程。南非在种族隔离时期受到英国的影响，理科教育注重科学技术的实用性。种族隔离时期结束后，根据南非宪法的要求，南非小学科学课程实施了重大改革。为了突出技术教育的地位，强调科学的实用性，南非 CAPS 将科学与技术合并为一门课程，强调基础教育和技能培养，以培养学生的创造性为主，在一定程度上扩大了原有科学课程的内容范围。目的是让更多的黑人摆脱愚昧和扩大教育基础，以及让南非的经济发展拥有高素质的劳动力，让每一个受了教育的南非人都会在将来成为一个富足的人。南非课程标准把科学知识的普及和技术能力的培养放到同等位置，顺应了国际科学教育发展的趋势。

第三，我国《标准》设置了情感态度与价值观方面的内容。我国历来重视对情感态度价值观的培养，受我国教育传统的影响，力争在传授科学知识的同时，能培养学生具有客观的科学精神和科学态度。南非原科学课程标准（NCS）每一学段的学习都是围绕科学探究，建构科学知识体系，科学、社会与环境进行阐述。这与中国的框架设计很相似，但南非在新标准中改变了这一框架，采用了将科学方法与科学态度镶嵌在科学知识中的模式。这一改变，一是因为原小学科学课程标准都显得过于复杂，不适合南非的国情；二是因为南非科学课程加进了技术部分，更加综合，扩大了原来科学学习的范围。

综上所述，中南两国在小学科学课程性质的定位、课程理念及课程设计思路上有同有异，这是由于两国不同的历史背景、社会文化背景所决定的，同时，这些异同也影响了两国小学科学课程标准的课程目标及其他内容。

三、课程目标比较

（一）南非小学科学课程目标

南非小学科学课程的总目标，即"通过学习科技知识能够回答有关我们周围世界本质的问题，以及利用科学技术来改善我们的生活质量。这些可以为学习者从事经济活动和自我发展做准备，为未来的科技研究奠定基础，也为学习者积极参加重视人权和促进改善环境的民主社会做准备。科学的教与学包含了一系列可用于社区和工作场所日常生活的过程技能的发展。学习者可以在那种提供创造力、责任心和增加自信心的环境下获得技能。学习者提高了客观思考的能力，使他们形成在使用'过程与设计技能'

进行调查、反馈、合成、设计制造、评估和交流时使用各种形式的推理论证的能力。认识到科学与技术对我们的世界产生了重大影响，有积极的一面，也有消极的一面。理解科学历史和自然科学技术与其他学科间的关系，帮助学习者理解科技对社会主义和社会发展以及使用科学知识维护我们自身、社会和环境利益的必要性。懂得科学也能帮助我们理解道德问题决策的重要性。"①南非教育的目的也是从科学知识、科学方法、科学态度这三个层面描述的。

依据总目标的科学知识、科学方法、科学态度这三个维度，南非的分目标也分为三个，即目标一，知道与学科内容相关的理论；目标二，学会科学实践的工作与调查，为日常生活中遇到的问题设计解决方案；目标三，理解科学技术在日常生活中的应用，以及了解科学发现与技术解决的历史，理解本土知识和科学技术的关系②。

(二) 中国小学科学课程目标

我国《标准》将小学科学课程的总目标定为"通过科学课程的学习，知道与周围常见事物相关的浅显易懂的科学知识，并能将学到的科学知识应用于日常生活，逐渐养成科学的行为习惯和生活习惯；了解科学探究的过程与方法，尝试将这些方法应用于科学探究活动，逐步学会科学地看问题、想问题；对周围世界保持一颗好奇心，大胆想象、尊重事实依据、敢于创新，爱祖国、爱家乡、爱科学，珍爱生命，亲近并欣赏自然，积极参与资源和环境的保护，关心资源和环境的保护，关心科技的新发展"。我国科学课程总目标由知识与技能、过程与方法、情感态度与价值观这三个层面的要素构成。这三个要素分别对应了科学素养的三个方面。

为了完成总目标，我国《标准》对总目标进一步划分，根据科学素养的

---

①Basic Education Republic of South Africa.*Curriculum and Assessment Policy Statement* (*CAPS*) *natural sciences and technology Grades* 4–6.http://www.education.gov.za,2011.

②Basic Education Republic of South Africa.*Curriculum and Assessment Policy Statement* (*CAPS*) *natural sciences and technology Grades* 4–6.http://www.education.gov.za,2011.

三个核心要素（科学知识、科学方法和科学态度），将总目标分为三个子目标：科学探究、情感态度与价值观和科学知识。实际上，这三个分目标与小学生科学素养的三个核心要素基本吻合。科学探究的过程是一个自我探究的过程，主要包括对科学探究概念及内涵的理解。可以看出，小学科学教育并不以培养科学家为目的，而在于提高本国公民的科学素质，培养更多能够灵活运用科学事实与方法和能够高度理解把握科学政策的新型公民，能够运用科学知识解决个人和社会的问题。

（三）比较与分析

1.总目标设定的维度相同，具体内容略有区别

中国与南非课程总目标的设计维度相同，但内容有别。

表 11-2　中国与南非小学科学课程总目标比较

	中国	南非
知识与技能	通过科学课程的学习，知道与周围常见事物相关的浅显易懂的科学知识，并能将学到的科学知识应用于日常生活，逐渐养成科学的行为习惯和生活习惯	通过学习科技知识能够回答有关我们周围世界本质的问题，以及利用科学技术来改善我们的生活质量。这些可以为学习者从事经济活动和自我发展做准备，为未来的科技研究奠定基础，也为学习者积极参加重视人权和促进改善环境的民主社会做准备。科学的教与学包含了一系列可用于社区和工作场所日常生活的过程技能的发展。学习者可以在那种提供创造力、责任心和增加自信心的环境下获得技能
过程与方法	了解科学探究的过程与方法，尝试将这些方法应用于科学探究活动，逐步学会科学地看问题、想问题	提高学习者客观思考的能力，使他们形成在使用"过程与设计技能"进行调查、反馈、合成、设计制造、评估和交流时使用各种形式的推理论证的能力
情感、态度与价值观	对周围世界保持一颗好奇心，大胆想象、尊重事实依据、敢于创新、爱祖国、爱家乡、爱科学、珍爱生命，亲近并欣赏自然，积极参与资源和环境的保护，关心资源和环境的保护，关心科技的新发展	认识到科学与技术对我们的世界产生了重大影响，有积极的一面，也有消极的一面。理解科学历史和自然科学技术与其他学科间的关系，帮助学习者理解科技对社会主义和社会发展以及使用科学知识维护我们自身、社会和环境利益的必要性。懂得科学有助于我们理解道德问题并进行道德决策

可见，在世界科学课程开发的共同趋势下，指导思想趋向一致，科学学习以探究为核心，以学生为主体，课程内容要满足社会和学生双方面的需要，关注人类与整个生存环境的关系，注重道德、价值观的培养。中南两国都是从知识与技能、过程与方法、情感态度与价值观这三个维度制定小学科学课程目标的，这符合国际课程发展的趋势。但是南非与中国在这三个维度下的具体目标内容是有一定差别的。

在知识与技能方面，我国更强调科学课程学习的目的不在于将每个人培养成科学家，而是为了提高年轻一代国家公民的科学素养，培养掌握丰富的科学知识与方法和具有科学判断力的新型公民，使他们能够将科学知识运用于解决个人和社会问题。而南非更加强调学习科学知识服务于现在，以及为今后的生活、工作、学习做准备，并且对学习科学知识技能起到的作用有较多的描述。在过程与方法方面，两国几乎差不多，只是表述上略有区别。在情感、态度与价值观方面，我国从一个人对科学的情感出发，而南非更多的是从一个公民要具备的科学素质出发，注重科学与社会和技术之间的联系。我国比较倾向于人本主义，体现了我国"以人为本"的基本思想；南非更加倾向于建构主义，体现了"实用主义"的思想。

（1）均重视科学素养的培养，着眼于学生的长远发展

两国的小学科学课程的目标里都包含了科学素养的成分。科学素养的内涵非常丰富，其主要维度包含对科学知识的积累和应用、对科学探究的过程与方法的了解和实践、对与科学相关的积极向上的情感态度价值观的培养，与中南两国总目标的三个维度相吻合。

中南两国标准都认为，科学的学习为我们理解周围的世界打下基础，在我们日常生活、学习和工作的很多方面，科学和技术发挥着重要的影响，强调学生学习过程的不间断性，遵守循序渐进的教学原则，突出诊断性评价和形成性评价的作用，将科学技术与日常生活有机结合。学校的教育不仅具有即时性，而且具有延时性，学校的教育不仅关注学生在校内的表现，也要关注将来学生进入社会后是否有好的发展前途。

（2）南非较重视对日常问题的解决和对技术的运用

南非小学课程加进了技术学习的成分，将原课程标准的科学探究，科学知识体系，科学、社会与环境三个维度的分目标改为科学知识、科学实践、科学态度三个维度，表明南非 CAPS 更加注重实际应用以及科学课程的综合化。从 20 世纪末期开始，世界科学课程就开始朝综合化方向发展，而不再仅仅局限于某一个领域之内。而且南非在每个分目标后面都附加了评估的内容，这与我国差别较大，评价贯穿南非 CAPS 的整个主线，课程评估在标准中占有重要地位。

（3）中国重视个人的情感体验，南非则关注科技对周围世界的改变

中国的教育传统是社会本位论，较关注教育对社会的作用；南非的教育传统是个人本位论，强调教育为个人的成长服务。但在小学科学课程目标中的情感态度与价值观方面，中国较重视个人的情感体验，"对周围世界保持一颗好奇心，大胆想象、尊重事实依据、敢于创新""积极参与资源和环境的保护，关心资源和环境的保护，关心科技的新发展"等都是从学生出发，关注一个人通过科学教育所产生的变化。而南非则关注科技对周围生活的改变，特别强调了科技具有双面性的特点，要求学生客观地认识科技对生活的影响，正确地对待和使用科学技术，这一点值得提倡。

四、课程内容比较

我国《标准》中不再详细地规定各年级的孩子应该学什么，视小学为一个相对完整的阶段，内容设置包括三大部分：科学探究、情感态度价值观、科学知识，其中科学知识又分为生命世界、物质世界、地球和宇宙。

南非 CAPS 将科学与技术课程内容分为五个部分：物质与材料、能量与转换、生命系统、地球与宇宙、结构与机械，但并未在课程内容中单独设立结构与机械板块，而是将其融入其他四个主题里。课程内容设置的结构是依据四大主题即物质与材料、能量与转换、生命系统、地球与宇宙和年级纵横两个维度划分。

从两国课程内容设置可以看出，中南两国小学科学课程的内容大致可归纳为科学探究、科学知识、情感态度与价值观、科学与技术四个方面。

（一）科学探究

南非 CAPS 模仿加拿大《标准》中科学探究的呈现模式，融合了科学探究与科学知识，根据不同年级划分为不同的科学知识板块，每个知识板块由课时、主题、内容、活动建议与所需材料五部分构成。每一部分都设计了"设计制作、调查实践、案例研究与解决问题"等环节，这些环节正是科学探究在其标准中的体现。例如生命系统部分，四年级"植物与动物"的主题中要求学习动物和植物的生长环境，南非小学科学课程标准在活动建议部分要求教师会利用本国天然的丰富自然资源；要求学生主动调查学校附近的栖息地，研究动物的生存环境；将动物与栖息地配对，说出动物选择栖息地的理由；搜集资料、写观察日记或报告等；最后还要求学生动手制作鸟巢、狗舍、兔子窝等。可以看出，南非的教学活动与我国的科学探究的过程与方法不谋而合，充分体现了 CAPS 分目标中"通过科学实践的工作与调查，解决日常生活的问题"这一要求。在这种模式中，科学探究的具体内容被分化到了具体的科学知识的学习中，使二者成为一个相互渗透的统一的过程[1]。

我国《标准》认为："科学教育不仅是教授科学知识的教育，更是教授科学方法的教育。"科学探究是一种将科学的思维方法与探索精神融为一体的开拓科学视野的求知方式。它在科学学习以及整个科学教育中起着举足轻重的作用。科学探究环节很容易引起小学生对科学学习的兴趣，其学习过程不仅可以增长小学生科学文化知识；同时在进行自我探究学习的过程中，小学生的心理和思维也能得到很好的锻炼，使其更好地理解科学的内涵意义。在小学科学教育中，科学探究不仅可以用来促进知识构建，还能帮助学生形成科学观念、领悟科学研究方法，探究式学习已经成为各国中小学科学课程的

---

[1]郝敬云、郝京华《科学探究如何编入小学科学课程标准——加拿大、日本、美国的科学课程标准分析与启示》，《当代教育科学》2009 年第 1 期。

主流教学方式。

我国小学阶段的科学探究不仅涉及提出问题、猜想结果、制订计划、观察、实验、制作、搜集证据、进行解释、表达与交流等活动，还涉及对科学探究的认识，如科学探究的特征。科学探究作为我国科学课程的内容之一，位于科学标准的第一部分，由此可见其地位和作用的重要。标准对每一探究步骤的内容标准和活动建议进行了具体描述，比如在"猜想与假设"这部分，具体内容标准为"能应用已有知识和经验对所观察的现象作假设性解释；能区分什么是假设，什么是事实"。活动建议则为"在动手实验之前，让学生对实验结果进行假设和预测。如在做物体的沉浮实验之前，先让学生假设物体的沉浮与什么有关，然后对给出的几种物体的沉浮作出预测"。另外，附录中的案例为教师提供了教学范例，既给教师提供了范本，又不禁锢教师的实际操作。

科学探究在课程标准中的呈现模式大致分为三种：科学探究过程技能与科学知识内容相结合的编写模式、科学探究过程技能镶嵌在科学知识中的编写模式、科学探究过程技能内容顺序单独编写模式。南非属于科学探究过程技能镶嵌在科学知识中的编写模式；而我国由于其科学探究独立成章，属于科学探究过程技能内容顺序单独编写模式。

（二）基本科学知识

科学知识是科学课程标准内容部分的主体内容之一，也是对科学课程目标的延伸和具体体现。南非将科学知识分为五个部分：物质与材料、能量与转换、生命系统、地球与宇宙、结构与机械，但并未在课程内容中单独设立结构与机械板块，而是将其融入其他四个主题里，并且在每个实践活动后都会附加评估标准。例如四年级学习生命系统时要制作动物居所，内容标准后就规定了完成这项任务的评估要求①。

---

① Basic Education Republic of South Africa.*Curriculum and Assessment Policy Statement* (*CAPS*) *natural sciences and technology Grades* 4–6.http://www.education.gov.za,2011.

表 11-3 南非小学科学知识部分

	生命系统	物质与材料	地球与宇宙	能量与转换
4 年级	生物与非生物、植物和动物、设计动物居所	材料、复合材料、加强材料、物体的存在形式	地球在太空的位置、太阳、月亮、星星	声音、制作乐器、运动
5 年级	能量流和食物链、生物的多样性、动物和人类的感官	材料的属性、使用材料	地球的结构、地球表面、岩石、化石	能源、我们可感知的能源、能源的用途、能源系统、结构与机械、制作移动装置
6 年级	地球的生命系统、环境和水资源、营养与健康、环保、动物的骨架	混合物、融化与溶解、可溶与不可溶性物质、溶率、运动的类型	太阳系	电力、电路、能量转换、安全和电、保护电路的报警装置

　　我国将科学知识分为生命世界、物质世界、地球与空间三个板块，而且每个板块的具体内容亦是按主题划分的，没有年级的界限，而是将小学科学课程视作一个相对完整的整体。

表 11-4 中国小学科学知识部分

	主题		
	生命世界	物质世界	地球与宇宙
3—6 年级	多样的生物：常见的植物、动物、其他生物	物体与物质：物体的特征、材料的性质与用途、物质的变化、物质的利用	地球的概貌与地球的物质：地球的概貌；岩石、沙、土壤；水；空气
	地球的生命系统、环境和水资源、营养与健康、环保、动物的骨架	混合物、融化与溶解、可溶与不可溶性物质、溶率、运动的类型	太阳系

续表 11-4

主题		
生命世界	物质世界	地球与宇宙

	生命世界	物质世界	地球与宇宙
3—6 年级	生命的共同特征：动植物的一生、生物的繁殖、生物的基本构造和功能、生物的基本需求、遗传现象	运动与力：位置与运动、常见的力、简单机械	地球运动与所引起的变化：地球运动与天气变化；地球运动与昼夜变化；地球运动与地表变化；地球运动与四季变化
	生物与环境：生物对环境的适应、净化现象	能量的表现形式：声音的产生与传播、热现象、光的传播、简单电路、磁现象、能量的转换	天空中的星体：太阳和月球；太阳系、银河系及宇宙空间；探索宇宙的历史
	健康生活：生理与健康、生长发育、良好生活习惯		

　　从表 11-3 与 11-4 比较可以看出，我国与南非的科学知识内容设置基本一致，只是切入点稍有不同。南非 CAPS 在每个主题的内容标准中，都尽量将科学技术知识与本土文化相融合，一方面运用现代科技提升、完善本土知识；另一方面，尽量挖掘本土素材中的科技信息，利用本土素材向学生讲述有关科学技术方面的知识。尤其体现在综合实践方面，南非在课程标准中还标注了哪些是与当地有关的科学知识。如四年级学习声音这个主题时，教师让学生比较几个当地传统乐器的发声原理，并且要求学生制作一个简单的传统乐器。又例如六年级学习运动这个主题时，教师指导学生识别当地的一种机器运行的方式。

　　我国《标准》主要用整体与联系的角度划分科学知识的层次与结构。南非由于按年级划分，内容设置由易到难逐渐过渡。低年级时学习简单有趣的知识，如四年级学生在学习地球与宇宙时，老师仅仅向学生解释平时生活中看到的和听过的现象，例如日出和星星，从学生已知部分着手，讲关于太阳、月亮和星星的传说，引起学生的共鸣，启发学生的兴趣；高年级再学习有复杂关系的有关系统的知识。强调学生学习必须循序渐进和持之以恒，强调评价的形成过程和诊断性作用，讲究科学技术与日常生活的融合。

（三）情感态度与价值观

我国在小学科学课程标准的内容设置中将情感态度与价值观单独作为一部分，具有非同寻常的意义。德国教育家赫尔巴特认为教学过程始终具有教育性。我国在小学科学教育的过程中始终伴随着情感、态度与价值观的教育，充分体现了我国的科学教育对科学精神和科学价值观的重视。

相比于我国将情感态度价值观作为单独的评价标准，南非在其小学科学课程标准中并没有采用这种做法，而是将此部分知识融于五大主题之中，因而在南非 CAPS 中并不难看到对情感态度价值观的重视。南非对情感态度与价值观方面的要求主要体现在课程目标中，如总目标中"认识到科学与技术对我们的世界产生了重大影响，有积极的一面，也有消极的一面。理解科学历史和自然科学技术与其他学科间关系，帮助学习者理解科技对社会主义和社会发展以及使用科学知识维护我们自身、社会和环境利益的必要性。懂得科学也能帮助我们理解道德问题决策的重要性"。南非在分目标中也将科学态度单独作为一个分目标提出，可见，南非也重视对学生积极的情感态度价值观的培养。

（四）科学与技术

科学与技术从来都不是分开的，科学即发现、积累或运用已系统化了的普遍知识。技术是在生产劳动方面的经验与技巧。技术是将科学用于生产、付之于实践的载体。尤其在当今世界，科学技术成为第一生产力，科学技术联系得更加紧密。

南非 CAPS 将科学与技术融合在一起，强调学习过程中引导学生学习探究问题、解决问题的技能和策略，调整固有的思维习惯并且通过反复学习来理解与科学技术有关的基本概念。此外，为了更有利于学生拓展知识广度，在学习新知识前预先设置一些与新知识相关的技术和概念情境，这些情境包含着与科学技术、社会和环境相关的问题，使新知识得以不断强化。

我国标准没有将技术部分加入科学课程，只是在情感态度价值观内容部分提到"对待科学、技术和社会的关系"，作为一个较小的模块描述；另外单独开设了劳技课，一周一次，主要进行一些手工类的教学活动。

科学技术的学习已经不仅仅是事实的学习，也不再是单一的知识，应当将其作为一个包含了多种知识的主题让学生学习，帮助学生用批判性的眼光理解科学技术的发展对现代社会与环境的影响。

（五）比较分析

1.设计模式不同，但内容基本一致，均将科学探究置于重要地位

科学探究是我国小学科学教育中的重中之重，是小学生进行科学学习的中心环节。科学探究被作为国际科学教育的一大主题，受到广泛重视。我国将科学探究独立成章，属于科学探究过程技能内容顺序单独编写模式。这种编写模式便于教师了解科学探究的范畴，条理清晰，但缺点是与科学知识分割，不便于教师在教授科学知识的同时培养科学探究。与我国不同，南非采用的是将科学探究融合在科学知识中的编写模式，但这并未削减科学探究的重要地位，而是始终将科学探究作为科学教育中的一大重要元素。在 CAPS 中，虽然没有特别强调科学探究，但从课标内容的设置中可以看出科学探究对学生学习科学的重要意义。这种镶嵌式的模式，有利于减少教师对于某些难以把握的抽象的科学探究过程与方法的理解。将科学探究过程镶嵌在科学课程的五大主题中，体现了综合课程知识技能的迁移过程，对学生运用科学知识解决日常生活中遇到的问题有着积极影响。这两种模式各有千秋，最好将两种模式相结合，既在科学知识中融入科学探究的内容，又将融于科学知识的科学探究部分单独列出，以使条理清晰，便于操作。

虽然中南两国科学探究在标准中的呈现模式不同，但内容基本一致，均包括了生命世界、物质世界、地球与空间等主题，主要涉及学生日常所见事

物和自然现象，与学生生活的环境相联系。中国较偏向在实验室中探究，重视科学思维的养成；而南非在科学知识的探究过程中，对于身边资料的利用做得较好，能因地制宜，学以致用。

2.南非将科学与技术合并，更加突出科学课程的综合性

南非 CAPS 加入技术部分，把技术和科学结合起来，是其与中国不同的地方。南非受西方教育的影响，十分重视知识的实用性。南非将科学和技术两个方面结合起来，既有针对科学方面提出的目标，也有针对技术方面提出的要求，科学知识和技术技能通过优势互补，在实践中发挥巨大作用。南非一直把科学知识和技术之间的联系作为核心，重视科学与社会之间的联系。南非以前是一个种族隔离的国家，黑人处于受压迫、受歧视的地位，几乎没有受到过正规教育，多数黑人和有色人种是文盲，缺乏谋生的技能。南非在 CAPS 中把科学与技术结合起来，原因在于黑人家庭多数贫穷，在接受完义务教育之后，很难继续深造，而是走向社会，开始谋生。在儿童时代就接受技术教育，可以让他们在走向社会之后，对技术有一定的了解和兴趣，能较快地接受技术培训。南非不但强调连续性学习和渐进性学习，还强调学习评价的诊断性和形成性，突出科学知识与技术、社会相融合。

当今世界，科学技术成为第一生产力，科学与技术的联系更加紧密。南非新《标准》顺应了国际科学教育发展的趋势，把科学知识的普及和技术能力的培养放到同等位置。许多发达国家十分重视科学与技术的联系，如加拿大就将科学与技术并为一门课程。

3.南非将课程评估贯穿于整个课程内容

南非 CAPS 十分重视课程评估的作用，将课程评估设置在课程内容中，并作为一条主线贯穿于其中，尤其是对科学探究活动的评估，内容非常详尽，每个实践活动后都会附加评估标准。例如四年级学习生命系统时要制作动物居所，内容标准后就规定了完成这项任务的评估要求，包括实际任务、所用知识与技能的范围、应达的课程目标、正式与非正式的评估方式等。

我国对课程评价的重视不够，只是将其作为教学建议板块中的一部分。

将教学评价与教学分离，教师对具体知识的评价容易产生疑问，不利于教师在教学中对学生作出形成性评价，操作性不强。

4.中国较重视情感态度与价值观的培养

南非对情感态度价值观的重视在课程目标中已有所体现。同科学探究一样，南非在 CAPS 中将情感态度价值观融入五大主题中，并未单独列出此部分知识，其总目标中对此即有体现；同时在分目标中将科学态度单独作为一个分目标提出，可见南非也是比较重视学生的积极的情感态度价值观的培养的。

我国历来重视对情感态度价值观的培养，受我国教育传统的影响，力争在传授科学知识的同时，培养学生具有客观的科学精神和科学态度。中国《标准》设置了情感态度与价值观方面的内容，对应科学素养（科学知识、科学方法、科学态度）中的科学态度。

五、评价建议比较

评价是教学过程中的一个不可缺少的部分，主要是评价学生对科学概念的理解和对基本的过程技能和综合过程的掌握。课程评价对课程实施具有导向和监控作用。课程培养目标受评价目的、评价内容和评价方式的直接影响。各个国家开始意识到，建立与教学相适应的评价体系和评价工作模式是实现课程改革的必要条件之一。

中南两国的课程评价在其阐述上有很大区别，我国《标准》将评价建议安排在实施建议中，作为其中的一部分，分为评价目的、评价内容和评价方式三个部分。南非 CAPS 将课程评估单独列为一章，可见其对课程评估的重视。这源于南非之前确立的"以结果为本"的教育理念，虽然标准对这一教育理念有所淡化，但是还是保留了课程评估的重要地位。因为南非各地区的教育资源十分不均衡，以最终的评估要求作为课程实施的依据，对于提高南非的教育水平，加强管理，有相当重要的作用。该评估要求分为正式和非正式两种，分别针对教学的过程和结果。

(一) 中国 《标准》 中的评价建议

我国 《标准》 中的评价建议分为评价目的、评价内容和评价方式三个部分。我国 《标准》 中，虽然没有对评价建议作太多的说明，但却提出了许多新的评价理念，如"立足过程，促进发展"就是新课程所提倡的。新的评价改变的不仅是评价形式，更重要的是评价理念、评价方法与评价手段以及实施过程。评价方式有别于传统，更关注于评价主体的多元化、评价内容的全面化、评价方法的多样化、评价时机的全程化。

1.评价目的

中国 《标准》 指出，评价的目的是为了"了解学生实际的学习和发展状况，以利于改进教学、促进学习，最终实现课程宗旨，即提高每个学生的科学素养"。在新型的评价方式中，学生将发挥主体作用参与教学评价，学生有足够的空间和时间反思自己的学习状况，并能够对教师的教学状况提出自己的建议。我国更关注个体的进步和多方面的发展潜能，突出评价促进发展的功能。

2.评价内容

我国 《标准》 强调评价内容要"全面化""综合化"，不仅涵盖科学素养各方面的内容，还要评价学生在情感态度与价值观、科学探究、科学行为习惯等方面的变化与进步。为了适应人才发展多样化的需求，评价内容应该更加重视培养科学知识以外的综合素质，其中创新能力、探究精神、与他人合作及实践能力最为重要。评价标准不能一刀切，根据学生的实际情况，评价内容应层次化，而不是全班同学整齐划一，要重视学生之间的差异性，了解学生发展中的个性化需求，使每一个学生都能在各自的基础上得到提高。

3.评价方式

我国 《标准》 中所规定的评价方式是在教学中教师要灵活运用各种评价方法，如教师观察、与学生谈话、杰出表现记录、测验与考试、活动产品分析、学生成长记录袋、评定量表、作业法和评议法等。

(二) 南非 CAPS 的评估要求

南非 CAPS 将课程评估单独作为一章节，可见南非对评价的重视。南非《标准》虽然不再将"以结果为本"的教育理念作为核心，而把"提高质量、夯实基础、均衡发展"作为基础教育战略的核心议题和焦点，但从其 CAPS 的设计来看，南非小学科学课程仍然重视课程评价在教学过程中的作用。

观察南非的课程评估要求，可以看出，科学课程的评估以促进学生的发展、提高学生的学习、改进教师的教学过程为目的。南非 CAPS 认为评价是一个连续的计划与识别过程，其收集和解释学习者的信息，使用各种形式的评价。它包括四个步骤：收集信息；评估信息；解释并记录信息；调整教学过程，促进学生发展，提高学生的学习。CAPS 的课程评估分为两种，即正式评估和非正式评估，并且标注了这两种评估占总成绩的比率。这两种评估都应定期向教师反馈，使得教师能及时为学习者提供改进学习的经验[①]。

1.非正式评估

非正式评估是评价学生在学校过程中所获得的能力，这种评估的目的是为了促进学生的发展。非正式评估用来监测学生日常学习的进步，对学习者的评价具有连续收集学习者的动态成就的功能，可以用来改进他们的学习。它通过观察、讨论、示范、师生交流、非正式的课堂互动等活动进行。非正式的评估可以简单地监测上课期间学生观察、讨论等学习进展如何。非正式结果评估并没有正式的记录，学习者有时间反思自己和提高自己的学习水平。非正式的持续的评估帮助获取知识与技能，是对正式任务进行评价的垫脚石。

2.正式评估

南非 CAPS 的正式评估是按年级划分的，每一个年级制定了具体的评估标准。评估标准涉及四个主题：物质与材料、能量与转换、生命系统、地球与

---

① Basic Education Republic of South Africa.*Curriculum and Assessment Policy Statement* (*CAPS*) *natural sciences and technology Grades* 4–6.http://www.education.gov.za,2011.

宇宙。按三个具体目标（科学技术知识、科学技术实践和科学技术与社会）进行相应的评估。南非 CAPS 在正式评价部分列出了详细的评估要求以及评估内容，还规定了每一块所占比例及考试时间，如五年级课程评估规定，正式评估占整个学业评估的 75%，科学知识占 40%~50%，实践方面的任务占 20%~40%，技术占 20%~40%，考试时间为 40 分钟[①]。南非 CAPS 规定学业评价采取国家评价、教师评价和家长评价相结合的方式，通过国家测试、教师手册和练习作业三方面对学生的学业成绩进行评价。从评价的结果中，教师对于怎样改善学生的学习及自己的教学方法能作出全面的判断。

3.比较分析

（1）均注重体现课程理念、实现课程目标

课程评价是检验课程目标实现与否的主要手段，体现了一定的教育教学理念，是促进教学过程不断改进、学生学习不断取得进步的有效手段。中国和南非开设科学课程的目的都是要培养学生的科学素养。中国《标准》规定了小学科学的课程评价方式应多样化、过程化、全面化，改变了我国以往单调死板的评价方式。

南非 CAPS 的评估标准涉及四个主题（物质与材料、能量与转换、生命系统、地球与宇宙）和三个具体目标（科学技术知识、科学技术实践和科学技术与社会）。每个主题的评价要求是按照科学素养三个要素详细阐述的，科学素养的三要素也是南非科学课程目标的三个维度。在这一点上，我国与南非有着相同的认识，顺应现代科学课程设计的潮流。

（2）均重视对学生学习过程的评价

中南两国的评价建议都强调，"科学课程评价的根本目的是为了促进学生学习，改善教师教学"。课程评价不仅有筛选、甄别的功能，更强调检查、诊断、反馈、激励等功能。为了更全面、更深入地评价学生，标准提出要恰

---

① Basic Education Republic of South Africa.*Curriculum and Assessment Policy Statement* (*CAPS*) *natural sciences and technology Grades* 4–6.http://www.education.gov.za,2011.

当运用多种评价方式，将形成性评价与终结性评价、定性评价与定量评价相结合，强调评价主体的多元化。不论中国还是南非标准，均提出教师在评价过程中不仅要担任裁判员，也是学生学习的伙伴和帮助者。在评价内容上，不再局限于知识、技能的评价，还涵盖"科学精神"等内容。

（3）均注重评价的正面激励功能

评价的根本目的是促进学生的发展，所以评价过程本身也应该有利于学生的发展。班杜拉认为，人的行为受自我效能感的行为结果和先行因素的影响较大。自我效能感是指人们对自己能否成功做成某事的主观判断。影响自我效能感形成的最主要的因素是个体的成败经验。换句话说，成功了会对自己提出更高要求，失败了会降低对自己的期望值。因此教师在评价学生时，应以激励性的语言为主，从正面积极地评价学生。

中南两国都强调"应重视激励学生"，宜多用激励性的评语赞赏、肯定学生的努力，建立他们的自信心，并从正面引导、鼓励学生向上。

（4）南非更重视课程评估，评估建议具体明确

南非 CAPS 的课程评估不仅仅存在于课程评估的章节，而是贯穿于整个课程标准，在内容标准中，每一科学实践活动后都会附加评估标准。在课程评价这一章里，内容十分详细，按年级、主题、科学素养三要素阐述了小学科学评价内容，并且详细规定了比例、考试时长及评价方式，详细描述了正式和非正式两种评估方式，此外还规定学业评价不仅只有学校的内部评价，还应重视社区、国家的外部评价。篇幅之长，内容之细，可见南非对课程评估的重视，这源于之前南非"以结果为本"的教育理念。这里的"结果"是指在经过一段时间的学习或经历结束后，学生所达到的看得见的学业成果。这种成果主要表现为三个方面：学生知道了什么；通过他们知道的能真正去干什么；在实现学业成果的同时增强学生的信心与动机[1]。我国《标准》对评价

---

① 方展画、吴岩《南非国家课程的实施、调整及启示——评南非"2005课程改革"》，《课程·教材·教法》2004年第10期。

建议的描述不多，只是将其作为实施建议中的一个部分。比起南非标准中的课程评估，我国的评估标准有些只是理念的描述，详细操作的内容较少。

六、南非 CAPS 对我国的启示

由于国情不同，两国有着不同的政治、经济、文化、历史。因此，两国的课程标准存在着一些差异。南非的小学科学课程标准有很多值得我们借鉴的地方。

（一）重视科学教育与技术教育的有机结合

南非标准给我们最大的启迪就是其对技术知识的重视。国际上许多国家已都将科学与技术合并为一门课程，我国的新课程标准在技术方面体现得不够充分。科学和技术可以说是相辅相成的，科学技术越来越走进人们的生活，我们既要了解科学与技术的正面作用，还要了解它的负面影响。因此，在进行科学教育时不能忽视技术教育，应该以正确的态度对待科学技术方面的知识，提高我国小学劳技课的地位，将科学教育与技术教育有机结合起来。

根据我国教育部课程方案，小学以综合课程为主，初中以综合课程和分科课程相结合为主，高中以分科课程为主。科学课程在小学阶段属于综合课程，综合课程是指打破传统分科课程的知识领域，组合两门以上的学科领域而构成的课程，它采取合并相关学科的办法减少教学科目。综合课程不仅有克服当前学科学习分科过细的缺点，还有较容易贴近现实生活的优点。随着社会的进步，科学知识和技术技能不断综合，在未来的职业中，工作者被要求综合运用不同学科知识完成工作。因此，综合课程不仅要教授学生科学知识和学习方法，还要满足学生未来的就业需要[①]。

（二）注重科学教育的本土化，加强科学素养的可操作性

科学教育已成为我国基础教育的重要组成部分。我国着力培养小学生科学素养的教育理念，是为了提高学生的综合素质。有学者认为，对学生进行

---

① 全国十二所重点师范大学联合编写《教育学基础》，北京：教育科学出版社，2002年，第 153 页。

科学素养的教育其本质并非完全以学习科学知识为目的，而是将理性精神蕴于人文教育之中，一般经历两个阶段：首先结合具体情境将科学教育本土化，其次是在教育实践过程中使科学教育具有可操作性[①]。由于每个学生的经验有相同部分也存在差异，对于一个地区或者一个国家的孩子来说，相同的部分就是本土文化；对于不同地区甚至不同国家的学生来说，最大的差异也是当地文化的不同。因此，要想利用好学生的已有经验进行知识建构，就必须重视将科学教育本土化，只有从学生的已有经验出发，才能更好地促进学生的知识建构。科学教育本土化要根据我国的国情，针对各年级学生的差异，将科学教育本土化的要求细化到具体的内容标准之中，这对提高我国国民科学内涵和科学素养，具有非常重大的意义。

（三）注重将科学素养三要素有机结合

我国《标准》采取的是将科学探究和情感态度与价值观单独编写的模式。这种编写模式条理清晰、简洁明了，但容易使教师在教学时将科学素养的三个维度分割开来，甚至不清楚如何通过教学培养科学探究与情感态度价值观。南非采用的是将科学探究、情感态度与价值观镶嵌在科学知识中的编写模式，这种模式有利于减少教师对于某些难以把握的抽象的科学探究过程与方法的理解，体现了综合课程知识技能的迁移过程，对学生运用科学知识解决日常生活中遇到的问题有着积极影响，但不利于教师有针对性地对学生的科学探究和情感态度价值观培养，容易造成教师忽略对科学素养这两方面的教学。这两种模式各有千秋，各有弊端，最好将两种模式相结合，既在科学知识中融入科学探究的内容，又将科学探究部分单独列出，以使其便于操作。

（四）重视并完善评价标准

我国《标准》虽然对课程评价在基本理念上有了质的转变，但具体阐述比较笼统，缺乏可操作性。南非的课程评价是地方和社会通过教师、学生、

---

①张红霞《科学素养教育的意义及本土化诠释》，《清华大学教育研究》2002 年第 4 期。

家长及其他社会团体共同参与并积极推动的，充分体现了课程评价的民主性。南非 CAPS 将课程评价单独列为一章，并且将课程评估贯穿于整个课程标准，在小学课程内容标准中，每一项科学实践活动后都会附加评估标准。在课程评价这一章里，内容十分详细，按年级、主题、科学素养三要素阐述了小学科学课程评价的内容，使形成性评价与结果性评价有机结合起来。相比之下我国的课程评价显得过于简单笼统，不易操作。因此，我国小学科学课程标准应将评估标准具体化，以便操作实施。

第十二章 小学科学课程改革的国际趋势与政策建议

一、优化科学课程理念，完善课程设计思路

1.科学课程的基本理念

在课程理念上，2012 年英国布朗政府颁布的新《国家科学课程标准》特别关注培养小学生的基本素养和能力，重视激发小学生学习科学的兴趣与积极性，注重为每个小学生提供平等的学习机会，保障学生的学习权利，发展学生的个性。美国马萨诸塞州小学科学课程设计理念包括：①面向全体学生。②增强学生对每个科学领域的基本概念、各领域关系及科学和技术/工程学基础概念的理解。③科学和技术/工程学与数学结合。④改进学生原有知识，避免误解。⑤调查、实验和解决问题是科学和技术/工程学的核心。⑥提高和发展学生的技能和知识素养。⑦促进学生取得最优的学习效果。⑧通过评估指导教师教学和评价学生的学习进程。⑨给予学生更多的机会去融合科学和技术成果并交流思想等。日本理科课程理念为：课程目标强调养成全面科学素养；课程结构强调以科学基本概念为支柱，凸显课程的结构化；课程内容强调理科与生活、社会、环境之间的关系；学习方式强调体验学习，学习活动多样化。新西兰科学课程的基本理念：①科学教育的最高标准必须适用于所有新西兰学生，不论男性还是女性、种族和民族、健全或残疾。②承认、尊

重和回应有需求、有经验、有成果和观点的学生。③适应正在进行科学学习的学生，适应那些对科学特定方面感兴趣并且能够选择一个与科学相关的职业的学生，使他们可能成为未来的科学家、技术专家、技术人员、科学教育工作者。④突出科学知识与技术、社会相融合。⑤有质量的科学教育要求所有学生消除成就壁垒并且鼓励他们继续参与科学。⑥强调学习评价的诊断性和形成性。澳大利亚科学课程基本理念：注重学习者的多样性，面向全体学生；要求学生追求自己的个人价值；让学生经历科学发现的喜悦；科学是不断变化的、合作的和富有创造力的；科学课程注重与其他学习领域的联系；培养他们对周围世界的自然好奇心，并在此过程中发展批判性思维和创造性思维。南非在 CAPS 的前言部分对小学设置的所有学科提出：对所有的人提供均等的教育机会；学会主动地批判地学习，而不是死记硬背地接受知识；注重高知识、高技能的培养，规定知识和技能在每个年级要达到的最低标准；学科内容应遵循循序渐进的原则①。

2.科学课程的设计思路

英国《国家科学课程标准》包括四大部分：课程概况、教学目标、学习计划和建议指导。其中，学习计划和建议指导是标准的主体部分，包括各个年级阶段主要学习内容和学习范畴，提出了一系列小学科学教学建议和指导。2006 年美国马萨诸塞州颁布的《马萨诸塞州科学和技术/工程学课程标准》框架为：前言、组织结构、哲学和视角、科学和技术/工程学学习标准、附录、参考。加拿大安大略省《标准》的框架为：引言、科学与技术大纲、学生成就评价评估、科学与技术大纲计划的一些考虑、课程期望、专业术语表。德国北威州"小学自然与科学常识课程教学计划"分为四部分：任务与目标（总目标下分设三个具体目标）、范围和重点、期望和技能、促进和评估成绩。日本《小学理科学习要领指导纲要》框架为：课程目标、内容标准、实施建

① Basic Education Republic of South Africa.*Curriculum and Assessment Policy Statement* (*CAPS*) *natural sciences and technology Grades* 4–6.http://www.education.gov.za,2011.

议。韩国科学课程标准框架：课程性质、课程目标、课程内容、教学建议、评价建议。新加坡《小学科学教学大纲》框架：前言、课程架构、课程目标、探究性教学、教学评价、教学内容。《新西兰国家科学课程标准》小学科学课程标准分为三大部分：前言与说明、内容标准、附录。澳大利亚科学课程《标准》总体框架：理念、目标、幼儿园到 6 年级的课程、表格、组成部分。南非 CAPS 的设计思路：第一部分为国家课程设置的概况、自然科学与技术概述、科学课程的内容标准、评估要求。

3.问题讨论与政策建议

课程理念是课程规划与设计的指导思想，课程理念涉及一个国家对学科教育对象、教育目标、内容选择、方法指导等问题的基本立场与态度。它表达了科学课程设计与实施的理想，为科学课程开发提供导向，是科学课程编制为之追求的目标。从世界范围来看，大多数国家采用明言宣示的方式在课程标准前言中系统表达课程理念，但也有一些国家不明言宣示课程理念，却在课程标准的字里行间渗透基本理念，如加拿大、德国、新加坡等。诸如面向全体学生、学生优先、鼓励创造、发展性评价、关注科学探究、提高科学素养等。我国 2001 年《标准》明言宣示小学科学课程的基本理念为：面向全体学生，学生是科学学习的主体，科学学习要以探究为核心，课程内容要满足社会和学生双方面的需要，科学课程应具有开放性，科学课程的评价应能促进科学素养的形成与发展。我国科学课程的核心理念即全面提高每一位学生的科学素质，为实现义务教育阶段的培养目标服务。这些理念反映了国际科学课程改革的共同趋势，但理念表述条目太多，可以适当简化、精炼。

课程标准框架体现了课程设计的思路，它是关于教材编写、课程教学乃至课程评价的基本依据。在课程设计思路与框架方面，国外课程设计一般包含前言、课程目标、课程内容、课程实施等要素。与世界其他国家相比，我国小学科学课程标准的设计思路及其说明比较完整，我国《标准》亦按照前言、课程目标、内容标准、实施建议以及附录五个部分进行总体设计。前言部分，主要介绍科学课程改革背景、课程性质和基本理念；课程目标设计分总目标与分目标，内容标准按照科学探究、情感态度价值观三个方面进行设计，实施建议包括教学建议、评价建议、课程资源开展利用建议等。其中，教学建议比较单薄，原则性主张较多，缺乏对教学的具体指导，有待完善细化。

二、低年级起实施科学教育，保持科学教育的连贯性

1.小学科学课程开设的起始年级

科学课程是提高学生科学素养的重要学科。那么，小学科学课程起始学段与年级放在什么时候比较合适？不同国家有着不同的做法。大致可归为两大类：从幼儿园或小学低年级开设，或者从小学三年级开始设置科学课程。

从小学低年级甚至学前班开设科学课的国家主要有英国、德国、美国、加拿大、澳大利亚、新西兰等。在英国，科学与和英语、数学并列为 3 门国家核心课程之一，从小学一年级起开设。英国对 1989 年《国家科学教育课程标准》进行多次修订和完善，2012 年颁布了最新的《国家科学课程标准》，该标准强调科学教育要与时俱进，关注科学课程的连贯性与统一性。德国北莱茵威斯特法伦州中小学与继续教育部 2008 年颁布《自然与科学常识课程教学计划》规定，小学从一年级开始设置科学课程，直到四年级学习结束。美国马萨诸塞州 2006 年颁布《马萨诸塞州科学和技术/工程学课程标准》，该标准是从幼儿园到高中（K—12）统一编排的科学课程标准，学习标准分为四个学段：学前—2 年级、3—5 年级、6—8 年级和高中。加拿大安大略省 2007 修订颁布《1—8 年级科学与技术课程标准》，在 1—8 年级开设"科学与技术"，并在 10—12 年级增设"技术教育"。新西兰 1993 年颁布《国家科学课程标准》，代替了以往的科学课程纲要和指导，学生从入学起就学习科学课程。

从小学三年级开设科学课程的国家有日本、韩国、南非等。日本 2008 年颁布新的《小学理科学习要领指导纲要》，科学课为 8 个学习领域之一，从 3 年级到 12 年级连续开设。韩国 2008 年开发出 3—10 年级的科学课程，把能

量、物质、生命、地球作为物理、化学、生物及地球科学的基本内容，设计了连续性的课程。南非 2011 年《课程与评估》（简称 CAPS），将小学科学课程定位为"促进和发展学生的科学和技术素养，为学习者提供能贯穿终生的有意义的科学知识与技能的基础课程"。[①]但南非开设科学课程相对较晚，从四年级起开始，六年级时结束。

2.问题讨论与政策建议

小学低年级开设科学课程是基于小学低年级儿童对周围事物充满强烈的好奇心和探索欲望，他们乐于动手操作，这一时期是他们体验科学过程、养成科学兴趣、发展科学精神的重要时期。小学生入学就学习科学课程，了解自然，增长科学知识，有助于形成科学素养。那些小学中年级才开设科学课程的国家主要考虑的是低年级小学生的知识经验有限，只有当知识与经验积累到一定程度，才具备学习科学知识的基础，所以选择小学三年级甚至四年级才开设科学课程。

我国 2001 年《标准》将小学科学课程定位为"以培养儿童科学素养为宗旨的科学启蒙课程"。作为"启蒙课程"，就应当重视小学低年级的科学教育。而我国小学科学课程标准却规定从小学三年级开始设置科学课程，这与"启蒙课程"极不相称。我们应及早建立起从小学低年级到中学高年级连续的科学教育体系。因为，早期科学教育有利于培养儿童的科学兴趣，形成儿童一定的科学素养，从而为将来科学课程的学习奠定基础。我们坚持小学低年级开设科学课程，建议教育主管部门尽快制定小学 1—2 年级的科学课程标准。当然，也可以借鉴其他国家如韩国的做法，1—2 年级采取过渡的办法。韩国除在 3—10 年级设置连贯的科学课程，还在 1—2 年级设计了小学"智慧生活"课。与此同时，还应加强课程的连续性。我国科学课程分为小学（3—6 年级）与初中（7—9 年级）两个学段，分别进行课程设计，不同学段的教材

---

① Basic Education Republic of South Africa.*Curriculum and Assessment Policy Statement* (*CAPS*) *natural sciences and technology Grades* 4-6.http://www.education.gov.za,2011.

编制和教师教学各自为政，导致 3—6 年级与 7—9 年级科学课程内容缺乏衔接，缺少连续性。我们建议像国外一些国家那样设计 1—9 年级义务教育科学课程标准，重视小学科学教育与初中科学教育的有机衔接，实现科学课程与教学的连贯性。

此外，我国小学的科学课程不受重视，课时常常受到语文、数学、外语的严重挤压，小学科学课程地位低下。建议相关部门像英国、德国那样，将科学课程列入国家基本课程，与语文、数学并列，提升科学课程地位，从而培养学生从小热爱科学、喜欢动手、乐于探究的好习惯，致力科学素养的培养，为中学科学、技术课程学习奠定坚实的基础。

三、完善课程目标，增加具体化的纵向目标

1.目标表述的维度

各国标准大多以培养学生的科学素养为目标。英国的科学课程目标分为四个部分：口语、学校课程、包容、成就目标（Spoken language；School curriculum；Inclusion；Attainment targets），每个部分都阐述了科学课程学习之后所应具备的知识、技能和理解力的预期标准。美国马萨诸塞州《标准》总目标被分解为知识与技能、过程与方法、情感态度与价值观三位一体的目标系列，但情感态度与价值观方面的目标仅仅散见在其他教育法规之中，《标准》未加阐释。加拿大《K—12 科学学习目标共同框架》规定，所有理科课程目标横向上分为四个维度：科学、技术、社会和环境（STSE），技能（Skills），知识（Knowledge），态度（Attitude）。纵向上，加拿大将目标融于主题内容之中，按照不同年级、不同主题予以阐述，并随年级递增。每个主题目标又分成总体期望和具体期望。目标表述上，加拿大采用"行为动词+名词短语"的形式，辅以示例问题。安大略省将情感态度价值观目标渗透在科学知识的各个领域加以实施。德国北威州从科学知识、科学能力、科学态度三个维度出发，设计本地区的课程目标。日本注重培养学生思维和实践能力，主张学生在动手操作中获取知识，其科学课程目标亦从知识、情感、过程与方法三个

维度展开。韩国科学课程目标包括：增长知识，提高能力，培养态度，识别科学、技术和社会关系。新加坡《大纲》将小学科学课程目标分为总目标和分目标，总目标主要阐述课程对于学生的作用，以及学生课程学习应达到的水平。分目标则从科学知识的理解与运用、科学探究技能和过程、态度和价值观三方面具体展开，分别呈现低、中、高年级学生应达到的相应水平。澳大利亚 2011 年的《K—10 年级科学课程标准》提出，科学课程总目标在于促进学生发展，课程目标包括科学理解、人类科学史和科学探究技能三个维度。新西兰的科学课程目标包括：理解科学本质和科学与技术的关系；形成科学技能和科学态度、发展调研技能和态度；掌握生命世界、物理世界、物质世界、地球及其他星球的知识。南非 CAPS 从科学知识、科学方法、科学态度三个层面描述科学教育目的，并将总目标分解为三个：知道与学科内容相关的理论；学会科学实践的工作与调查，为日常生活中遇到的问题设计解决方案；理解科学技术在日常生活中的应用，以及了解科学发现与技术解决的历史，理解本土知识和科学技术的关系。

2.目标表述的层次

英国科学课程目标分解到各个学段、年级、单元，具体而详细。加拿大安大略省科学课程总目标、总体期望、具体期望环环相扣，横向分解与纵向分层兼顾，整个课程目标具有较强的操作性。同时，安大略省《标准》注意明确各年级的目标，课程目标在纵向上层次分明，逐级递增，并注意各学段间的相互联系，减少学段间的隔阂。美国马萨诸塞州《标准》仅仅设置总目标，总目标之下没有单独设置分目标。日本小学科学课程目标分总目标和年级目标，总目标表述非常简洁：亲近自然，有预测地进行观察和实验，培养解决问题的能力和热爱自然的情感，同时，伴有实感地理解自然事物和现象，培养科学的看法和观点。日本从三年级开始就逐步发展学生的探究能力[①]。新

---

①日本文部省《小学理科学习要领指导纲要》，Ministry of Education, Culture, Sports, Science and Technology, 2008. *http://www. mext. go. jp/en/.*

加坡《大纲》规定每个阶段学生应达到的目标，目标螺旋上升，体现了课程目标的阶段性和层次性。新西兰注重课程目标的阶段性，按年级对学生课程水平层级提出三个层次的要求，随着年级的递增目标水平逐步提高，其课程达成目标划分为八个水平，这八个水平是从小学到高中阶段，学生需要逐步达成的目标。

3.问题讨论与政策建议

除了英国的课程目标设计十分独特外，多数国家均以科学素养为核心构建科学课程目标体系，从科学素养入手展开，将课程目标分解为知识目标、技能目标、态度三维目标。只有美国马萨诸塞州《标准》、日本《指导纲要》从知识与技能、过程与方法、情感态度与价值观三个方面加以阐述。其中，情感态度价值观目标，多数国家的提法为"态度目标"。因为，情感价值观的培养是一个长期的过程，其形成过程与机制比较复杂，而态度目标在一门学科的教学中易于达成。关于技能目标，有的国家提"过程目标"，也有的提"能力目标"，侧重点不尽相同，如加拿大、新西兰、德国。韩国、新加坡、澳大利亚三国将科学探究技能专门作为一个维度的目标予以阐述，南非则使用"科学方法"一词进行表述。

我们认为，无论是科学探究目标，还是情感态度价值观目标，都是伴随科学知识的学习在教学过程中加以实现。因此课程目标与课程内容结合进行表述，不失为一种行之有效的方式。加拿大安大略省的课程内容的基本概念、大框架、整体期望、具体期望与课程目标相互融合，有机联系，组成一个目标与内容统一体。新加坡《大纲》将课程目标与课程内容相对应，课程内容与课程目标相互依赖，结构完整，层次清晰，更具操作性，值得借鉴。

我国《标准》将科学课程的目标分为总目标和分目标，宏观上对所有学生最终发展提出总体目标，分目标则分别从科学探究、情感态度与价值观、科学知识这三个方面提出要求。与其他国家比较，可以看出，我国目标过于宽泛、笼统，操作性不强，不利于一线教师对科学教学目标的把握。同时，我国《标准》仅仅在"课程目标"部分对课程目标进行整体规划，没有学段目标，在"内容标准"中也未涉及课程目标。缺少学段与内容目标，可能导致教师在教学时不能准确把握内容深度，无法参照目标达成评价来调整教学进度。因此，除了总体目标设计，我国《标准》应在具体学段及内容中设定目标，对每一个年级主题的知识、技能、态度给出具体的学习目标，引导教师在教学过程中根据每个年级的教学内容和学生特点进行教学设计，开展有效的科学教学。

四、优化课程内容领域，合理设置课程模块

1.课程内容领域的划分

小学科学课程内容涵盖了科学知识与技能、科学方法、科学与技术和社会的相互关系、科学探究过程诸多方面。不同国家对科学课程内容的划分存在一定差异。英国的内容模块分为：科学探究、生命过程和生物世界、物质及物质性质、物理过程、学习的广度（相关学科间的联系、健康安全和交流的知识）。美国马萨诸塞州的小学科学课程内容是按地球和空间科学、生命科学（生物学）、自然科学（化学和物理）、技术/工程学四条主线进行编排的，科学探究、情感态度渗透其中。加拿大安大略省小学科学课程内容主要包括"基本概念""核心概念（Big Idea）"和每一年级具体的科技主题。其中"基本概念"包括物质、能量、系统与交互、结构和功能、可持续发展和管理、变化与连续性六大部分。德国北威州内容标准包括自然与生命，空间、环境和移动性，技术和工作世界，人和集体，时间和文化，共五大部分。日本将沿用了40年之久的"生物·环境""物质·能量""地球·宇宙"三个领域整合为现行的两个领域："物质·能量"和"生命·地球"。"物质·能量"领域中包括"物体与重量""空气和水的性质"等15个主题，内含33项具体分内容。"生命·地球"领域包括"植物与昆虫""植物的发芽、生长和结果"等16个主题，共39项具体内容。韩国将课程内容分为运动和能量、材料、生命、地球和空间四大板块，未将科学探究以及情感态度价值观作为教学内容单列出来，但在具体的课程内容之中，有相关内容的描述，如"让学生充满好奇心"；探究活动分探究过程与活动两个板块，探究过程板块再细分为基

础探究和统合探究两部分①。新加坡《大纲》围绕多样性、循环、系统、相互作用、能量五大主题设计课程内容，3—4 年级的教学内容要求相同，五年级开始分为"普通阶段（5—6 年级）""基础阶段（5—6 年级）"。相对于普通阶段的课程内容，基础阶段的课程内容更精简、要求较低。澳大利亚科学课程内容包括：科学探究、人类科学史生物科学、物理科学、化学科学、地球与空间科学。新西兰的科学课程内容分为：科学的本质及其与技术的关系、科学技能和科学态度、有生命的世界、物理的世界、物质的世界、地球及其他星球。南非 CAPS 将科学与技术课程内容划分为五个部分：物质与材料、能量与转换、生命系统、地球与宇宙、结构与机械，但并未在课程内容中单独设立"结构与机械"板块，而是将其融入其他四个主题。课程内容设置的结构是依据四大主题和年级纵横两个维度进行划分的。

2. 问题讨论与政策建议

综观国外小学科学课程内容范围，大多仅仅包括自然学科方面的内容，其他内容涉及很少。不过，德国的内容十分广泛。德国科学课程的目的是使儿童认识周围世界，了解人类共同的生活方式，因此，课程内容相当广泛，不仅包括科学知识，而且包括社会、交通安全甚至家庭伦理等方面的常识内容。从内容领域看，多数国家的科学课程内容分为物质、生命、地球三大领域，科学探究与情感态度作为课程内容的国家并不多见，这值得讨论。单独开设科学探究内容，进行专门训练的国家只有英国、澳大利亚、中国，三国将科学探究作为一个独立的内容领域。既单独设置为一个模块，又强调渗透在其他内容之中的国家有英国与澳大利亚，英国《标准》有"科学探究"模块，同时又强调"教学应确保科学探究是通过来自生活中的生物和其他材料及所创设的情境来进行教授"②，将科学探究内容渗透到其他内容的学习之

---

① ［韩］《2009 年修订教育课程总论（教育科学技术部告示第 2009-41)》，首尔:教育科学技术部,2009-9-18。

②Science-National curriculum for England, *Key stage 1-4,online version www.nc.uk.net*. pdf 2012.

中。将科学探究渗透在其他课程内容之中的国家有韩国等，如韩国科学课程内容中并没有将科学探究作为一个板块。对于情感态度价值观，英国《标准》将情感态度价值观的培养隐含在其他内容之中如在"关键阶段1"的学科内容中"人与其他动物"一项中，如提出了要"细心、无微不至地对待小动物"。

我国2001年《标准》不再规定各年级学生具体的学习内容，在原有"科学知识"的基础上，增添了"科学探究""情感态度价值观"两个内容领域。其中，科学知识领域将以往八大单元整合成三个领域：生命世界、物质世界、地球与宇宙。这与其他国家科学课程内容的设置大致相同。不同的是，我国《标准》把情感态度与价值观、科学探究单列为两个独立的学习领域，情感态度价值观内容主要包括对待科学学习，对待科学，对待自然，对待科学、技术和社会的关系几个方面，同时强调情感态度价值观教育应贯穿小学科学教育的始终。这与英国极为类似。我们认为，将科学探究单列，进行专门的训练是可以的，但不宜将情感作为单独的课程内容，因为情感的形成是一个长期的、潜移默化的过程，不可急于求成，否则欲速则不达。同时，更应关注科学态度目标的培养，因为态度是情感形成的基础。一般来讲，随着内容的学习与活动的展开，学生会形成一定态度，态度又升华为情感，进而转化为一定的价值观念。在此意义上讲，科学课程应在教学过程中重视科学态度的培养。

五、优化课程内容选择与组织，认真对待科学知识

1.课程内容的选择与组织

对于小学科学课程内容的选择，韩国科学课程内容选择遵循"增加主题量，减少课程内容"原则，同时提出，增加主题数但学习同一主题所需的时间不能增加，这似乎是一对难以处理的矛盾，不过可以通过降低内容的难度加以实现。美国注意加强科学知识技能同社会生活的联系，要求学生在学习科学课程的同时将所学的知识与技能运用到生活实践中去。加拿大每个年级主题中均提及安全防护事项，同时要求多方协作，共同营造安全的环境。日

本关注学生差异，扩大课程内容弹性。新加坡设置不同类型的科学课程，以适应不同水平学生的不同特点，从而保证所有学生在各自原有基础上得到不同程度的提高。中国的课程内容选择关注基础知识，强调课程内容的综合，即删减烦琐、臃肿的课程内容，精心选择切合学生综合素质发展必备、为学生健康成长作铺垫的基础知识与技能，突破学科界限，重视直接经验，把科学知识与生活实际相联系，与学生经验相联系。

对于小学科学课程内容的组织，国外小学科学课程内容大多借助知识主题，采取综合组织的方式。比较宏观的内容是领域（或"模块"），中观的是主题（或"关键概念"），微观的是具体内容。领域划分是大多数国家的共同做法，一些国家设置主题，少数国家规定具体的内容。在小学科学课程内容组织上，以下三种关系需要面对，不同国家的处理方式存在差异。

关于内容是横向组织还是纵向组织，坚持横向组织的国家有：美国、加拿大、新加坡、新西兰、南非等。美国马萨诸塞州在小学阶段就已经开始渗透科学技术和工程学的内容，其科学课程标准实际上就是科学和技术/工程学课程标准。加拿大安大略省小学科学课程内容为三个层次的主题："基本概念""核心概念（Big Idea）"和年级科技主题。有的主题不是对象，而是观点主题，如"基本概念"包括物质、能量、系统与交互、结构和功能、可持续发展和管理、变化与连续性六大部分。提炼核心概念、大概念，并与课程内容融合，相互联系①。新加坡《大纲》强调科学课程内容的综合性、统一性，十分重视科学、技术与社会的联系。《大纲》指出："课程内容最基本的宗旨是使小学生能意识到看似不同的话题之间的联系，因此允许科学想法的最终整合。"②要求学生进行跨学科、跨领域的学习。新西兰注重突出科学知识与技术、社会相融合，在课程标准中随处可见科学知识与生活世界、社会

---

① Ontario Ministry of Education. *The Ontario Curriculum Grades 1-8: Science and Technology*, pdf 2007. *http://www.edu.gov.on.ca/eng/curriculum/elementary/scientec.html.*

② Ministry of Education Singapore. *Curriculum Planning & Development Division Science Syllabus Primary*.2008.

环境的融合。南非重视科学教育与技术教育的有机结合，更加突出科学课程的综合性，注重科学教育的本土化。坚持纵向组织与横向组织结合的国家有英国、澳大利亚。英国的 KS1 和 KS2 学段（相当于我国的小学阶段），其生命科学内容包含生命过程、人类与其他动物、绿色植物、差异与分类、环境中的一些东西等内容，学段不同，所涉及的内容层次及难度也不同。同时英国也注重科学课程与其他知识、课程以及信息技术的整合。澳大利亚《标准》对于"生物科学"的安排则是按年级进行叙述，内容由浅入深，循序渐进。澳大利亚将"物质世界"分为"物理科学"和"化学科学"两类，内容更加深入。澳大利亚亦注重渗透"科学史"内容，将人类科学史教育渗透到科学课程中去，加强与其他学科联系，实现知识间的融会贯通，《标准》强调："科学的学习包括使用知识和在其他领域学到的技能，尤其是在英语、数学和历史方面。"[1]

关于逻辑顺序还是心理顺序，大多数国家在课程内容的组织上既考虑学科内部的逻辑顺序，又兼顾学生学习的心理顺序。如日本在三年级"物质·能量"板块要求学生掌握"物体重量、橡胶弹力、光的特性、磁铁的属性、电路"，让学生从比较不同物体的重量开始，学会区分物体不同的物理属性，再测试风力、弹力等，由易到难，逐步加深，一方面既在内容组织上体现认识内容的逻辑顺序，同时在内容要求上照顾学生的心理顺序。

关于内容的直线组织与圆周组织，有的国家的小学科学课程内容采取直线方式，即课程内容前后不重复，如安大略省的课程内容逐步深化，前后不简单重复。但更多国家采取螺旋组织，如新西兰科学课程的很多内容反复出现，"调查简单的技术的例子"在级别 3 和级别 4 中各有一次。同一内容在不同年级重复出现，体现了螺旋式编排方式。

2. 问题讨论与政策建议

---

[1]ACARA. Australian Science Curriculum Draft [EB/OL]. *http://www.Australiancurriculum. edu.au/Documents/Science%20curriculum.pdf* 2010.3.

一般而言，课程内容的选择有三个准则：学科基础、社会生活、学生经验，不同国家在课程内容的选择方面侧重点有所不同。韩国关注知识本身；美国关注社会生活与知识运用；日本与新加坡更关注学生差异，以适应学生的不同特点；中国似乎力图将三者结合起来，但对基础知识有所忽视。在课程内容的组织上，大多数国家采取综合的方式，逻辑顺序与心理顺序兼顾。对于课程内容的纵向组织与横向组织，大多数国家二者兼顾，以横向组织为主，但侧重点有别。在直线式与圆周式的关系上，少数国家采取直线式，多数国家采取圆周式。考虑到小学生以形象思维为主、经验有限的实际，我们认为，课程内容的组织应以综合的、横向的、心理的组织方式为主，以分科的、纵向的、逻辑的组织方式为辅，不宜过度分化。我国科学课程内容的组织以横向组织为主，注意科学与社会生活的联系，减少课程内容的难度，突破了以往知识本位的逻辑顺序，但又忽视了知识内在的逻辑性，课程内容的基础性、系统性不够。因此，课程内容在联系生活实际、关注学生经验的同时，应兼顾科学知识系统，不能忽视知识的基础性意义。

六、优化课程内容呈现，指导教材编制

1.课程内容的呈现方式

具体内容如何呈现，各国课程标准不大一样。新加坡《大纲》要求按照"科学知识的理解和运用"中的五大主题（多样性、循环、系统、相互作用、能量）设置模块，以五大主题为载体，融合科学知识、科学技能和过程、态度价值观三方面的内容。澳大利亚对"科学探究技能"内容的阐述则比我国简洁得多，每个年级首先总体说明然后具体阐述，情感态度与价值观内容蕴含在"人类科学史"这一部分。澳大利亚小学科学更倾向于培养小学生的科学史观以及让小学生了解科学的影响，因此科学情感态度与价值观的教育融合入整个科学的学习之中。新西兰《标准》没有出现"科学探究"这样的字样，但在"科学的本质及其与技术的关系"部分提出：科学探究要有对其自身特点的认识，包括对于科技进步、人类社会发展等带来的影响，并且着重

强调运用调查手段来获得这样的认识。新西兰在对学习领域的阐述包括如下内容："成就目标""学习环境样本""可能的学习经验""评估实例"。如标题"有生命的世界"，先提出整体的达成目标（achievement aims），包括知识、技能和态度方面；其次，由易到难，从内容标准、学习资源、学情分析和评价参考四个方面依次给出相应标准，为教师的教学包括校本课程的编排、教学情境的创设、教案的编制、习题的选择、试卷的编制提供具体而微的指导。南非CAPS标准融合了科学探究与科学知识，根据不同年级划分为不同的科学知识板块，每个板块由课时、主题、内容、活动建议与所需材料五个部分构成。每一部分都设计了"设计制作、调查实践、案例研究与解决问题"等环节，让学生开展科学探究活动。同时，在每个主题的内容标准中，尽量将科学技术知识与本土文化相融合，实现课程内容本土化。这些建议能为教学材料编写提供切实的指导。

2. 问题讨论与政策建议

课程内容呈现方式影响课程的编排方式，特别是教材内容的组织形式，但二者又不完全一致，教材内容的呈现更加丰富多彩。综观世界各国，科学课程内容呈现方式差异明显。有的对课程内容进行分解，不断细化，如新加坡。有的强调课程内容与课程目标的一致性，如澳大利亚。有的关注课程内容与课程实施的联系，如新西兰、南非。我国《标准》将科学内容划分为科学探究、学科知识和情感态度与价值观这三大部分，每一部分都包含了从小学三年级到六年级所有的知识内容，内容标准中的每一部分都包括"具体内容标准"和"活动建议"两个方面，"内容"与"活动"对应有利于教材编写和教师教学。但由于没有明确规定各个年级的课程内容，课程内容缺乏与具体目标的关联，虽有弹性空间，也可能同时给教材内容的呈现与教师的教学带来不便，有待改进与完善。

七、细化课程实施建议，为教师提供切实帮助

课程实施建议涉及教材编写建议、教学建议，有的国家课程标准还列出

课程资源开发、科学教师教育等方面的建议。各国关于小学科学课程的实施说明，有的单独列出来，进行整体阐释，有的分散在各个单元或主题中加以陈述。单独阐释的国家有韩国、日本、新加坡、中国等。如韩国《标准》实施建议包括教学建议、教材建议、科学教学建议。分散陈述的国家有英国、美国、加拿大、德国、新西兰等，其课程实施建议分散在有关课程内容部分，与具体内容结合叙述。

1.关于教学的建议

英国《标准》对于课程实施的说明和指导列在每个学段下的具体学习计划之后，提出了明确的、详细的指导和说明。如在二年级的学习计划"一切有生命的东西"部分"说明和指导"中提出：讨论常见的植物和动物的生命过程，记录他们之间的相似性和差异。这种说明详细明确，颇具指导意义。马萨诸塞州《标准》中的教学要求缺乏系统性，较为零散。加拿大安大略省《标准》中也没有单独的"课程实施"部分，但较多地考虑学生的特殊需要，提出教师应关注差异，使每个学生获得各自的发展。特别为学生制订"个别教育计划"（IEP），以满足学生个性化的教育需求，并要求在实施过程中逐步完善。关注学生的特殊性，实施差异教育，如开设"英语作为第二语言（ESL）课程"和"英语读写能力发展课程（ELD）"，并有专门的政策辅助，维护教育公平。此外，强调课程实施多方参与和协作，共同促进课程目标的实现。《标准》对学生、家长、教师、校长、社区合作伙伴五个角色进行了定位，明确各自的职能，辅以相关实施建议或"有效方法"。德国北威州标准将实施建议贯穿于"期望与技能"部分。如，自然与生命领域的"材料和演变"，入学能力期望值为：分类展示从有生命、无生命的自然中搜集来的材料（比如树叶、花朵、水果、石块、贝壳等）。四年级末（毕业）能力期望值为：探究明显的材料变化，描述成果（如水的物态；水果脱水过程；坚硬材料碾碎的可能性，燃料中材料的演变）。这些要求与建议通过表格的形式进行呈现，教学指导具体明确。北威州课程标准突出知识与技能的学习与实际操作，以具体条目形式列举科学探究技能应用与学习方法的要求。同时增加"应用示例"，整体说明与具体阐述相结合，颇具全面性与针对性。韩国从"实验科学"与"科学教学的支持"方面来详细阐述科学教学。此外，韩国非常注重学生的健康安全，教学实施建议将"实验教学"独立出来，作为一个专门的板块进行讨论，提出了活动准备、实验过程、活动材料、关注活动中的安全问题。新西兰《标准》没有把实施建议单独列为一个章节，而是在具体的学习内容中，针对每一个级别要求给出"学习环境样例""可能的学习经验"以及"评估实例"。日本《指导纲要》中的教学建议在每个年级的具体内容标准之后列出，篇幅较少，主要是提示或规定教学中教学材料的应用、操作、规格。如三年级具体内容教学的建议为：在教授"物质·能量"时，学生至少操作三种不同的学习用具；在教授"生命·地球"内容时，要求学生必须培养昆虫和植物，且只能用夏季生长的双子叶植物，没有对教师如何处理教学内容作指导。

2.问题讨论与政策建议

关于课程实施的建议，不同国家有不同的做法。归纳起来，主要有两种模式，一是在课程标准中列出一个独立的部分，对科学课程的实施提出一些原则性的要求，集中地进行说明，如韩国与中国。一是将课程实施的要求分散在不同学段后的相关内容之中（如英国、美国、德国、新西兰、日本），对具体内容的教学作出说明，提供建议。相对而言，分散陈述的方式更具操作性，有助于保证教学质量，但也可能支离破碎，束缚教师手脚。此外，对课程实施的说明，有的较为详细，如加拿大的安大略省；有的则十分简略，如日本。德国的标准颇有特色，提出了学习的起点要求与终点要求，并以表格的形式加以呈现。中国 2001 年《标准》中将实施建议单独列为一章，包括教学建议、课程资源的开发和利用、教材编写建议，内容丰富，十分系统。但在"教学建议"方面却显得笼统，多属"实施原则"，不够具体，操作性不强，建议在"内容标准"中适当细化，增加不同学段的教学建议，充分发挥《标准》对教学的指导作用。此外，我国《标准》对学生的差异关注不够，今后应照顾特殊需要的学生以及少数民族学生的文化背景，考虑城乡学生不同环境的差异，制定相应的教育对策，提供特别帮助。同时，在《标准》中增加科学实验安全的相关条目，培养学生规避危险的意识。

八、改进课程评价，制定具体可行的评价标准

一些国家的科学课程标准没有单独涉及评价内容，没有单独的评价部分，如美国、日本，但在相关内容中却有课程评价的陈述。大多数国家的科学课程标准中有单独的课程评价的陈述和要求，如新加坡、澳大利亚、南非等。

1.关于评价目标

许多国家将科学课程评价的目标设定为促进学生学业成绩的提高与教师教学的改善。韩国《标准》的评价目的在于：规划课程，改进教学策略，指导学生职业生涯。澳大利亚《标准》强调评估既要有以检测为目的、在教室进行的形成性评价，同时也要有学校告知家长、每年两次报告的终结性评价。新西兰《标准》指出："校本评价的主要目的是为了提高学生的学习和学习课程的质量。"[1] 南非 CAPS 将课程评估单独列为一章，提出评价以促进学生发展，提高学生的学习，改进教师教学过程为目的。归纳起来，各国标准中的评价目标一般包括促进学生学习、教师发展、课程完善与教学改进等内容。

2.关于评价主体

大多数国家倡导评价主体多元化，如南非 CAPS 规定评价由国家评价、教师评价和家长评价相结合，通过国家测试、教师手册和练习作业三方面对学生的学业成绩进行评价。南非的课程评价是地方和社会通过教师、学生、家长及其他社会团体共同参与并积极推动的，充分体现了课程评价的民主性。可以说，多数国家将教师、学生、家长与社会人士视为评价的主体，但侧重点有所不同。也有个别国家特别强调教师在学生学业成就评价中的作用，如德国北威州《计划》中的"评价建议"就明确指出，教师是评价的主体。

3.关于评价内容

尽管马萨诸塞州课程标准中没有单独的评价部分，但在其综合评估体系

---

[1] Ministry of Education. *The New Zealand Curriculum Framework*. Wellington: Learning Media. pdf 1993.

中有科学测试科目，试卷内容贴近日常生活，题型丰富，注重考查学生各方面的科学知识与技能。加拿大安大略省的科学与技术成绩图颇有特色，成绩图主要从知道与理解、思考和探究、交流、应用四个方面加以展开，每一方面按照目标达到程度垂直划分为四个水平等级。成绩表的阐述突出了"描述"和"限定词"两个关键词。"描述"表示学生在一个特定的标准下的行为表现特征，其标准有清晰度、准确度、精密度、逻辑性、重要性、流畅性、灵活性、深度或宽度等。"限定词"用来定义四个等级的成绩。德国北威州《标准》规定的评价内容包括六项：计划、构造和尝试能力；安排展览、聚会；照顾植物；使用工具和测量仪器；图表、绘图、抽象拼贴图和卡片的制作；建立模型。韩国的评价内容为：评估基本概念的理解和应用能力，评估查询的能力和在日常生活中应用它们解决问题的能力，评估对科学的兴趣，承认科学的价值观，积极参与科学学习、协作，以及科学地解决问题的态度和创造力等。新加坡《大纲》列举的评价内容有：科学知识的理解和应用、科学技能和探究过程、科学态度和价值观，强调教师要选择适合教学内容的评价模式和方法进行评价。新西兰《标准》指出："在任何课程的学习中，评估信息被系统地收集用以判断每个学生所达到的相关成就目标中所描述的知识、技能和态度等是很重要的。"[①]南非课程评价内容十分详细，按年级、主题、科学素养三要素阐述评价内容，形成性评价与结果性评价有机结合，按照科学技术知识、科学技术实践和科学技术与社会提出相应的评估要求，并规定了每一块所占比例及考试时间。可见，多数国家小学科学课程评价内容包括科学知识、技能、能力、态度等内容，有的国家较为详尽（如加拿大、德国、南非）；而有的国家则较为简略，如美国、澳大利亚。

4.关于评价标准

新加坡《大纲》重点圈画出评价指标中的行为动词，列出学生应在该学段到达的标准，以便教师进行评价，如低年级学段的要求是"观察""描

---

① 余懿《中国与新西兰小学科学课程标准的比较研究》北京：首都师范大学（硕士学位论文），2007 年。

述"，高年级则是"理解""运用"，并分别对应"*"和"**"的标记，让教师一目了然。澳大利亚《标准》在每一年级中都给出了具体的评价标准。如二年级的评价标准为："在第二学年末，学生能描述物体、物质和生物的变化。他们能区分某些物质和资源有不同用途，并且能举出科学在人们日常生活中运用的实例。学生提出有关自身经历的问题，同时预测调查结果。他们通过日常测量进行对比观察。他们按指导记录展示他们的观察报告并和他人交流想法。"[1]这样，教师能对照标准分析学生知识的获得情况，及时对教学予以调整。南非 CAPS 课程评估贯穿于整个课程标准，在内容标准中，每一项科学实践活动后都会附加评估标准。南非结合课程内容规定评价标准，操作方便。可见，评价标准一般采用具体化的行为动词加以表述，以便实际操作。

5.关于评价方法

马萨诸塞州《标准》中的评价方法包括纸笔测试、操作测试、面试、业务责任、常规观察等多种方式，以便作出综合的评价。德国北威州《标准》规定的评价方法有：观察、学生学习记录专业笔记、学习日记和文件夹。韩国的评价方法为：多项选择题测试、文章类型和编写测试、观察清单、报告、性能测试、面试。新加坡《大纲》列举了一些评价方法，如实践、计划、教师观察、教育日记、树立典型、游戏与讨论等，其中，重点介绍了档案袋法及其运用。澳大利亚强调评价方式的多样化，特别注重收集详细的诊断信息，以显示学生已经知道、理解了什么并且能够证明，还显示学生需要做什么来提高。新西兰《标准》指出需要使用多种方式，运用一系列评估程序进行评估。南非科学课程评价包括收集信息、评估信息、解释并记录信息、调整教学过程，促进学生发展几个步骤。南非 CAPS 的课程评估分为正式评估和非正式评估，并且标注了这两种评估占总成绩的比率。非正式评估是用来监测学生日常的学习与进步，帮助他们提高学业成就。通过观察、讨论、示范、

---

①ACARA. Australian Science Curriculum Draft[EB/OL]. *http://www. Australian curriculum. edu. au/Documents/Science%20curriculum*. pdf 2010.3.

师生交流、非正式的课堂互动等活动进行。非正式评估可以简单监测上课期间学生的观察、讨论等学习进展。可见，多数国家强调评价方式多样化，有的国家如新西兰、南非还提出了评价的程序要求与规范。

6.问题讨论与政策建议

课程评价是课程建设的主要组成部分，它对教学质量起着导向、检测、调整的作用，对课程的完善与教学改进具有重要的导向功能。从世界范围看，课程评价的国际趋势是：评价主体多元、评价内容广泛、评价标准具体、评价方法多样。我国 2001《标准》倡导发展性评价，通过评价促进学生发展与教学改进。我国《标准》教学评价部分，阐述了评价的主体、评价的内容、评价的方法等。其中，评价内容涉及科学探究、科学情感与科学知识，涵盖科学素养的各个方面。关注多元评价，强调过程性评价与差异评价。评价方法多样：教师观察、与学生谈话、杰出表现记录、测验与考试、活动产品分析、学生成长记录袋、评定量表、长短期作业法、评议法等。整体上看，我国的"评价建议"比较完整，其主张与思想符合国际评价理念，适应了国际课程评价的趋势，但理想成分较多。与国外大多数国家课程标准相比，我国有关课程评价的规定显得简单笼统，不易操作，特别是对具体的评价指标语焉不详，停留在理念层面，对评价活动的指导乏力。因此，我国《标准》中的评价建议应该具体化，以便给予教师详细的操作指导。应进一步明确对学生学习的要求，具体描述特定阶段学生学习科学应达到的成果（知识、技能、态度），为不同水平与层次的学生制定相应的评价指标，让教师对照评价标准对学生的学习进行切实的评价。具体的评价标准既有助于学生优化科学课程的学习，也有助于教师改进自己的教学，提供教学质量。

参考文献

一、著作

[1]马骥雄《战后美国教育研究》,南昌:江西教育出版社,1992年。

[2]王承绪、徐辉主编《战后英国教育研究》,南昌:江西教育出版社,1993年。

[31]李其龙《战后德国教育研究》,南昌:江西教育出版社,1995年。

[4]汪霞《国外中小学课程演进》,济南:山东教育出版社,2000年。

[5]余自强《科学课程论》,北京:教育科学出版社,2002年。

[6]郝京华《全日制义务教育科学(3—6年级)课程标准解读》,武汉:湖北教育出版社,2002年。

[7]袁运开、蔡铁权《科学课程与教学论》,杭州:浙江教育出版社,2003年。

[8]华彬、梁玲《小学科学教育概论》,北京:高等教育出版社,2003年。

[9]王学凤《新加坡基础教育》,广州:广东教育出版社,2003年。

[10]祝怀新《英国基础教育》,广州:广东教育出版社,2004年。

[11]杨慧敏《美国基础教育》,广州:广东教育出版社,2004年。

[12]王智新、潘立《日本基础教育》,广州:广东教育出版社,2004年。

[13]牛道生《澳大利亚基础教育》,广州:广东教育出版社,2004年。

[14]周新奎《小学科学课程标准研究与实施》,济南:山东教育出版社,2004年。

[15]张红霞《小学科学课程与教学》,北京:高等教育出版社,2004年。

[16]张可创、李其龙《德国基础教育》,广州:广东教育出版社,2005年。

[17][日]水原克敏《现代日本教育课程改革》,北京:中国科学出版社,2005年,

[18]彭蜀晋、林长春《科学课程与教学论》，北京：高等教育出版社，2005年。

[19]［美］乔治·J·波斯纳《课程分析》，钟启泉、赵中建译，上海：华东师范大学出版社，2007年。

[20]钟启泉《课程论》，北京：教育科学出版社，2007年。

[21]金忠明、廖军和、张燕、代洪臣《中国近代科学教育思想研究》，北京：中国科学普及出版社，2007年。

[22]刘德华《小学科学课程与教学》，北京：中国人民大学出版社，2009年。

[23]臧佩红《日本近现代教育史》，北京：中国科学出版社，2010年。

[24]蔡其勇《小学科学课程的科学哲学研究》，北京：教育科学出版社，2011年。

[25]潘洪建《小学自然·科学课程60年（1949—2009）》，长春：吉林出版集团有限责任公司，2012年。

[26]吴国盛《科学的历程》，长沙：湖南科学技术出版社，2013年。

[27]廖伯琴《科学教育学》，北京：科学出版社，2013年。

[28]张磊《科学课程设计的认识论考察》，北京：社会科学文献出版社，2013年。

[29]何善亮《科学课程与教学研究》（1979—2009），南京师范大学出版社，2015年。

[30]潘洪建《致知与致思：课程改革知识论透视》，济南：山东教育出版社，2015年。

二、课程文件

[1]中华人民共和国教育部《全日制义务教育科学（3—6年级）课程标准（实验稿）》，北京师范大学出版社，2001年。

[2]中华人民共和国教育部《义务教育科学（3—6年级）课程标准（修订稿，待审订）》，2011年，未出版。

[3] Science－National curriculum for England. *Key stage* 1–4,*online version* *www.nc.uk.net.* pdf 2012.

〔4〕 Basic Education Republic of South Africa.*Curriculum and Assessment Policy Statement（CAPS）natural sciences and technology Grades* 4–6. http://www. education.gov.za,2011.

〔5〕日本文部省《小学理科学习要领指导纲要》,Ministry of Education, Culture, Sports, Science and Technology,2008. *http://www.mext.go.jp/en/.*

〔6〕[韩]《2009年修订教育课程总论(教育科学技术部告示第2009–41）》,首尔:教育科学技术部,2009年。

〔7〕Ontario Ministry of Education. *The Ontario Curriculum Grades 1–8: Science and Technology*, pdf 2007. http://www.edu.gov.on.ca/eng/curriculum/elementary/scientec.html.

〔8〕Ministry of Education Singapore. *Curriculum Planning & Development Division Science Syllabus Primary*.2008.

〔9〕ACARA. *Australian Science Curriculum Draft*〔EB/OL〕.http: //www. Australian curriculum.edu.au/Documents/Science %20curriculum.pdf 2010.3.

〔10〕Massachusetts Department of Education. *Massachusetts Science and Technology /Engineering Curriculum Framework*, pdf 2006.

〔11〕 德国北莱茵威斯特法伦州中小学与继续教育部《自然与科学常识(Sachunterricht)课程教学计划》,2008年。

〔12〕Ministry of Education. *The New Zealand Curriculum Framework*.Wellington: Learning Media. pdf 1993.